Ulrike Vinmann

Das Zellgedächtnis

Wie man durch Neu-Programmierung der Zellen frei und gesund wird

Deutsche Erstausgabe
3. Auflage 2010
© Aquamarin Verlag GmbH
Voglherd 1
85567 Grafing
www.aquamarin-verlag.de

Satz: Sebastian Carl, 83123 Amerang
Umschlaggestaltung: Annette Wagner
Druck: Bercker • Kevelaer

ISBN 978-3-89427-480-1

Inhalt

Einleitung 7
1. **Das Holographische Bewusstsein** **9**
1.1 Der Paradigmenwechsel in der Wissenschaft 9
1.2 Was macht Zellen krank und was macht sie gesund? 14
1.3 Tineke Noordegraaf: 44
    Das Zellgedächtnis des Körpers 44
    Arbeiten mit dem Zellgedächtnis des Körpers 44

2. **Das Große Hologramm –** **48**
   Archetypen seelischer Entwicklung **48**
2.1 Macht und Ohnmacht – Jemina 49

3. **Seelische Entwicklung im Zwischenleben** **68**

4. **Depressionen** **75**
4.1 Robert 75

5. **Behandlung chronischer Krankheiten** **96**
5.1 Multiple Sklerose – Gisela 96
5.2 Asthma 121
5.2.1 Edeltraut 121
5.3 Chronische Bronchitis – Gerhard 126
5.4 Akne – Elisenda 155
5.5 Essstörungen 161
5.5.1 Amy 161
5.5.2 Sarah 166
5.6 Chronische Blutungen – Andrea 171

5.7	Infertilität – Henriette	179
5.8	Zeugungsunfähigkeit – Leo	183

6. Krieg und Chronische Krankheiten 190
6.1 Ellen 190

7. Anklebungen 201
Warum klebt Fremdenergie an? 201
7.1 Gerit 204
7.2 Violetta 209
7.3 Amanda 212
7.4 Luise 215

8. Ausblick und Perspektiven 219

9. Literaturverzeichnis 226

Über die Autorin 229

Einleitung

Mit meinem zweiten Buch wünsche ich mir wieder – wie schon mit meinem ersten Buch – eine breite Leserschaft anzusprechen. Menschen, die mehr über sich selbst herausfinden und ergründen wollen, wo ihre Seele herkommt, wo sie hingeht und was der verborgene Sinn und Hintergrund von Lebensereignissen sowie seelischen und körperlichen Störungen ist. Das vorliegende Buch erzählt Geschichten von Menschen, die sich auf die Reise zu sich selbst und den in ihnen verborgenen Schätzen gemacht haben, und ich hoffe, dass Sie, die Leserinnen und Leser, sich in den Geschichten wiederfinden werden.

Ich danke meiner Lehrerin und Freundin Tineke Noordegraaf für ihre beständige Begleitung und Unterstützung auf meinem Lebensweg und freue mich sehr, dass ich in dem vorliegenden Buch ein Kapitel präsentieren darf, dass Tineke für Sie geschrieben hat!

Ich danke meinem Verleger Dr. Peter Michel und seiner Frau Katarina für ihre kompetente und freundschaftliche Begleitung und die inspirierenden Zusammenkünfte.

Ich danke meinem Mann Harald für seine innige und wärmende Liebe und seine Unterstützung auf allen Ebenen, meinem Sohn Nils für die inspirierenden Gespräche der letzten Monate, seinen Scharfblick und seine herausragende Fähigkeit, die Essenz der Dinge zu erfassen und auszudrücken, und meiner Freundin Hannelore für ihre liebevolle und unterstützende Freundschaft und viele humorvolle Momente in arbeitsreichen Zeiten.

Ganz besonders bedanken möchte ich mich bei den Menschen, die mir ihr Vertrauen schenken und deren Geschichten in diesem Buch wiedergegeben sind.

1. Das Holographische Bewusstsein

1.1 Der Paradigmenwechsel in der Wissenschaft

Wir befinden uns momentan in dem vielleicht aufregendsten Paradigmenwechsel, den die Wissenschaft je erlebt hat. Das alte Paradigma, das unser Universum als eine Welt voneinander getrennter Subjekte und Objekte betrachtet, lässt sich nicht länger aufrechterhalten. Die Experimente, die von Quantenphysikern in den letzten hundert Jahren durchgeführt wurden, belegen eindeutig, dass diese Sicht der Dinge der Beschaffenheit unseres Universums nicht gerecht wird. Quantenphysiker fanden heraus, dass es zwischen den Elementen dieses Universums unsichtbare Verbindungen gibt, die unabhängig von Zeit und Raum sind. Das Konzept der Trennung beginnt dem Konzept der Verbundenheit zu weichen.

Das wissenschaftliche Konzept der Verbundenheit steht in engem Zusammenhang mit dem Konzept des *Holographischen Bewusstseins*. Holographisch meint, dass in einem Teil eines Ganzen die komplette Information über das Ganze enthalten ist. Auf den Menschen bezogen bedeutet dies, dass in einer einzigen Zelle die gesamte Information über das gesamte System dieses Menschen, also auch alle Erlebnisse und Erfahrungen, sowohl aus dem jetzigen als auch aus vergangenen Leben, enthalten ist. Das Konzept der *Holographischen Reinkarnationstherapie*, das von Tineke Noordegraaf und Rob Bontenbal entwickelt wurde, geht davon aus, dass bestimmte traumatische Erlebnisse, die nicht in die Persönlichkeit integriert werden konnten, im Zellbewusstsein von einem Leben ins nächste mitgenommen werden und sich sowohl in den darauffolgenden Leben als auch in der Zeugung, der pränatalen Phase, der Geburt, der Kindheit, der Jugend und dem

Erwachsenenleben der aktuellen Inkarnation wiederholen, bis sie beendet und geheilt werden, meist durch therapeutische Bearbeitung.

Verbundenheit ist, wissenschaftlich gesehen, ein neues Konzept. Die Idee der Verbundenheit und eines kosmischen Bewusstsein ist jedoch uralt – wir finden sie in allen spirituellen Traditionen des Ostens. Nun hat die Wissenschaft das Konzept der Verbundenheit auf ihrem Weg in den letzten Jahrzehnten für sich entdeckt, und die Frage taucht auf, wie wir dieses neue wissenschaftliche Konzept mit den traditionellen Religionen verbinden können und ob dies überhaupt geht? In dem Film „Bleep" wird die Ansicht vertreten, dass es nicht möglich sei. Dort heißt es, man könne nicht alten Wein in neue Schläuche füllen, da diese sonst platzen würden, und es wird postuliert, dass wir völlig neue Wege finden und gehen müssen.

Wenn sich ein Mensch auf einem spirituellen Entwicklungsweg befindet, also versucht, sich seiner selbst und der Möglichkeiten und Potenziale seines Lebens bewusst zu werden, kommt er oft an einen Punkt, an dem gravierende Lebensveränderungen anstehen. Wenn er an diesem Punkt angekommen ist, wird er dasjenige, was er kennt, abwägen gegen dasjenige, das aus seinem Innersten hervorbricht. Das „Alte Ich" muss sterben, um ein „Neues Ich" hervorzubringen. Dieser Prozess kann sehr schmerzhaft sein, denn wir brechen mit alten Verbindungen und lösen uns aus lange bestehenden Abhängigkeiten. Wir erleben Grenzzustände und brechen aus getroffenen Vereinbarungen aus.

Als Reinkarnationstherapeutin begleite ich viele Menschen, die diesen Weg gehen – es gibt darunter solche, die den Weg mit allen Konsequenzen gehen und solche, die an einem bestimmten Punkt innehalten, bevor sie weitergehen. Beides ist völlig in Ordnung und geschieht in Abhängigkeit von den Ressourcen, Lebensumständen und dem „karmischen Gepäck" des betreffenden Menschen.

Was bedeutet dieser spirituelle Entwicklungsweg für unseren Körper? Was geschieht auf neurophysiologischer Ebene, wenn wir uns aus alten Verstrickungen lösen und unser Wahres Selbst entwickeln? Es bedeutet zunächst, dass sich im Gehirn bestehende chemische Verbindungen lösen. Unsere alten Muster „zerfallen" und werden vom Gehirn abgebaut. Ein neues Ich wird geboren, und es trifft auf neue Menschen. Neue Ideen setzen sich im neuronalen Netz fest. Im Nervensystem existiert eine enorme Plastizität, also Fähigkeit zur Veränderung. Auch wenn neuronale Verbindungen seit Jahrzehnten oder Jahrhunderten bestehen, ist das Gehirn in dem Moment, in dem sich ein Mensch verändert, in der Lage, die alten neuronalen Strukturen zu lösen und neue zu knüpfen. Wenn dies geschieht, nehmen wir uns als verändert wahr und erkennen, wer wir sind – weil wir erkennen, wer wir waren.

Genau dies geschieht in der *Holographischen Reinkarnationstherapie* (RT). In jeder erfolgreichen Rückführung, in der wir eine alte, unbeendete Geschichte abschließen und einen feststeckenden Teil von uns befreien, wird eine alte neuronale Struktur verändert und eine neue Struktur kann sich bilden. Dadurch lösen sich seelische und körperliche Blockaden, die wir als „Krankheiten" bezeichnen.

Heilungs- und Transformationsprozesse gehen einher mit einer neuen Geisteshaltung, die völlig neue und noch gänzlich unbekannte Emotionen verspricht. Wenn wir unser „Altes Ich" aufgeben und diesen Prozess mit all den dazugehörigen Schmerzen durchlaufen, können wir ein neues Muster dauerhaft etablieren. Dieser Prozess muss auf allen Ebenen, also auf der mentalen, der emotionalen, der körperlichen und der spirituellen Ebene durchlaufen werden. Dies sind genau die Ebenen, auf denen in der RT gearbeitet wird.

Erinnern bedeutet, neuronale Verbindungen zu erhalten. Wenn es Erinnerungen sind, die aufgrund einer starken emotionalen Ladung beherrschend sind, so lebt der Mensch in der Vergangenheit. Wir haben in den letzten Jahren viel darüber gelesen, dass wir unsere eigene Realität erschaffen. Dies ist tatsächlich so – allerdings sollten wir differenzieren zwischen bewusstem und unbewusstem Erschaffen. Solange die emotionalen Dramen unserer Vergangenheit unbeendet sind, erschaffen wir jeden Tag **unbewusst** unsere Gegenwart und Zukunft aus genau dieser unbeendeten Vergangenheit. Das Tragische daran ist, dass wir es nicht wissen – wir tun es einfach, bis zu dem Moment, an dem wir anfangen, es uns bewusst zu machen und zu fragen, was genau wir eigentlich erschaffen und warum wir es tun. In dem Moment richten wir den Blick zurück in die Vergangenheit. Wir wollen begreifen, wo und warum es angefangen hat. Wo gab es zum ersten Mal dieses emotionale Drama? Was ist damals wirklich passiert? Was ist unbeendet geblieben? Wenn wir diese Fragen stellen, können wir beginnen, die Vergangenheit therapeutisch zu bearbeiten und zu heilen.

Erst wenn wir dies tun, haben wir überhaupt die Möglichkeit, bewusst unsere Gegenwart und Zukunft zu erschaffen, und zwar auf die Art und Weise, wie wir es wirklich wollen, und nicht, wie sie sich als unbewusste Wiederholung der Vergangenheit ergibt. Die Tragweite dieses Umstandes ist nicht zu unterschätzen, denn wenn Menschen versuchen, bewusst ihre Zukunft zu erschaffen, ohne die emotionalen Dramen der Vergangenheit beendet zu haben, stoßen sie oft auf harte Grenzen. Sie kommen nicht voran und merken, dass etwas aus der Vergangenheit sie behindert. Sie tun den zweiten Schritt vor dem ersten und fangen an, sich im Kreis zu drehen, bis sie anfangen, die Vergangenheit zu heilen. Dann brechen sie aus dem Kreis aus und machen oft gewaltige Entwicklungsschritte nach vorn.

Die Quantenphysik hat uns gezeigt, dass es keine objektive Einschätzung von Ereignissen gibt. Alles, was wir wahrnehmen, besitzt eine emotionale Gewichtung aufgrund unserer Erlebnisse. Wenn wir die Erlebnisse bearbeiten und heilen, kann sich die Wahrnehmung und Einschätzung von Situationen und Ereignissen verändern – sie können sich gleichsam von dem Mantel der Vergangenheit befreien.

Der menschliche Organismus ist darauf programmiert, Lust zu suchen und Schmerz – also Unlust – zu vermeiden. Wir sind abhängig von Lustgefühlen. Das Konzept der Abhängigkeit ist sehr wichtig, um unseren Körper zu verstehen. Wenn wir einen emotionalen Zustand nicht kontrollieren können, sind wir davon abhängig. Wir sind abhängig, solange wir nichts besseres finden, durch das wir die Abhängigkeit ersetzen können. Dies gilt für alle Arten von Abhängigkeit, sowohl stoffliche als auch nicht-stoffliche, die im Körper meist dieselben Substanzen produzieren wie die stofflichen Süchte.

Wir können potenziell von allem abhängig werden, von Macht, vom Gefühl des Verhungerns, von Ärger, von Geld oder Sexualität. Die Art der Abhängigkeit, die wir entwickeln, hängt mit der Art unserer nicht integrierten Erlebnisse zusammen. Ein Mensch, der in einem vergangenen Leben verhungert ist, kann abhängig werden von dem Gefühl des Verhungerns, weil dieses Gefühl mit seinem Überlebensimpuls verbunden ist – solange er das Gefühl hat zu verhungern, weiß er, dass sein Körper lebt. Wir finden bei vielen Essgestörten solche traumatischen Erlebnisse des Verhungerns aus vergangenen Leben.

Diese Abhängigkeiten entbehren, wenn wir sie nur mit dem Verstand betrachten, oft jeder Logik, wenn wir jedoch auf der emotionalen Ebene hinschauen, können wir eine präzise Logik erkennen. Keine Abhängigkeit ist einfach aus sich selbst heraus entstanden. Jede Abhängigkeit hat ihre konkrete Ursache in einer oder mehreren Situationen aus der Vergangenheit – also aus vergangenen Leben. Wenn wir nur das aktuelle Leben eines Menschen anschauen, bleiben viele Dinge unverständlich. Wir können diese Phänomene nur verstehen, wenn wir unseren Blick erweitern und ihn auf die vergangenen Leben des Individuums richten.

Wenn wir reinkarnationstherapeutisch arbeiten, versetzen wir uns in die Lage, die Wiederholungen zu durchbrechen und neue, unbekannte emotionale Zustände zu kreieren. Unsere Zellen werden durch die neuen Möglichkeiten und allein schon durch die Vorstellung neuer Möglichkeiten belebt und verjüngt.

Ein wichtiger Teil des Paradigmenwechsels ist die Erkenntnis, dass es die spirituelle Ebene wirklich gibt. Im Zuge dieser Erkenntnis ist die Polarität zwischen Wissenschaft und Religion dabei sich aufzulösen. Dies war nur deshalb möglich, weil die Messmethoden der Wissenschaft immer besser geworden sind und unsichtbare Dinge sichtbar machen konnten, was mit den Messmethoden der vergangenen Jahrhunderte nicht möglich gewesen wäre. Die Wissenschaft kann jetzt beispielsweise nachweisen, was im Gehirn passiert, wenn wir meditieren oder eine Rückführung machen.

Wir können sagen, dass das Bewusstsein vor etwa zwanzig Jahren in die Wissenschaft zurückgekehrt ist. Die Frage ist, ob auch die Spiritualität in die Wissenschaft zurückkehren kann. Wenn wir wieder beginnen, das Wohl und die Heilung von Menschen in den Vordergrund zu stellen und nicht persönliche Macht- oder Statusinteressen, dann ist diese Rückkehr unabdingbar und unbedingt notwendig. Es wäre wünschenswert, wenn eine solche Synthese für die kommenden Jahrzehnte gelänge; dass hierzu tiefgreifende Umdenkungsprozesse bei den meisten in Heilberufen tätigen Menschen notwendig sind, sollte uns klar sein, ebenso dass im Zuge dieser Prozesse Ängste, Zweifel und Rivalitäten auftauchen. Wir können sie als Herausforderungen begrüßen, die es zu überwinden gilt, und uns mit dem verbinden, was jenseits dieser Herausforderungen auf uns wartet – Gesundheit, Glück und ein erfülltes Leben.

1.2 Was macht Zellen krank und was macht sie gesund?

Eine der zentralen Prämissen der Holographischen Reinkarnationstherapie ist, dass sich unbeendete Traumata aus vergangenen Leben in allen weiteren Leben sowie in der Zeugung, der pränatalen Phase, der Geburt, der Kindheit, der Jugend und dem Erwachsenenleben der aktuellen Inkarnation wiederholen.

In meiner täglichen Arbeit mit Klienten habe ich diese Prämisse immer wieder bestätigt gefunden. Wenn beispielsweise ein Klient mit dem Symptom „Chronische Bauchschmerzen" zu mir kommt, so finde ich etwa, dass die Mutter bei der Zeugung Bauchschmerzen hatte, während der Schwangerschaft die ganze Zeit dachte, wie unattraktiv ihr Bauch aussehe und bei der Geburt das Gefühl hatte, es zerreiße ihr den Bauch. Auch der Klient litt in seiner Kindheit immer wieder in stressigen Situationen unter Bauchschmerzen.

Wenn ich dann mit demselben Klienten an vergangenen Leben arbeite, finde ich beispielsweise Leben, in denen er durch Erstechen im Bauchbereich umgebracht wurde. Ich kann mit diesem Klienten so weit zurückgehen, bis ich das Ursprungstrauma finde – die Situation, welche die Kette der traumatischen Erlebnisse und Wiederholungen in Gang gesetzt hat.

Wenn wir von diesen Prämissen ausgehen, stellt sich natürlich die Frage: Wie geschieht es, dass die unbeendeten Traumata von einem Leben ins nächste sozusagen „transportiert" werden? Wie geschieht die Transformation von Materie in Energie und dann wieder von Energie in Materie? Wo geht die seelische Energie nach dem Sterben hin? Wie kann es sein, dass dieselbe Energie im nächsten Leben wieder inkarniert?

Die Quantenphysik könnte uns Antworten auf diese höchst interessanten Fragen geben. Eine der zentralen Forschungsergebnisse der Quantenphysik ist, dass ein Quant sowohl als Welle als auch als Teilchen existieren kann. Sein Zustand kann variieren und hängt unter anderem auch vom Beobachter ab. Weiterhin fanden Quantenphysiker heraus, dass subatomare Teilchen, die an einem bestimmten Zeitpunkt miteinander in Verbindung getreten sind, diese Verbindung nicht mehr verlieren. Dieses Phänomen nennt man „Verschränkung".

Eine Weile dachte man, dass man diese „Verschränkung" nur bei subatomaren Teilchen finde. Dann jedoch bewiesen Quantenphysiker, dass auch Moleküle sich so verhalten. Wenn also sowohl kleine als auch größere Teilchen sich so verhalten, könnte das vielleicht bedeuten, dass hier eine im ganzen Universum geltende Gesetzmäßigkeit gefunden wurde?

Lynne Mc Taggart postuliert in ihrem Buch „Intention", dass zwischen Lebewesen und ihrer Umgebung eine ständige telepathische Kommunikation stattfindet. Sie zitiert Experimente des Forschers Cleve Backster, der darüber forschte, wie Pflanzen kommunizieren. Er schloss Pflanzen an Lügendetektoren an, postierte sich dann in der Nähe der Pflanze und schickte ihr den Gedanken, dass er sie verbrennen wolle. Wenn er dies dachte, schlug der Lügendetektor aus. Die Pflanze reagierte also auf seine Gedanken.

Der Physiker Fritz Albert Popp schließlich deckte den Wirkmechanismus dieser Kommunikation auf. Er fand heraus, dass alle Lebewesen Biophotonen abgeben. Das sind winzige Lichtteilchen. Er fand außerdem heraus, dass diese Biophotonen ein Kommunikationssystem sowohl zwischen Teilen von Lebewesen – wie zwischen Organen und Körperteilen – als auch zwischen vollständigen Lebewesen zu sein schienen. Diese Kommunikation hielt auch dann an, wenn ein Organismus zerstückelt wurde.

Weiter entdeckte er, dass sich die Photonenemission eines Lebewesens erhöhte, wenn es Stress ausgesetzt war.

Der holländische Psychologe Eduard van Wijk wollte wissen, wie weit das Einflussfeld eines Heilers ausreichte, der heilende Energie aussandte. Als er Algen in die Nähe eines Heilers und seines Patienten stellte, fand er heraus, dass sich die Photonenemissionen während der Heilungssitzungen signifikant veränderten. Er schloss daraus, dass heilendes Licht alles an seinem Weg Liegende beeinflussen kann.

Was bedeuten diese Umstände für uns Menschen? Wenn wir uns vorstellen, dass wir mit allen Lebewesen unserer Umgebung in einer ständigen Kommunikation stehen, so hat dies weitreichende Auswirkungen. In meinen Therapiesitzungen besteht ein großer Teil der Arbeit darin, vom Klienten aufgenommene Fremdenergie aus seinem System zu entfernen. Babys im Mutterleib sind beispielsweise wie Schwämme – sie nehmen alle Energie ihrer Mutter auf, so als würde sie ihnen gehören – egal ob es Gedanken, Gefühle oder Körpergefühle sind. Wir verstehen jetzt, dass diese telepathische Kommunikation aufgrund des ständigen Austausches von Biophotonenemissionen stattfindet. Problematisch wird diese Kommunikation dann, wenn wir nicht wissen, was eigentlich ausgetauscht wird. Ein Baby im Mutterleib hat noch kein entwickeltes Bewusstsein – es nimmt die Informationen seiner Mutter einfach auf. Es kann noch nicht „Ja" oder „Nein" sagen.

In der Kindheit setzt sich dies fort. Kürzlich arbeitete ich mit einer Klientin, die unter ständiger Angst litt – sie hatte vor allem und jedem Angst, konnte sich aber überhaupt nicht erklären, woher diese Angst kam. Wir arbeiteten in ihrer Kindheit und fanden heraus, dass die sie umgebenden Bezugspersonen – Eltern und Großeltern – unter chronischen Existenz-, Todes- und Verlassenheitsängsten litten, über die aber niemals geredet wurde. Das heißt, diese Angst lag dort buchstäblich in der Luft. Meine Klientin atmete sie sozusagen mit jedem Atemzug ein, ohne zu wissen, was sie überhaupt einatmete. Als wir die Situationen bearbeiteten und sie die aufgenommene Angst ausatmete und die in Schock und Erstarrung steckengebliebenen Kinder aus dem Elternhaus herausholte, gingen die Ängste weg.

Wenn wir uns die Konsequenzen dieser Mechanismen bewusst machen, so bedeutet dies eine enorme Verantwortung für Eltern und sonstige Bezugspersonen – aber es bedeutet auch ein enormes Heilungspotenzial. Genau so, wie sich negative Gedanken und Gefühle übertragen, tun es natürlich auch positive und heilende Gedanken und Gefühle – auch dieser Umstand hat eine enorme Tragweite. Wir sollten uns fragen: Was können wir alles erreichen, wenn wir liebevolle Gedanken in die Welt und zu denen, die uns nahe stehen, aussenden?

Interessant ist in diesem Zusammenhang natürlich auch die Frage, warum sich manche Gedanken in ihrem gesamten Ausmaß übertragen und andere nicht. Liegt es an unseren Synapsen? Liegt es daran, dass wir hauptsächlich Synapsen haben für das, was wir gewohnt sind zu empfangen, unabhängig davon, ob es uns gut tut oder nicht? Wie können wir unsere synaptischen Verbindungen ändern, so dass wir auch empfangsbereit für heilende Gedanken und Gefühle werden?

Deepak Chopra[1] postuliert, dass nicht etwa unsere Sinneswahrnehmung uns die „wahre Welt" zeigt, sondern es genau umgekehrt ist. Die Welt, wie wir sie erfahren, ist ein Resultat sehr früher Prägungen, die immer wieder bestätigt, verstärkt und damit wiederholt werden.

Er zitiert ein Experiment, das Wissenschaftler vor etwa zwanzig Jahren an der Harvard Medical School durchführten. Sie ließen eine Gruppe junger Kätzchen in einem Raum aufwachsen, in dem es nur horizontale Streifen gab, also alle visuellen Reize waren horizontal. Eine andere Gruppe war in einem Raum mit rein vertikalen visuellen Reizen. Als ausgewachsene kluge Katzen konnte die eine Gruppe nur eine horizontale, die andere nur eine vertikale Welt sehen, und das hatte nichts zu tun mit ihrem „Glaubenssystem". Als man ihre Gehirne untersuchte, fehlten ihnen die interneuronalen Verbindungen für die Wahrnehmung einer vertikalen bzw. horizontalen Welt. Das bedeutet, dass die ursprünglichen Sinneseindrücke dieser Kätzchen ihr neuronales System derart programmiert hatten, dass schließlich ein Nervensystem entstand, das sogar auf der atomaren Ebene nur noch eine Funktion hatte – die aufgrund der Sinneseindrücke gemachten ursprünglichen Erfahrungen immer wieder zu bestätigen und zu verstärken.

Dieses Phänomen bezeichnet man als PCC (Premature Cognitive Commitment), was so viel bedeutet wie „auf frühkindlicher Sinneserfahrung beruhende Festlegung".

Es gibt Experimente mit Fischen, die in einem Aquarium gehalten wurden und die voneinander getrennt wurden, indem man Trennwände aus Glas in die großen Tanks einfügte. Nach einiger Zeit entfernte man die Trennwände – die Fische schwammen so weit, wie es die Trennwände erlaubten, aber nicht weiter, denn in ihrem Geist-Körper befolgen sie ein PCC – „Bis hierher und nicht weiter".

Was bedeuten diese Forschungsergebnisse für den Menschen, und was bedeuten sie für die Heilung seelischer Verletzungen und chronischer Krankheiten?

---
1 Vortrag von Deepak Chopra "What's the true nature of reality?, www.chopra.com

Wir gehen davon aus, dass die Information über ein unbeendetes Trauma beim Sterben, also bei der Exkarnation, als Teil einer Matrix den Körper verlässt. Auf dieser Matrix sind sämtliche Informationen über den Menschen, der gestorben ist, gespeichert. Diese Information befand sich in seinem Körper innerhalb seiner Zelle – in der DNS. Die Information geht also beim Sterben nicht verloren, sondern ändert nur ihren Zustand. Die Quantenphysik hat uns eindeutig gezeigt, dass Informationen in unterschiedlichen Zuständen auftauchen können. Diese Matrix bleibt als Gesamte im sogenannten Zwischenleben erhalten. Es ist die Identität des verstorbenen Menschen. Diese Identität oder Persönlichkeit verbindet sich im Zwischenleben mit seiner Seele. Sie bleibt eine Weile im Zwischenleben, dann inkarniert sie neu, um ihren Entwicklungsweg fortzusetzen. Die Teile der Seele, die in einem Leben jeweils inkarnieren, nennen wir Persönlichkeit. So kann jemand im jetzigen Leben die Persönlichkeit Heinz sein, in einem vergangenen Leben war er vielleicht die Persönlichkeit Marianne, oder Petra, oder Valentin. Alle Persönlichkeiten zusammen machen die gesamte Seele eines Menschen aus.

Wenn es nun eine neue Inkarnation gibt, so findet derselbe Vorgang wie beim Sterben statt, nur umgekehrt. Die seelische Energie, die noch nicht wieder in der Materie existiert, verbindet sich in der Zeugungssituation mit der Energie von Mutter und Vater. Die Seele des inkarnierenden Menschen wird zu einem Paar gezogen, das ihr die besten Aktualisierungsmöglichkeiten für ihre seelische Entwicklung bietet, das heißt, ein Elternpaar, bei dem die Seele am besten ihre unbeendeten Themen und Traumata beenden und auf ihrem Weg weiterkommen kann.

Im Zeugungsmoment verwandelt sich die nur als Energie existierende Information der inkarnierenden Seele in Materie, nämlich in eine Zelle. Diese Zelle enthält bereits alle Informationen aus vergangenen Leben, alle Erfahrungen, die diese Seele jemals in den unterschiedlichen Leben gemacht hat. Außerdem enthält die Zelle die Information über die Eltern im Moment der Zeugung sowie Informationen über die vergangenen Erfahrungen der Eltern. Die Energie der

Eltern vermischt sich in der Zeugungssituation mit der Lebensenergie der inkarnierenden Seele.

Deshalb ist es so wichtig, Zeugung und Pränatale Phase therapeutisch gründlich zu bearbeiten – denn nur, wenn ich hier arbeite, kann ich die Energie der Eltern wieder vom Energiesystem meines Klienten trennen, und der Klient kann wieder spüren, wer er selbst ist, wer seine Eltern sind und wo er das Leben seiner Eltern nachgelebt hat bzw. wo er sein eigenes Leben und seine eigene Lebensenergie lebt.

Die Zelle teilt sich vom Zeugungsmoment an, und bei jeder Teilung werden die Informationen weitergegeben. Noch im Mutterleib sowie während und nach der Geburt wiederholen sich im Leben des betreffenden Menschen Erfahrungen, die er aufgrund der in seinen Zellen gespeicherten Informationen anzieht.

Irgendwann in seinem späteren Leben kommt der Mensch in die Therapie und sagt: „Ich möchte nicht mehr immer die gleichen Erfahrungen machen" – wie die Kätzchen in dem oben geschilderten Experiment. Er möchte – bildlich gesprochen – nicht immer wieder eine Welt horizontaler Streifen sehen, sondern auch einmal vertikale Streifen. Wir fangen an, therapeutisch in seiner Vergangenheit zu arbeiten, und die Information in seinen Zellen kann beginnen, sich zu verändern.

Wenn wir in der Therapie unbeendete traumatische Erlebnisse aus vergangenen Leben bearbeiten und auflösen, verändert sich etwas im Zellbewusstsein und im Zellgedächtnis dieses Menschen. Unbeendete Traumata sind wie „Störenergie" – Informationen, die nicht gut in das System des betreffenden Menschen hineinpassen. Wenn wir die zugrundeliegenden Erlebnisse bearbeiten, kann die „Störenergie" das System des Menschen verlassen, und das bedeutet, dass der Mensch seelisch und körperlich gesund werden kann.

Untersuchungen des menschlichen Körpers haben gezeigt, dass er innerhalb von weniger Zeit als einem Jahr 98% aller Atome ersetzt. Das heißt, wir haben alle sechs Wochen eine neue Leber, alle drei Monate ein neues Skelett, monatlich eine neue Haut, alle fünf Tage neue Magenwände. Auch die Gehirnzellen aus Kohlenstoff, Wasserstoff und Sauerstoff werden ständig erneuert, und die ebenfalls auf den Rohstoffen Kohlenstoff, Wasserstoff und Sauerstoff basierende DNS erneuert sich alle sechs Wochen. Das bedeutet, dass in weniger als zweieinhalb Jahren unser ganzer Körper bis zum letzten Atom ersetzt wird.

Doch etwas anderes verändert sich nicht so schnell wie die Atome unseres Körpers, nämlich unsere Hoffnungen, Erwartungen, Träume, Ideen, Konzepte, Meinungen, Glaubenssätze und Überzeugungen. Natürlich verändern sich diese auch, aber offensichtlich nicht so schnell wie die Zusammensetzung unseres Körpers. Wir können also vermuten, dass unsere Gedanken und Gefühle offensichtlich eine längere Lebenserwartung haben als unser Körper. Wenn sich unsere Hautzellen jeden Monat erneuern, so vergessen sie doch den Unterschied zwischen heiß und kalt nicht; die Magenzellen, die alle fünf Tage erneuert werden, sind immer wieder in der Lage, Hydrochloridsäure zu produzieren; und die Geschmacksknospen, die alle fünf Wochen ausgetauscht werden, vergessen nicht den Geschmack von süß, sauer, bitter oder salzig. Auch die DNS, die alle sechs Wochen neu ist, behält die Erinnerung an alle Erlebnisse des jetzigen Lebens sowie der vergangenen Leben.

Wenn ich also anfange, mit einem chronisch kranken Menschen therapeutisch zu arbeiten, verändert sich etwas im Bewusstsein seiner Zellen und seiner DNS. Diese Bewusstseinsveränderung sorgt dafür, dass in dem fortwährenden Prozess der Zellerneuerung nun wirklich neue Zellen produziert werden – **also Zellen, die nicht nur physisch neu sind, sondern auch ein neues Bewusstsein haben.** Diese Zellen sind nicht mehr auf „Krankheit oder Störung" ausgerichtet, sondern auf „Gesundheit". Wenn wir uns bewusst machen, was das für Menschen mit chronischen Krankheiten bedeutet, so eröffnet sich hier ein völlig neuer und faszinierender Raum für die Heilung von solchen Krankheiten.

Wenn wir das Bewusstsein des betroffenen Menschen heilen, kann nicht nur die Krankheit im jetzigen Leben verschwinden. Es verschwindet auch die Programmierung, die zur Ausprägung seiner Krankheit geführt hat. Das heißt, er muss diese Krankheit auch nicht mehr in folgenden Leben erleiden. Deshalb lohnt sich für chronisch kranke Menschen die Arbeit mit RT in jedem Fall – auch wenn der jetzige Körper nicht mehr geheilt werden kann, so kann doch die der Krankheit zugrundeliegende dysfunktionale Programmierung in eine gesunde Programmierung transformiert werden.

Es ist hinlänglich bekannt und bewiesen, dass unser Körper, wenn wir Gedanken und Gefühle haben, chemische Stoffe produziert, die wir Neuropeptide nennen. Es wurden nicht nur in den Gehirnzellen, sondern in allen Körperzellen Rezeptoren für diese Neuropeptide gefunden. Das bedeutet, unser Körper kommuniziert in der Sprache der Neuropeptide. Auch an den Immunzellen wurden Rezeptoren für Neuropeptide gefunden. Diese Zellen beschützen uns vor Infektionen, Krebs und anderen Krankheiten. Wenn nun auch diese Zellen mit Rezeptoren für Neuropeptide ausgestattet sind, so bedeutet dies, dass sie unseren inneren Dialog von Gedanken und Gefühlen ständig registrieren. Wir können also nichts denken oder fühlen, ohne dass Neuropeptide in unserem Körper umherschwirren. Diese Erkenntnis macht uns noch einmal sehr deutlich, warum ein Mensch, der chronischen Kummer oder Stress hat, auch chronisch gestresste oder bekümmerte Immunzellen hat, die ihrer Aufgabe, das Körpersystem gegen Viren, Bakterien und andere „Eindringlinge" zu beschützen, nicht mehr in dem Maße nachkommen können, wie sie es sollten.

Ebenfalls ist hinlänglich bekannt, dass zum Ausbruch einer chronischen Krankheit immer mehrere Faktoren vorliegen müssen. Dies ist zum einen eine genetische Prädisposition, die Krankheit ist also in der Familie bereits aufgetaucht, und zum zweiten ein aktueller Auslöser, wie beispielsweise eine Lebenskrise, eine Trennung, Scheidung, Tod eines Ehepartners oder nahestehenden Menschen sowie berufliche und räumliche Veränderungen. Zu diesen Stress auslösenden Lebensumständen gehören im Grunde genommen auch positive Lebensveränderungen, wie etwa das Eingehen einer neuen Beziehung, eine Hochzeit oder ein Umzug in ein neues Haus. Es sind also alle Lebensereignisse, die einen Menschen sozusagen erst einmal „aus der Bahn werfen". Nun wissen wir, dass sie nicht nur den Menschen aus der Bahn werfen, sondern sein Körpersystem und seine körperinterne Kommunikation ebenfalls.

Tineke Noordegraaf, Pionierin und Koryphäe auf dem Gebiet der reinkarnationstherapeutischen Bearbeitung chronischer Krankheiten, hat herausgefunden, dass es in den meisten Fällen so ist, dass es zwei bis drei Jahre vor dem Ausbruch der Krankheit ein Stress auslösendes Ereignis, etwa wie die oben beschriebenen, gegeben hat. Die Erfahrungen meiner Arbeit mit chronisch kranken Menschen bestätigen Tinekes Hypothese in vollem Umfang. Ich habe bei jedem chronisch Kranken, mit dem ich bisher gearbeitet habe, diesen Zusammenhang gefunden. In späteren Kapiteln findet der Leser die Beschreibung in den Falldarstellungen.

Tinekes Annahmen über die Ursachen chronischer Krankheiten gehen allerdings noch über die gängigen Annahmen hinaus. Sie hat herausgefunden, dass nicht nur genetische Prädisposition und aktuelles Lebensereignis zum Ausbruch einer Krankheit führen, sondern **unverarbeitete Ereignisse aus vergangenen Leben, die dem Bewusstsein nicht mehr zugänglich sind, aber in Form von Zellinformationen in der DNS enthalten sind.**

Diese unbeendeten Ereignisse und damit einhergehende dysfunktionale Zellinformationen schwächen die Zelle. Diese Schwächung kann unter Umständen lange Zeit hindurch vom Körper ausgeglichen werden. Im dem Moment aber, in dem zusätzliche Stressfaktoren auftreten, welche die Arbeit des Immunsystems beeinträchtigen, kann mit einer gewissen Zeitverzögerung eine Krankheit ausbrechen.

Auch diese faszinierende Annahme habe ich in meiner täglichen Arbeit mit chronisch kranken Menschen immer wieder bestätigt gefunden. Tineke geht davon aus, dass dann, wenn man diese tiefen

Ursachen von Krankheiten findet und verändert, wirkliche und dauerhafte Heilung stattfinden kann.

Sie fand außerdem heraus, dass die unbeendeten Traumata aus vergangenen Leben Schockzustände im Körpersystem hervorrufen. Schock bedeutet Erstarrung – die Gefühle werden eingefroren und die Flucht- oder Angriffsimpulse blockiert. Wenn es viel Schockenergie in einem Körpersystem gibt, so gibt es gleichzeitig viel Erstarrung. Die Energie fließt nicht mehr. Erstarrung bedeutet Kälte. Wenn es keinen Energiefluss und keine Bewegung mehr gibt, nimmt die Kälte überhand. Tineke fand heraus, dass immer dann, wenn es in einem Körper viel Kälte durch verdrängte Schockerlebnisse gibt, dies die Arbeit des Immunsystems erheblich beeinträchtigen kann. Wir wissen, dass meistens, wenn das Immunsystem nicht mehr gut arbeitet, Eindringlingen von außen in Form von Bakterien und Viren Tor und Tür geöffnet ist. Das Risiko, ernsthaft zu erkranken, ist also erhöht.

Ich habe es oft in der reinkarnationstherapeutischen Arbeit mit kranken Menschen erlebt, dass sich nach ein paar Sitzungen ihr gesamtes Aussehen verändert hat – sie wurden beweglicher, ihre Haut war nicht mehr blass und grau, sondern rosig und durchblutet, ihre Augen wurden klarer, ihre Sprache lebendiger und ausdrucksvoller, die Farben ihrer Kleidung veränderten sich, und es war oft für mich faszinierend anzusehen, wie die Erstarrung langsam aus den Körpersystemen dieser Menschen verschwand und ihre Lebendigkeit und ihr eigentliches Wesen wieder zutage traten.

Wir sehen hier, dass über lange Zeit gespeicherte Schockenergie das Immunsystem blockiert und lähmt und den Menschen in seiner Gesundheit und Ausdruckskraft schwächt. Wenn wir uns bewusst machen, dass durch chronisch negative Gefühle geschwächte Immunzellen nicht mehr so gut arbeiten können, verstehen wir die Zusammenhänge. Die Forschung hat aber noch mehr aufsehenerregende Ergebnisse produziert. Forscher fanden heraus, dass es in Immunzellen nicht nur Rezeptoren für Neuropeptide gibt, sondern dass sie in der Lage sind, die gleichen Substanzen zu produzieren wie das denkende

Gehirn. Das bedeutet, dass Immunzellen denken können. Ihre Gedanken können sich zwar nicht sprachlich ausdrücken, aber es werden dieselben chemischen Codes produziert, wie sie auch das Gehirn herstellt, wenn es denkt. Die Immunzelle ist also ein bewusstes Wesen.

Doch damit nicht genug. Eine Immunzelle sieht aus wie ein wanderndes Neuron, und das Immunsystem sieht aus wie ein wanderndes Nervensystem. Dies trifft nicht nur für die Immunzellen zu, sondern auch für andere im Körper befindliche Zellen. Magen- und Darmzellen produzieren die gleichen chemischen Substanzen wie das denkende Gehirn.

Wenn jemand darüber spricht, dass ihm sein Bauchgefühl dies oder jenes sagt, so hat dies eine wissenschaftlich fundierte Begründung: Seine „Bauchzellen" erzeugen dieselben chemischen Substanzen wie seine Gehirnzellen und haben also genau so ein Bewusstsein wie diese und wie die Herz-, Nieren- Haut- und übrigen Zellen des Körpers. **Wir haben also einen denkenden Körper, in dem jede Zelle denkt, fühlt und ein Bewusstsein hat.**

Bei Freude und Heiterkeit steigt der Gehalt an Interlucent und Interferon im Körper, beides Antikrebsmittel. Bei Angst, Furcht und unterdrücktem Zorn hingegen steigt der Gehalt an Cortison, Adrenalin oder Noradrenalin, die das Immunsystem beschädigen.

In meiner Arbeit mit krebskranken Menschen finde ich immer vor dem Ausbruch der Krankheit länger andauernde Stresszustände, entweder mit dem Partner, mit den Eltern, mit anderen nahestehenden Personen oder im beruflichen Bereich. Diese Stresszustände haben meist mit chronischen Angst- oder Verlustgefühlen zu tun.

Ich arbeitete vor einiger Zeit mit einer jungen Frau, die an Brustkrebs erkrankt war, auf der Zellebene. Ich ließ sie eine gesunde Brustzelle und eine kranke Brustzelle malen. Sie malte die gesunde Zelle in leuchtenden Farben, die kranke Zelle in Grau. Ich fragte sie, wann in ihrem jetzigen Leben zum ersten Mal dieses Grau in die Zelle hineingekommen sei. Sie überlegte kurz und sagte dann: „Eine Stress-Situationen mit meinem Chef". Ich ließ sie darüber erzählen, und es stellte sich heraus, dass sie über Monate hinweg diese Stress-Situationen erlebt hatte. Ihr Chef hatte ihr keinerlei Anerkennung für ihre Arbeit gegeben, sondern im Gegenteil immer nur ihre vermeintlichen Fehler im Auge gehabt und herausgehoben. Sie war ständig voller Angst, wenn sie in der Arbeit war. Sie hatte Angst bei jeder Tätigkeit, die sie für ihn ausführte. Immer war sie von dem Gedanken beherrscht, dass ihr bestimmt ein Fehler unterlaufen würde, und sah bereits sein herablassendes Gesicht vor sich und hörte seine geringschätzigen Worte.

Ich habe in meiner Arbeit gefunden, dass Menschen sehr unterschiedlich auf chronische Stresszustände reagieren. Bei einem Menschen bricht Krebs aus, bei einem anderen entwickelt sich eine Depression oder ein Angstzustand, beim nächsten bricht eine Hautkrankheit oder Asthma aus, und bei anderen entwickeln sich Herzbeschwerden.

Natürlich wirft sich hier die Frage auf, warum Menschen so unterschiedlich reagieren. Meine Arbeit zeigt mir, dass der Unterschied in den vergangenen Leben der betreffenden Menschen zu finden ist. Wenn beispielsweise jemand in vergangenen Leben Traumata erlebt hat, die mit der Haut in Zusammenhang standen, wie Verbrennen oder Schneiden, so kann es durchaus sein, dass er im jetzigen Leben auf chronischen Stress mit Hautproblemen reagiert. Das gleiche kann sein, wenn er in vergangenen Leben Traumata erlebt hat, die mit Haut und Beziehung zusammenhingen. Die Haut ist unser größtes Kontaktorgan – hier können Erlebnisse aus vergangenen Leben im Zusammenhang mit unglücklichen oder gescheiterten Beziehungen gespeichert werden.

Ich habe auch gefunden, dass Menschen, die im jetzigen Leben Krebs haben, in vergangenen Leben oft Situationen erlitten haben, die sie als sehr ungerecht empfunden haben und gegen die sie sich nicht wehren konnten. Sie haben massive Gefühle von Wut und Ohnmacht in sich gespeichert. Wut gehört zu den sogenannten „warmen Gefühlen". Damit bezeichnen wir spontan und natürlich auftretende Gefühle als Reaktion auf einen äußeren Reiz – Wut ist eine natürliche Reaktion auf einen Angriff, Freude ist eine natürliche Reaktion auf eine positive Nachricht. Zu den warmen Gefühlen gehören neben Wut und Freude auch Liebe, Trauer und Schmerz. Wenn diese Gefühle kein Ventil finden, um sich auszudrücken, verwandeln sie sich im Laufe der Zeit in sogenannte „kalte Gefühle", wie Hass, Rache und Aggression.

Nun kann es sein, dass diese kalten Gefühle einen Weg nach außen finden und sich entladen – meist in Situationen mit Menschen, die mit der ursprünglichen Situation gar nichts zu tun haben. Ein Beispiel: In ihrer Kindheit geschlagene Menschen, die sich gegen ihre Eltern nie zur Wehr gesetzt haben, speichern die Wut, die auszurücken verboten war, und die sich mit den Jahren in Aggression verwandelt. Wenn sie dann selber Kinder haben, kann es sein, dass sich die aufgestaute Wut nun als Aggression gegen die eigenen wehrlosen Kinder entlädt und diese jetzt auch geschlagen werden.

Es kann aber auch sein, dass diese aufgestauten Gefühle keinen Weg nach außen finden – dann gehen sie nach innen. Wenn sich kalte Gefühle im System eines Menschen befinden, die keinen Weg nach außen gefunden haben, beginnen diese Gefühle, das System des Menschen zu zerstören. Viele der sogenannten Autoimmunerkrankungen, also Erkrankungen, bei denen sich das Immunsystem des Menschen selbst zerstört, haben als Ursache solche über viele Jahre und viele Leben angestauten Gefühle.

Wenn ich bei Menschen mit solchen Erkrankungen Zellarbeit durchführe, so finde ich in der Zelle immer Informationen, die mit viel Hass, Aggression oder Rache verbunden sind. Wenn ich dann in vergangene Leben zurückgehe und die Geschichten ins Bewusstsein hole, bei denen diese Gefühle entstanden sind, so finde ich meist Geschichten, in denen der Betroffene lange an Zuständen von Wehrlosigkeit, Ohnmacht und Hilflosigkeit gelitten hat.

Aber interessanterweise finde ich bei diesen Menschen auch völlig entgegengesetzte Erfahrungen aus vergangenen Leben – und zwar die

Erfahrungen, die wir Täterleben nennen – Leben, in denen sie andere Menschen gequält oder gefoltert haben und aus denen sie oft unbewusste oder bewusste Schuldgefühle mitgenommen haben. Diese Schuldgefühle können mehrere Leben hindurch latent im System des betreffenden Menschen vorhanden sein. Wenn es dann im jetzigen Leben eine Auslösesituation gibt, kann eine Krankheit ausbrechen. Die Krankheit kann manchmal sogar in ihrer Symptomatik ähnlich sein, wie sie die von diesem Menschen Gefolterten oder Gequälten in ihren Körpern gefühlt haben.

An dieser Stelle möchte ich betonen, dass mir ein kausales, vereinfachtes Denken nach dem Motto „Weil er in einem vergangenen Leben andere Menschen gefoltert hat, hat er jetzt eine chronische Krankheit" völlig fern liegt. Wir können in der reinkarnationstherapeutischen Arbeit Zusammenhänge erkennen, die faszinierend und manchmal auch erschreckend sind, aber immer einer verborgenen seelischen Logik unterliegen. Daraus jedoch eine vereinfachte Kausalität ableiten zu wollen, entspricht nicht meinem Denken und auch nicht meinen Erfahrungen. Die Zusammenhänge sind komplexer, als wir es in unserer Suche nach einfachen Erklärungen und Lösungen oft wahrhaben wollen.

Rupert Sheldrake fand heraus, dass es sogenannte „Morphogenetische Felder" gibt. Das sind Felder, über die Organismen über Zeit und Raum hinweg miteinander kommunizieren, ohne sich dabei sehen oder nahe sein zu müssen. Für diese Art von Kommunikation spielen Zeit und Raum nur eine völlig untergeordnete Rolle. Sie funktioniert genau so gut, wenn zwei Menschen oder Tiere zehn oder zehntausend Kilometer voneinander entfernt sind.

Wissenschaftler haben im Menschen eine Gruppe von Hormonen nachgewiesen, die sogenannten Pheromone (Duft-, Informations- und Lockstoffe). Diese Stoffe sind die genaue chemische Entsprechung unserer Emotionen, nur dass sie nicht auf den Körper beschränkt sind, sondern sich darüber hinaus ausdehnen. Es wurde folgende Beobachtung gemacht: Wenn man in einen Wald geht und einen Baum mit

Zigeunermotten infiziert, wird der Baum sofort Informationsstoffe in die Atmosphäre freisetzen, und innerhalb weniger Sekunden wird der ganze Wald wissen, dass eine Zigeunermotten-Infektion droht und seine Alarmbereitschaft erhöhen. So teilt ein Baum seine Wahrnehmung oder sein Wissen anderen Bäumen mit. Auch das Verhalten von Ameisen oder Bienenvölkern ist durch Pheromone gesteuert.

Alle Tierarten, wie auch alle Menschen, scheiden solche Pheromone aus. Wenn wir in einen Meditationsraum kommen und sagen: „Hier atmet man Frieden und Ruhe", so ist das durchaus wörtlich zu nehmen. Wir spüren beim Betreten instinktiv die Energien dieses Raumes – Ruhe und Frieden. Schließlich befinden sich in diesem Raum Menschen, die Ruhe und Frieden suchen und diesen auch verbreiten.

Genauso umgekehrt – wer kennt nicht die Erfahrung, in ein überfülltes Wartezimmer einer Arztpraxis hinein zu kommen und am liebsten gleich wieder gehen zu wollen, weil er mit jedem Atemzug Angst und Unbehagen einatmet, denn genau das sind die Energien, die die meisten dort wartenden Menschen in sich verspüren.

Ich werde nie den Tag meiner Diplomprüfung am Ende meines Psychologiestudiums im Fach Diagnostik vergessen. Der Professor, der die Prüfung abnahm, war als besonders streng bekannt. Als ich an dem Morgen vor seinem Zimmer ankam, saß dort bereits eine weinende Frau, die durchgefallen war und von zwei weiteren Frauen getröstet wurde. Daneben saß noch eine andere Frau, welche die Prüfung noch vor sich hatte und voller Panik war. Ich hatte alle Mühe, in meiner Mitte zu bleiben und mich von den Energien der Umgebung abzugrenzen.

Als ich an der Reihe war, betrat ich den Raum – und wäre am liebsten sofort wieder gegangen. Er herrschte in dem Raum eine Atmosphäre von Angst und Panik, die so massiv war, dass ich sie mit jedem Atemzug einatmete, ob ich nun wollte oder nicht. Ich war gut auf die Prüfung vorbereitet, ich hielt mich die ersten fünf Minuten gut und konnte die Fragen beantworten. Dann stellte mir der Professor eine schwierige Frage, die ich zwar beantwortete, bei der er jedoch weiter nachhakte. Ich merkte, wie ich langsam in Verwirrung geriet. Gleichzeitig nahm ich wahr, wie alle Angst-Moleküle im Raum nun verstärkt in mich hineinflossen, weil mein seelisches Immunsystem nicht mehr gut arbeitete – denn ich war mittlerweile in einer Art Mini-Schock.

Die letzten zehn Minuten der Prüfung verliefen in diesem Zustand – es war sehr unangenehm. Der Prüfer gab mir mit gnädigem Lächeln und unter „Würdigung meines heterogenen Leistungsbildes" noch ein „Gut". Ich ging aus dem Raum – völlig fix und fertig. Ich brauchte Stunden, um wieder in einen einigermaßen normalen Zustand zu kommen.

In der darauffolgenden Nacht passierte das Folgende: Ich lag im Bett und schlief. Gegenüber von meinem Bett befand sich ein Spiegel. Plötzlich wachte ich von dem Klirren von tausend Scherben auf und zitterte am ganzen Körper. Ich machte das Licht an und sah, dass der Spiegel vor meinem Bett in zahllose Scherben zerbrochen war. Während ich langsam Scherbe für Scherbe vom Boden auflas und gut atmete, um aus dem Schock herauszukommen, begriff ich, dass der Spiegel die intensive Angst- und Panikenergie aus dem Prüfungsraum von mir aufgenommen hatte – diese Energie war so massiv gewesen, dass er davon zerbrochen war. Ich stand zwar unter Schock, war aber heil. Mir wurde klar, dass es auch anders hätte ausgehen können. In dem Zustand, in dem ich mich befand, als ich den Prüfungsraum verließ, hätte sich auch ein Unfall oder etwas anderes Unangenehmes ereignen können. Ich war froh und dankbar, dass sich der Spiegel sozusagen für mich 'geopfert' hatte.

Wenn wir diese Zusammenhänge betrachten, wird uns klar, dass Menschen, Tiere, Pflanzen und alle anderen Energien dieses Universums in einem ständigen Austausch und in einer ständigen Kommunikation miteinander stehen. Was das bedeutet, können wir wohl momentan nur erahnen. Ich denke, dass sich daraus auch ungeahnte positive Potenziale ergeben. Wenn wir mit einem liebevollen Gedanken einem anderen Menschen oder einer Gruppe von Menschen oder der ganzen Welt als Organismus helfen können, so ist dies eine wunderbare Vorstellung.

Wir sehen also, dass morphogenetische Felder nicht auf das Gehirn oder auf den Körper begrenzt sind. Sie sind vielmehr nicht-lokale, überall und jederzeit existierende Informationsfelder im Raum-Zeit-Kontinuum. Wir erleben uns zwar durch unsere sensorische Wahrnehmung als getrennt von anderen Menschen und Dingen, sind durch die morphogenetischen Felder allerdings mit diesen verbunden.

Das Bewusstsein in diesen Feldern und über diese Felder ist sehr unterschiedlich. Unser Körper ist ein solches Feld, andere Körper sind solche Felder, die alle in Kommunikation miteinander stehen, und das ganze Universum selbst ist ein morphogenetisches Feld. Dieses neue, wissenschaftlich fundierte Paradigma auf der Grundlage der Quantenphysik sagt aus, dass das, was für das Atom gilt, auch für das Universum gilt, und das, was für den Mikrokosmos gilt, trifft auch für den Makrokosmos zu.

Was bedeutet dies für uns Menschen? Was bedeutet es für Gesundheit und Krankheit?

Vor einiger Zeit wurde von Herbert Specter am National Institute of Health ein Experiment[2] durchgeführt, bei der er einigen Mäusen die chemische Substanz Poly-A-c injizierte, die das Immunsystem stärkt. Gleichzeitig ließ er sie Kampfer riechen. Nach einigen Durchgängen stimulierten die Mäuse ihr Immunsystem automatisch, wenn sie Kampfer rochen. Dann nahm Herbert Specter eine zweite Gruppe von Mäusen und injizierte ihnen die chemische Substanz Cyclophosphamid, die das Immunsystem zerstört. Gleichzeitig ließ er sie Kampfer riechen. Nach einigen Durchgängen zerstörten die Mäuse ihr Immunsystem automatisch, wenn sie Kampfer rochen. Es gab also zwei Gruppen von Mäusen: Die eine roch Kampfer und stimulierte das Immunsystem, die andere roch Kampfer und zerstörte das Immunsys-

---

2 Vortrag von Deepak Chopra „What's the true nature of reality?, www.chopra.com

tem. Wenn man nur der einen Gruppe ein Karzinogen verabreicht, erkrankt sie innerhalb weniger Wochen an Krebs und stirbt. Wenn man sie mit Pneumokokken infiziert, so stirbt sie nach ein paar Wochen an einer Lungenentzündung. Die andere Gruppe erkrankt nicht. Was also ist der Unterschied zwischen der einen und der anderen Gruppe? Die Antwort lautet wie folgt: Es ist die Interpretation der Erinnerung an den Geruch von Kampfer.

Die Tragweite dieses Umstandes ist enorm. Wenn die Interpretation der Erinnerung an den Geruch von Kampfer über Leben und Tod entscheidet, was bedeutet dies für uns Menschen? Wir verhalten uns sehr ähnlich wie die Mäuse im Experiment. Wir reagieren aufgrund der in uns gespeicherten Erinnerungen, die mit Gefühlen, Bildern, Gerüchen, Geräuschen und taktilen Empfindungen verknüpft sind.

Eine der zentralen Prämissen der Holographischen RT ist, dass alle Erinnerungen eines Menschen in seinem Zellgedächtnis gespeichert sind. Diese Erinnerungen sind über die Sinneskanäle Sehen, Hören, Fühlen, Riechen und Schmecken abrufbar. Dies nennt man „Repräsentationssystem". Bei jedem Menschen sind die Erinnerungen individuell gespeichert. Der eine ist eher ein visueller Typ, der andere eher ein auditorischer oder olfaktorischer (Geruch). In den Rückführungen mit meinen Klienten muss ich erst einmal herausfinden, auf welchen Kanälen bei einem bestimmten Menschen die Erinnerungen gespeichert sind, um sie abrufen zu können. Natürlich sind die meisten Menschen Mischformen aller Varianten.

Wie die Mäuse im Experiment, reagieren auch wir auf bestimmte Situationen aufgrund unserer Erinnerungen, die mit gewissen Stimuli verknüpft sind und immer wieder dieselben Reaktionen hervorrufen. Das nannte Freud „Wiederholungszwang". Nun hat diese Entdeckung eine wissenschaftliche Grundlage bekommen. Es gibt den Wiederholungszwang tatsächlich. **Solange bestimmte Erfahrungen unbewusst und unverarbeitet bleiben, reagieren wir, ohne zu wissen, worauf wir reagieren, denn das Ursprungserlebnis liegt in einem vergangenen Leben, ist also außerhalb unseres Tages-Bewusstseins.**

Die Gedanken, die wir heute haben, sind zu fünfundneunzig Prozent identisch mit den Gedanken, die wir gestern hatten. Wir werden also zu Bündeln konditionierter Reflexe, die ständig auf Menschen und Umstände mit voraussehbaren biochemischen Reaktionen und Verhaltensmustern reagieren. Wenn wir bedenken, dass sich unser Körper täglich so sehr verändert und so oft erneuert, warum leiden Menschen dann immer noch unter Rheuma, Krebs oder Herzerkrankungen?

Die Antwort ist folgende: Die Quantenströme und die intelligenten Muster, die diese physikalischen Antworten generieren, ändern sich nicht. Das morphogenetische Feld bleibt gleich, auch wenn sich alle Atome, Moleküle und subatomaren Strukturen unseres Körpers alle zweieinhalb Jahre völlig verändern. Wenn jemand seinen Krebs wirklich loswerden will, muss er den „Krebs-Geist" überwinden. Er muss das Programm löschen, das den Krebs generiert hat. **Er muss das Morphogenetische Feld transformieren, das der Entstehung der Krebs-Erkrankung zugrunde liegt.**

Das aber ist meiner Erfahrung nach nur möglich, wenn wir an den Ursprung zurückgehen – wenn wir dahin zurückgehen, wo es in einem vergangenen Leben ein Erlebnis gegeben hat, das dieses Morphogenetische Feld erzeugt hat. Nur an dem Punkt, wo es entstanden ist, können wir es auch wieder auflösen.

Wenn wir auf diese tiefe Ebene gehen, auf die Ebene des Zellgedächtnisses, des Quantenflusses auf zellulärer Ebene, können wir die intelligenten Muster umstrukturieren.

Lynne Mc Taggart schreibt in ihrem Buch „Intention" über „rückwirkende Intentionen"[3]. Sie stellt dort die Frage, ob Intentionen im Jetzt, die auf vergangene Ereignisse gerichtet sind, diese dadurch verändern können. Sie untersucht, ob Gedanken andere Dinge beeinflussen können, ganz egal, wann der Gedanke gefasst wird, und ob sie sogar besser wirken können, wenn sie nicht einem konventionellen kausalen Zeitverlauf unterliegen.

---

3   Lynne Mac Taggart: Intention, S. 211 ff

Sie zitiert eine Studie[4], die ich hier wiedergeben möchte. Sie schreibt: „Der holländische Physiker Dick Bierman und sein Kollege Joop Houtloper von der Universität Amsterdam haben sich eingehend mit der „Rückwärtsverursachung" beschäftigt, später tat das auch Helmut Schmidt, ein exzentrischer Physiker bei Lockheed Martin, der eine elegante Variante zum zeitabweichenden Ferneinfluss auf Zufallsgeneratoren entwickelte, um festzustellen, ob die Intention einer Person die von der Maschine gelieferten Ergebnisse auch dann noch ändern könnte, wenn sie schon gelaufen war. Er steckte seinen Zufallsgenerator um und schloss ihn an ein Audiogerät an, so dass dieses zufällig klickte. Dieses Klicken wurde aufgezeichnet und über Kopfhörer entweder mit dem linken oder dem rechten Ohr gehört. Dann schaltete er den Zufallsgenerator ein und nahm das Klicken auf, wobei er darauf achtete, dass niemand, nicht einmal er selbst, es hörte. Dieses Ursprungsband kopierte er (Wieder hörte niemand zu.), sperrte das Original weg, um einen möglichen Betrug zu unterbinden, und gab die Kopien einige Tage später an Medizinstudenten weiter. Sie sollten sich die Kassette anhören und die Absicht aussenden, mehr Klicks im linken Ohr zu hören. Schmidt erstellte außerdem Kontrollbänder, indem er das Audiogerät laufen ließ, wobei aber niemand die Links-rechts-Klicks beeinflussen sollte. Wie erwartet, waren die Klicks auf den Kontrollbändern mehr oder weniger gleich auf links und rechts verteilt.

Sobald die Teilnehmer ihre Versuche beendet hatten, analysierte Schmidt mit seinem Computer sowohl die Kassetten der Stundenten als auch das sicher verwahrte Systemband, um eine mögliche Abweichung von dem typisch zufälligen Muster festzustellen. Bei den über 20000 Versuchen, die Schmidt zwischen 1971 und 1975 durchführte, erhielt er ein signifikantes Ergebnis: sowohl auf den Kopien als auch auf dem Systemband hatten fünfundfünfzig Prozent der Teilnehmer mehr Klicks im linken als im rechten Ohr. Und beide Bänder stimmten vollkommen überein.

Schmidt glaubte, den Mechanismus seiner unwahrscheinlichen Ergebnisse zu verstehen. Es war nicht so, dass die Studenten eine Kassette

---

4 Lynne Mac Taggart, Intention, S. 215 f

veränderten, nachdem sie einmal erstellt war: ihr Einfluss hatte „in der Zeit rückwärts" gewirkt und den Ausstoß des Geräts in dem Moment geändert, als das Band zum ersten Mal aufgenommen wurde. Sie hatten den Ausstoß der Maschine genauso geändert, als wären sie bei der Aufnahme dabei gewesen. **Sie veränderten nicht die Vergangenheit, so wie sie war; sie beeinflussten die Vergangenheit, als diese sich als Gegenwart entwickelte, so dass sie zu dem wurde, was sie war."**

Genau dasselbe ist es aber, was Holographische Reinkarnationstherapie macht. Wenn wir in einer Rückführung in eine Situation aus einem vergangenen Leben zurückgehen, um zu sehen, was in der Situation unbeendet geblieben ist, so verändern wir die vergangene Situation nicht. Durch das Durcharbeiten der Situation und die Integration jedoch, also indem der Therapeut den Klienten das tun lässt, was damals unbeendet geblieben ist, beeinflussen wir die Vergangenheit, als diese sich als Gegenwart entwickelte. Wenn diese Arbeit gründlich gemacht wird, so haben wir die vergangene Situation in unserem Zellgedächtnis nun auf eine andere Art und Weise abgespeichert als vor der Rückführung. Durch das Transformieren der emotionalen Ladung konnte eine alte neuronale Verbindung, die das System des Klienten blockiert und zu körperlichen oder seelischen Symptomen geführt hat, abgemildert oder beendet und eine neue Verbindung, die in das System des Klienten integriert ist und seiner Entwicklung und Gesundheit förderlich ist, initiiert werden.

Lynne Mc Taggart[5] stellt die Frage „Ist es möglich, eine Krankheit im Nachhinein aktiv zu verhindern nachdem sie den „Wirt" schon befallen und sich ausgebreitet hat?" und sie zitiert den Psychologen William Braud, der die Frage stellt: „Ist es möglich, die eigene emotionale Reaktion auf ein Ereignis im Nachhinein zu „redigieren", zu verändern?"

William Braud unternahm dazu einige Experimente, mit denen er den vom normalen Zeitablauf abweichenden Einfluss auf Nervenaktivitäten prüfen wollte. Seine Untersuchungen ergaben positive Er-

---
5   Lynne Mac Taggart, Intention, S. 218

gebnisse, und er schloss daraus, dass „Menschen in der Lage sein könnten, ihre eigene emotionale „Geschichte" umzuschreiben."

Der Experimentalphysiker Dick Bierman[6] interpretiert Laborbefunde zur rückwirkenden Beeinflussung wie folgt: „Die Intention kann auf der Zeitlinie rückwärts wirken und vergangene Ereignisse oder emotionale bzw. körperliche Reaktionen beeinflussen, und zwar zu dem Zeitpunkt, an dem sie ursprünglich auftraten".

Auch diese Beobachtung deckt sich exakt mit der Wirkungsweise der holographischen RT. In den Rückführungen machen wir nichts anderes, als zu dem Punkt zurückzugehen, an dem eine emotionale oder körperliche Reaktion zum ersten Mal auftrat. Die Klienten verstehen, was damals passiert ist und was das für körperliche und seelische Auswirkungen hatte, die sich jetzt als Symptome bemerkbar machen. In dem Moment, in dem sie Symptom und Ursprungssituation wieder zusammenbringen, kann die Heilung beginnen. Durch das Bewusstsein und die Erkenntnis, durch das tiefe Verstehen, kommt auf Zell- und Quantenebene ein Heilungsprozess in Gang. Es entsteht eine neue Ordnung der Quantenteilchen. Die alte Unordnung ist wieder in Ordnung gebracht.

Wir können diese Prozesse besser verstehen, wenn wir uns bewusst machen, dass auf der Ebene des Unterbewusstseins sowie auf der Quantenebene die lineare Zeit nicht existiert. Die lineare Zeit ist ein Konstrukt unseres Verstandes. Dieses Konstrukt hilft uns, uns in einem als chronologisch wahrgenommenen Ablauf von Jahres- und Tageszeiten sowie Lebensereignissen zurechtzufinden und zu strukturieren. Hätten wir diese Orientierung nicht, würde unser Verstand wahrscheinlich durchdrehen.

Lynne Mc Taggart[7] schreibt dazu: „Denkbar ist auch, dass es auf der ganz fundamentalen Ebene unserer Existenz so etwas wie lineare Zeit nicht gibt. Reine Energie, wie sie auf der Quantenebene existiert,

---

6   Lynne Mac Taggart, Intention, S. 221, 228
7   Lynne Mac Taggart, Intention, S. 224

hat keinen Raum und keine Zeit, sondern existiert als unermessliches Kontinuum sich ändernder Ladungen. Wir sind, in gewisser Weise, Zeit und Raum. Wenn wir durch den Akt der Wahrnehmung Energie in unser bewusstes Gewahrsein bringen, erzeugen wir getrennte Objekte, die durch ein gemessenes Kontinuum im Raum existieren. Indem wir Raum und Zeit erschaffen, erschaffen wir unsere eigene Getrenntheit und, ja, unsere eigene Zeit."

Was vor Jahrzehnten noch undenkbar gewesen wäre, findet jetzt immer mehr Eingang in die Köpfe der Wissenschaftler. Heutzutage betrachten Physiker die rückwirkende Verursachung nicht mehr als unvereinbar mit den Gesetzen des Universums.

Lynne Mc Taggart nennt den Physiker Evan Harris Walker, der als Erster behauptete, dass sich ein rückwirkender Einfluss mit der Quantenphysik erklären lasse, wenn wir nur den Beobachtereffekt mit einbezögen. Sie postuliert, dass, wenn das stoffliche Universum als eine Reihe von Tendenzen mit statistischen Verbindungen zwischen mentalen Ereignissen existiert, diese durch den Akt des Beobachtens in einen einzigen Zustand „kollabieren". Sie schließt daraus „Der menschliche Wille – unsere Intention – erschafft Realität, egal wann."

Wenn diese Annahmen zutreffend sind, bedeutet das, dass wir nicht nur unsere Gegenwart und unsere Zukunft, sondern auch unsere Vergangenheit beeinflussen können. Das heißt nicht, dass wir die Vergangenheit „ungeschehen" machen können, nur die Verbindung zwischen Ereignissen und Emotionen verändert sich; und dies kann eine heilende Wirkung auf das System des betreffenden Menschen haben.

Ich gebe ein Beispiel aus meiner therapeutischen Arbeit, um dieses Phänomen zu erläutern. Vor einiger Zeit arbeitete ich mit einer Klientin, die sehr darunter litt, dass sie sich von dem Vater ihrer Tochter getrennt hatte, als diese erst drei Jahre alt war. Die Mutter war damals in eine andere Stadt gezogen, und das Mädchen war bei den Großeltern väterlicherseits geblieben. Später dann, als sich ihre eigene Lebenssituation stabilisiert hatte, holte die Frau ihre Tochter zu sich. Vom Verstand her wusste sie zwar, dass sie damals das Beste für ihre Tochter getan hatte, was die Situation erlaubte. Ihr war klar, dass es damals besser gewesen war, das Kind in der ihm vertrauten Umgebung bei Großeltern, Verwandten und Freunden zu lassen, als es mitzunehmen in eine ungewisse Umgebung, mit der Mutter als einziger Bezugsperson, die noch dazu den ganzen Tag berufstätig war. Aber auf der emotionalen Ebene war bei ihr ein großer Schmerz über die damalige Trennung zurückgeblieben, ebenso wie bei ihrer Tochter.

Wir bearbeiteten die damalige Situation. Es kam viel Trauer bei meiner Klientin hoch. Ich ließ sie ihr Kind zum damaligen Zeitpunkt in den Arm nehmen und ihm all das sagen, was sie damals nicht sagen konnte. Sie sagte ihrer Tochter, dass sie sie über alles liebe, sie niemals verlassen werde und immer für sie da sein wolle.

Nach der Arbeit riet ich ihr, diese Szene in Gedanken immer wieder durchzuspielen. Ich sagte ihr, sie solle immer wieder ihr Kind in der damaligen Situation in den Arm nehmen und ihm die Sicherheit und Liebe vermitteln, die sie ihm damals nicht vermitteln konnte. Nach einiger Zeit berichtete mir die Klientin, dass ihr Schmerz und ihre Schuldgefühle sich stark verringert hätten und sich das Verhältnis zu ihrer Tochter erheblich verbessert hätte.

Das ist für mich ein gutes Beispiel dafür, wie wir rückwirkend die Vergangenheit beeinflussen können, allein durch unseren Wunsch der Heilung und guten Beendigung von Situationen, die sich in der Vergangenheit nicht gut angefühlt haben.

In manchen Ratgebern wird den Lesern empfohlen, am Ende eines jeden Tages in Gedanken die Ereignisse des Tages noch einmal durchzugehen und diejenigen Situationen, die nicht wunschgemäß verlaufen sind, in Gedanken umzuwandeln und sich vorzustellen, wie man sich fühlen würde, wenn sie wunschgemäß verlaufen wären. Das sollte nichts zu tun haben mit Manipulation oder Selbstbetrug – man sollte in jedem Moment noch wissen, wie die Situation tatsächlich war, sich aber gleichzeitig vorstellen, wie es sich anfühlen würde, wenn sie besser gelaufen wäre.

Lynne Mc Taggart glaubt, dass unsere jetzigen Handlungen in jedem Moment unsere Handlungen in der Vergangenheit beeinflussen und verändern. Sie schreibt. „Es kann gut sein, dass jede Handlung, die wir unternehmen, jeder Gedanke, den wir in der Gegenwart denken, unsere gesamte Geschichte ändert."[8]

Und sie stellt auch die Frage: „Wie viel von der Vergangenheit können wir in der ganz konkreten Welt unseres Alltagslebens verändern?"[9] Um diese Frage zu beantworten, zitiert sie William Braud, der glaubt, dass „die am besten zu verändernden Momente der Vergangenheit solche sind, die den frühesten Stadien von Ereignissen entsprechen, wie das Gehirn eines Kinds, das Einflüssen und Lernen gegenüber viel offener ist als das eines Erwachsenen; oder sogar einem Virus, das in seinem frühen Stadium viel leichter zu bekämpfen ist. Zufällige Ereignisse, Entscheidungen mit gleichermaßen wahrscheinlichen Möglichkeiten oder Krankheiten – also alle wahrscheinlichen Momente, die einem frühen Einfluss ausgesetzt sind, in dem die menschliche Absicht das Ergebnis leicht in eine bestimmte Richtung verschieben kann – könnten die Ereignisse in unserem Leben sein, die sich am leichtesten rückwirkend beeinflussen lassen. Braud bezeichnete sie als „offene" oder „labile" Systeme – die am leichtesten zu verändern sind."

Auch dieses Postulat deckt sich mit meinen Erfahrungen aus der reinkarnationstherapeutischen Arbeit. Die unbeendeten Erfahrungen aus der Vergangenheit sind noch formbar, denn sie sind noch nicht in das System des Klienten integriert. Sie enthalten in sich noch die Möglichkeit einer anderen emotionalen Ausprägung, die dann wieder mit einem anderen möglichen körperlichen Zustand, den wir Gesundheit nennen, einhergeht.

---

8 Lynne Mac Taggart, Intention. S. 226
9 Lynne Mac Taggart, Intention. S. 227

Ich erlebe es oft in besonders intensiven Rückführungen in vergangene Leben, bei denen der Klient durch viele Gefühle hindurchgeht und die ganze Geschichte noch einmal miterlebt, um sie dann in der Integration gut zu beenden, indem er etwa mit anderen betroffenen Seelen spricht, sich bei ihnen entschuldigt oder Unausgesprochenes endlich ausspricht, so dass der Mensch nach der Rückführung sagt, er fühle sich jetzt ganz friedlich. Manchmal ist dieser Frieden in meinem gesamten Praxisraum zu spüren – es ist ein wunderbares Gefühl von „In-den-Frieden-gekommen-sein", das für meinen Klienten und mich gleichermaßen spürbar ist. Die Klienten fühlen sich nach solchen Sitzungen außerordentlich erleichtert. Oft sagen sie, es fühle sich an, als ob eine Zentnerlast von ihnen abgefallen sei.

Auf der anderen Seite wissen wir aber auch, dass neuronale Verbindungen stabil sein können und es ein Stück Arbeit bedeuten kann, sie zu trennen und neue Verbindungen zu schaffen. In dem Film „The Bleep – Down the Rabbit Hole" wird eindringlich beschrieben, wie fest solche Verbindungen sind, wenn sie erst einmal eingegangen sind. Das heißt, wenn ein Neuropeptid und ein Neuron aufgrund einer Situation mit einer emotionalen Ladung eine Verbindung eingegangen sind, so versuchen sie, diese Verbindung immer wieder herzustellen – egal ob es dem betreffenden Menschen nützt oder nicht. Das ist der Grund dafür, warum sich emotionale Zustände und Erfahrungen in unserem Leben wiederholen. Unser physiologisches System ist „süchtig" nach den Zuständen, die es bereits kennt. So gibt es Menschen, die „angstsüchtig", „ohnmachtssüchtig" oder "trauersüchtig" sind. Jeder emotionale Zustand hat seine chemische Entsprechung im Körper.

An einem bestimmten Punkt sagt der betreffende Mensch „Ich mag nicht mehr – ich will etwas verändern." Das ist der Punkt, an dem er eine Lebensveränderung durchführt oder in Therapie kommt. Der Mensch hat bemerkt, dass sein Leben aus lauter Wiederholungen derselben emotionalen Zustände besteht. Das Gute ist, dass alles veränderbar und heilbar ist. **Alles, was an einem bestimmten Punkt angefangen hat – auch wenn sich der Mensch an diesen Punkt** nicht mehr erinnern kann, weil er in einem vergangenen Leben stattgefunden hat oder in der pränatalen Phase oder während der Geburt oder in der frühen Kindheit – kann auch wieder beendet werden. Das ist meine Erfahrung während meiner langjährigen therapeutischen Arbeit.

Die neuronalen Verbindungen, die bereits seit Jahren, Jahrzehnten oder seit einigen Leben bestehen, können auch wieder aufgelöst werden. Manchmal kostet es ein Stück Arbeit, aber es ist möglich.

Die Hauptdarstellerin im Film „Bleep" ist als Fotografin auf einer Hochzeit anwesend. In dem Moment, als das Brautpaar vor dem Traualtar steht, sieht sie, wie der Mann einer anderen Frau einen Blick zuwirft. Sofort fangen ihre Neuronen an zu feuern – sie erinnert sich an ihre eigene Hochzeit, auf der ihr Mann einer anderen Frau einen Blick zuwarf, mit der er dann auch ein Verhältnis hatte. Das ganze Trauma mit all seinen Emotionen kommt in dem Moment hoch und katapultiert sie völlig aus der Gegenwart heraus in die unbewältigte Vergangenheit hinein. Sie sieht nicht mehr das Brautpaar, sondern sich selbst und ihren Ex-Mann. Alle Gefühle sind wieder da; sie ist wieder völlig mit dem Trauma verbunden. Die neuronalen Verbindungen der einstigen Situation sind wieder hergestellt.

Wir sehen in dem Film eindrucksvoll, wie lange es dauert, bis sie aus der Situation wieder heraus ist. Es dauert Stunden, bis sie sich wieder halbwegs mit der Gegenwart verbinden kann. Massiver Selbsthass taucht auf, der in der Situation vor dem Spiegel gipfelt, wenn sie sich selbst als dick wahrnimmt, obwohl sie es gar nicht ist, und sich selbst anschreit: „Ich hasse Dich."

Auch in dieser Situation gibt es Heilung. Nachdem sie durch die heftigen Gefühle hindurchgegangen ist, geht sie in die Badewanne, und endlich taucht in ihr Mitgefühl mit sich selbst auf über das, was sie erlebt und erlitten hat. Sie beginnt, ihren Körper mit kleinen Herzen zu bemalen.

Wir wissen, dass jede Krankheit mit Mangel an Selbstliebe zu tun hat. Wenn wir in der Therapie die Situationen bearbeiten, in denen traumatischen Ereignisse stattgefunden haben, die den Mangel an Selbstliebe verursacht haben, können wir diesen Mangel wieder beheben.

Das Wunderbare für mich als Therapeutin ist, immer wieder zu sehen, wie viel Heilungspotenzial es gibt. Auch wenn jemand jahrelang Raubbau mit seinem Körper getrieben hat, ist es dennoch oft so, dass der Körper vollständig regenerierbar ist. Nehmen wir das Beispiel von Drogenmissbrauch: jahrelange Drogeneinnahme behindert das Wachstum von neuen Gehirnzellen. Aber in dem Moment, in dem der betroffene Mensch die Drogen absetzt, kann dieser Prozess wieder in Gang kommen.

Oder nehmen wir den Prozess des Alterns: „Altern" bedeutet nichts anderes, als dass die Fähigkeit des Körpers, Neuropeptide zu produzieren, abnimmt. Beispielsweise wird die Haut weniger elastisch, weil der Körper weniger Elasthan produziert. Wenn wir nun aber aus dem Quantenfeld der kollektiven Überzeugungen über das Altern und seine Folgeerscheinungen heraustreten, so könnte es vielleicht möglich sein, auch im Alter eine elastische und jung aussehende Haut zu haben. De facto ist es ja so, dass es immer mehr Menschen gibt, die auch im Alter jung aussehen – und ich meine damit nicht Menschen, die sich Schönheitsoperationen unterzogen haben.

Das Wunderbare an der Quantenphysik ist, dass sie Möglichkeiten beschreibt und keine festgelegten Zustände. Ein Quant kann als Welle oder als Teilchen existieren. Es kann an einem oder an einem anderen Ort sein oder auch an beiden Orten gleichzeitig. Erst das beobachtende Bewusstsein löst den Zusammenbruch der Wellenfunktion aus, also das Festlegen auf einen Zustand. So ist es auch auf den ganzen Menschen bezogen – es gibt immer die Möglichkeit der Heilung – ob sie geschieht oder nicht und in welchem Umfang sie geschieht, hängt von zahlreichen Variablen ab. Das Wichtige ist in meinen Augen, dass man in dem Moment, in dem man Krankheit und Heilung so zuversichtlich betrachten kann, dem Menschen seine Macht und damit gleichzeitig auch seine Verantwortung zurückgibt. Wenn er die Möglichkeit hat, sich selbst zu heilen, dann bedeutet das eine ungeheure Macht und gleichzeitig eine große Verantwortung. Ein Feld ungeahnter Möglichkeiten eröffnet sich.

Interessanterweise findet sich hier eine Entsprechung zum zweiten Huna-Prinzip: „There are no limits." Ich übersetze es in Deutsch gerne mit: „Es gibt unbegrenzte Möglichkeiten."

Wenn wir uns vor Augen halten, was dies für die Heilung von chronischen Krankheiten bedeutet, so ist es geradezu grandios. Dann können wir nicht nur Krankheiten überwinden, sondern unseren ganzen Körper neu strukturieren – was wir ja ohnehin unbewusst die ganze Zeit tun. Stellen wir uns unseren Körper wie ein Haus vor, in dem wir jeden Backstein einmal jährlich ersetzen können. Solange wir in der Vorstellung gefangen sind, das Haus in dieser Form sei das Einzige, was wir hervorbringen können, werden wir immer und immer wieder das gleiche Haus erschaffen. Wenn wir aber beginnen zu begreifen, dass wir entscheiden können, ob wir rote, blaue, grüne oder braune Steine nehmen und auch bestimmen, in welcher Zusammensetzung wir diese Steine konfigurieren, erhalten wir Zugang zu einem völlig neuen Bereich der Heilung von Krankheiten, dessen Ausmaße und Implikationen wir momentan wahrscheinlich nur erahnen können.

Wenn wir die quantenphysikalischen Erkenntnisse mit den Erkenntnissen aus der Schul- und Alternativmedizin und den Erkenntnissen aus der Pionierarbeit von Tineke Noordegraaf und der reinkarnationstherapeutischen Arbeit überhaupt zusammenbringen, können wir ein völlig neues und effektives Gesundheitssystem kreieren, in dem der Mensch und seine Heilung im Mittelpunkt steht.

1.3 Tineke Noordegraaf:
Das Zellgedächtnis des Körpers

Arbeiten mit dem Zellgedächtnis des Körpers

Es ist ein interessanter Gedanke, dass die Qualität oder die fehlende Qualität unseres Immunsystems gewissermaßen die Nachwirkungen unserer vergangenen Leben zeigt. Wir könnten sagen, dass unser „Karma" von unserem Immunsystem gespiegelt wird, so als ob es auf der mentalen, somatischen, emotionalen oder auf all diesen Ebenen gleichsam in unserem Körpergedächtnis eingeschlossen wäre.

Heutzutage wissen wir, dass wir unser Immunsystem mit Entspannung, Massage, Musik, Stress, Essen, körperlicher Aktivität und Visualisierungen beeinflussen können.

Als Reinkarnationstherapeuten haben wir entdeckt, dass wir, wenn wir mit dem Körpergedächtnis arbeiten, Erinnerungen aus vergangenen Leben hochbringen können, die unser jetziges Leben immer noch beeinflussen – bewusst oder in den meisten Fällen unbewusst. Wenn wir uns auf die Überlebensstrategien fokussieren, die wir entwickelt haben, um einen „sicheren" Zustand zu schaffen, so finden wir, dass uns diese Strategien erlauben, den Schmerz zu verdrängen, der unter ihnen verborgen liegt. Der Schmerz könnte uns erzählen, dass es gefährlich werden kann oder wir sterben müssen.

Wenn wir uns selbst vermitteln „Das ist nicht wahr, das wird nicht passieren", oder wenn wir versuchen, „nicht da zu sein", weil wir „nichts fühlen" oder „nichts sehen oder hören", dann dissoziieren wir uns von diesem Schmerz und erschaffen „Vergessen" und Verleugnung.

Wir haben „damals" das Beste getan in Situationen, die nicht so gut waren. Das hat uns „damals" geholfen zu überleben – zumindest ist es das, was wir glauben wollten. Aber wir wissen nicht, ob das stimmt und wie es damals wirklich geendet hat, und es könnte sein, dass es anders war. Dissoziieren, Verneinen, Nicht-Wissen-Können oder, anders ausgedrückt, Bewusstseinskomplikationen sorgen oft dafür, dass das Analysieren und Verstehen von dem, was eigentlich passiert ist, unbeendet bleibt, obwohl wir uns selbst etwas anderes vermitteln!

Wenn wir mit dem Zellgedächtnis des Körpers arbeiten, ist es für die Reinkarnationstherapie interessant, dass die Erlebnisse aus vergangenen Leben und ihre unverarbeiteten Komponenten auf die eine oder andere Art und Weise im jetzigen Körper als Abdruck gefunden werden können, der das Funktionieren des Körpers auf der somatischen, emotionalen oder mentalen Ebene beeinflusst.

Wenn wir Klienten, die unter chronischen Schmerzen leiden, bitten, das Wort „Schmerz" ein paar Mal zu wiederholen, finden wir, dass eine Emotion und eine sogenannte „Schmerz-Landschaft" an die Oberfläche kommen. Wir können diesen Klienten dann folgende Fragen stellen:

Was bist Du bereit zu tun, um den Schmerz loszuwerden?
Was sind Deine Wünsche, wenn Du über Deinen Schmerz nachdenkst?
Was kannst Du trotz des Schmerzes immer noch tun?
Was kannst Du nicht mehr tun?
Von welchen Dingen, die Du gerne tun würdest, hält Dich der Schmerz ab?
Was sind Deine Befürchtungen?
Worüber bist Du ärgerlich?
Worüber bist Du traurig?
Was ist das Schlimmste, das Dir passieren könnte?
Was erwartest Du, dass passiert?
Was hoffst Du immer noch?
Was wurde Dir über Deinen Schmerz vermittelt?
Glaubst Du alles, was Dir erzählt wurde?
Was glaubst Du und was nicht?
Kannst Du Dich noch daran erinnern, wie es war, als es den Schmerz noch nicht gab?

Schmerz bedeutet für mich...
Wenn ich an Schmerz denke, ist das Erste, was hochkommt...
Schmerz ist...

Wenn wir den Klienten diese Fragen stellen, kommen Wörter, Bilder, Emotionen und manchmal sogar Geräusche oder Klänge hoch. Wenn wir die Klienten dann bitten, zurückzugehen zu dem ersten Moment, in dem der Schmerz in ihrem jetzigen Leben in ihr Energiesystem hineingekommen ist, so finden sie sich im Bauch von ihrer Mutter in einer sehr frühen Entwicklungsphase, wo etwas passiert, das sie mit einer Lebensdefinition verbindet, die Schmerz einschließt.

Wenn wir diesen Moment untersuchen und erforschen, „fühlen" sie, dass das Zellmaterial, aus dem ihr Körper entsteht, sich für eine Information öffnet, die zu tun hat mit Schmerz. Zum Beispiel heißt es dann: „Ich muss leiden" oder „Ich muss das aushalten" oder „Schmerz führt zur Rettung". Diese Information wird in ihr Zellgedächtnis eingeschlossen, und das Immunsystem reagiert darauf, indem sich ein Körper entwickelt, der schmerzanfällig ist.

Wenn wir die Klienten weiter zurückgehen lassen, um herauszufinden, wo diese Information herkommt, bevor sie in dem jetzigen Leben inkarnieren und den jetzigen Körper entwickeln, finden wir verschiedene vergangene Leben, in denen es eine sichtbare Verbindung mit Schmerz gibt und in denen das Muster entsteht. Wenn wir diese vergangenen Leben auf eine solche Art und Weise aufarbeiten, dass die emotionale, somatische, mentale und manchmal auch die spirituelle Prägung aufgelöst wird und wir diese sogenannte „Heilungsenergie" in das Zellgedächtnis des jetzigen Körpers integrieren, so schafft diese neue Information oft eine andere und gesündere Beziehung mit Schmerz, so dass der Körper die alten Muster gehen lassen und den Schmerz loswerden kann.

Meist befindet sich unter unserem Schmerz viel Angst! Angst bedeutet Stress. Angst beeinflusst unser Immunsystem und versetzt es in einen „Überlebensmodus". Viele Menschen wissen noch nicht einmal, dass sie sich in einem Überlebensmodus befinden, bis ihr Körper Symptome entwickelt, mit denen sie sich auseinandersetzen müssen.

Als Reinkarnationstherapeuten arbeiten wir nicht mit den Symptomen, sondern mit den Ursachen. Wir möchten wissen: Wie ist die Angst entstanden und was sorgt dafür, dass sie noch immer da ist? Wo kommt sie her? Warum ist sie immer noch unbeendet? Was ist passiert? Wenn wir diese Fragen beantworten und herausfinden, wann die pathogene Information in unserem jetzigen Leben Teil unseres Zellgedächtnisses geworden ist, versetzen wir uns in die Lage, Heilungsarbeit zu leisten. Wir erlauben unserem Körper, mit Hilfe unseres Immunsystems Balance und Gesundheit wiederherzustellen. Wir hören auf zu überleben und können uns wieder mit Leben und Lebendigsein verbinden.

Chronische Krankheiten, Autoimmunerkrankungen oder sogenannte „kalte" Krankheiten ohne Fieber haben wahrscheinlich eine genetische Ursache. Wir wissen, *was* in diesen Fällen passiert und *wie* es passiert, aber *warum* es passiert, liegt noch im Verborgenen.

Wir könnten die Antwort in den Informationen im Zellgedächtnis des Körpers finden, die aus vergangenen Leben mitgebracht sein könnten und die manchmal „Karma" genannt werden.

Es gibt auf diesem Gebiet noch viel zu erforschen, aber ich bin sicher, dass wir in einer nicht so fernen Zukunft in der Lage sein werden, die Selbstheilungskräfte unseres Körpers durch die Arbeit mit dem Zellgedächtnis und die Verarbeitung und Transformation der pathogenen Informationen zu stimulieren und wiederherzustellen.

August 2008
Tineke Noordegraaf

(Kontakt: Bovenstraat 8, NL-4741AV Hoeven)

2. Das Große Hologramm – Archetypen seelischer Entwicklung

In meiner langjährigen Arbeit mit Menschen zeigte sich, dass jede Seele gleichsam „spezifische" Themen hat, die sie in den verschiedenen vergangenen Leben und im jetzigen Leben immer wieder in unterschiedlichen Facetten durchläuft. Archetypische Themen seelischer Entwicklung sind beispielsweise: Macht – Ohnmacht, Loyalität – Verrat, Sexualität – Askese, Hingabe an eine soziale Rolle – Rückzug, Reichtum – Armut, Wichtig sein – Unwichtig sein, Freiheit – Gefangensein, Führer – Mitläufer, Mann – Frau. Es gibt natürlich noch viele mehr.

Menschen durchleben ihre spezifischen Themen in vielen Leben in allen Facetten. So kann beispielsweise jemand, der das Thema Macht – Ohmacht bearbeitet, in einem Leben große Macht besitzen, diese jedoch missbrauchen und daraufhin einige Inkarnationen in völliger Machtlosigkeit durchlaufen, um dann in einem nächsten Leben nochmals zur Macht aufzusteigen, diese aber jetzt mit Verantwortung zu verbinden und nicht mehr mit Missbrauch. Der Betreffende wird in seinem jetzigen Leben wahrscheinlich bei Eltern inkarnieren, die das Thema auch leben. So könnte beispielsweise die Beziehung der Eltern durch ein starkes Macht-Ohnmacht-Gefälle gekennzeichnet sein. Vielleicht ist der Vater ein Tyrann und die Mutter völlig unterwürfig, oder umgekehrt – vielleicht ist sie eine dominante Frau und er ein Pantoffelheld, der nicht fähig ist, sich gegen seine Frau durchzusetzen. In der Kindheit des betreffenden Menschen wird sich das Thema wahrscheinlich in seinen Beziehungen mit anderen Kindern spiegeln, so wie natürlich auch in seinem Erwachsenenleben.

Die Verläufe sind bei den unterschiedlichen Menschen sehr verschieden – das ist für jeden Therapeuten eine Herausforderung. Es gibt Menschen, die zu einem frühen Zeitpunkt ihrer seelischen Entwicklung zum Höhepunkt der Entfaltung in ihrem Thema aufsteigen, beispielsweise „König" sind, und danach erst einige „Bettler-Inkarnationen" durchlaufen, um dann wieder langsam aufzusteigen. Es gibt aber auch andere Verläufe, wenn sich jemand über viele Leben hinweg in einem Thema gewissermaßen „hocharbeitet". Lineare Verläufe treten selten auf, es geht immer in Wellen – oft in sehr hohen und sehr tiefen Wellen.

Es gibt immer wieder Höhepunkte und Tiefpunkte seelischer Entwicklung. Beispielsweise den Höhepunkt von Täterschaft, etwa als Massenmörder, wo es in der Richtung nicht mehr weitergeht, sondern nur wieder in die entgegengesetzte Richtung.

Wenn ich mit Menschen alle oder viele Aspekte ihrer seelischen Entwicklung über viele Leben hinweg bearbeite, so nennen wir dies „Das große Hologramm". Das Große Hologramm umfasst die Gesamtheit aller Erfahrungen einer Seele in vergangenen Leben, dabei sowohl Täter- als auch Opferleben, im Zwischenleben, bei der Zeugung und in der pränatalen Phase, bei Geburt, Kindheit, Jugend und im Erwachsenenleben im jetzigen Dasein. Die folgenden Fallbeispiele betreffen Klienten, mit denen ich das Große Hologramm bearbeitet habe.

2.1 Macht und Ohnmacht – Jemina

Jemina hat in meiner Praxis schon einige vergangene Leben bearbeitet. Ihr zentrales Thema ist „Macht – Ohnmacht". Jemina spürt dieses Thema insbesondere im Beziehungsbereich. Sie sagt, dass sie in ihrem jetzigen Leben noch keine Liebesbeziehung richtig leben konnte. Sie ist traurig darüber und fühlt sich dem Thema gegenüber ohnmächtig. Manchmal hat sie das Gefühl, dass sie ihr Alleinsein nicht mehr aushält.

Jemina ist geschieden. Ihre Ehe war schwierig. Die Männer, in die sie sich danach verliebt hat, waren unerreichbar für sie. Sie sagt, dass sie traurig sei „über die verlorene Liebe, die sie nicht leben darf".

In einer Sitzung erzählt sie mir, dass Bilder aus einem vergangenen Leben hochgekommen sind, in dem sie nicht mehr weiterleben konnte, als sie von ihrem Geliebten getrennt wurde. Sie war eine Frau, die in der Liebe zu einem Mann verletzt wurde.

Wir kommen überein, dieses Leben zu bearbeiten. Jemina sieht, dass sie eine Frau im Keltentum ist. Sie befindet sich in einer magischen Ausbildung. Es gibt einen inneren Kreis, dem ihr Lehrer, ein Mann und sie angehören. Inhalt der Ausbildung ist die Lehre über die Kräfte zwischen Mann und Frau und wie man diese für Heilungs- oder Machtzwecke nutzen kann. Sie fühlt eine enge Verbindung zu dem Mann, aber es ist verboten, eine Liebesbeziehung mit ihm einzugehen. Sie beide dürfen ihre Verbindung nur in den Dienst des Lehrers stellen. Jemina sagt über den Mann und sich: „Zusammen sind wir unschlagbar."

Ich lasse sie von dem Leben, das sie führt, erzählen. Sie sind viel in der Natur und an Kraftplätzen, sie wollen „lenken, aufbauen und erschaffen". Sie arbeiten an Kraftplätzen zur Stabilisierung von Energien. Sie sagt: „Wir sind wie zwei Teile, die zusammengehören." Teil der Ausbildung ist, dass sie und der Mann unter der Anleitung des Lehrers rituelle Vereinigungen vollziehen. Es wird ihnen vermittelt, dass es dabei nicht um Liebe oder Lust geht, sondern nur um den „Dienst an der Sache". Es fällt Jemina zusehends schwerer, sich innerlich von ihren Gefühlen für den Mann abzuspalten. Sie sagt in der Rückführung: *„Ich habe es nicht mehr unter Kontrolle."* Sie fühlt, dass sie ihn liebt und will mehr als nur die Arbeitspartnerschaft. Sie wünscht sich eine Liebesbeziehung mit ihm.

Sie spricht mit dem Lehrer darüber. Dieser reagiert sehr streng und sagt: „Wenn ihr eine Liebesbeziehung hättet, dann wäre nicht mehr die Möglichkeit zur Zusammenarbeit da." Er schärft ihr ein, ihre Gefühle im Zaum zu halten. Sie merkt, dass sie das nicht mehr kann. Der

Lehrer vermittelt ihr: „Ihr gefährdet das Ergebnis der Arbeit, wenn ihr euch persönlich miteinander einlasst." Sie versucht immer wieder, ihre Gefühle zu unterdrücken.

Sie lebt in einer Gemeinschaft mit dem Lehrer, dem Mann und anderen in Ausbildung befindlichen Menschen. Jeder hat ein eigenes Zimmer.

Das Beltane-Fest naht – das keltische Fruchtbarkeitsfest, bei dem Rituelle Vereinigungen vollzogen werden. Jemina geht davon aus, dass – wie in den vergangenen Jahren – auch in diesem Jahr wieder sie und der Mann ausgewählt werden, um die Vereinigung zu vollziehen. Das Fest ist in vollem Gange. Es sind viele Menschen da. Die Vereinigung soll beginnen. Da hört sie, wie der Lehrer die Namen nennt: Es ist der Name des Mannes und der einer anderen Frau. In dem Moment, in dem sie die Namen hört, bricht sie vor Schmerz und Enttäuschung zusammen. Sie hat das Gefühl, es nicht auszuhalten. Sie steht völlig unter Schock. Sie überlegt, ob sie davonlaufen oder schreien soll. Schließlich nimmt sie wie in Trance einen Stein, geht zu den beiden und erschlägt die Frau.

Dann schaut sie den Mann an und sagt: „Du wirst nie wieder lieben." Der Lehrer spricht zu ihr: „Wir müssen Dich opfern." Dann wendet er sich ab und geht. Sie bleibt, völlig in Schockstarre, an der Stätte des Unglücks zurück. Sie kann es nicht fassen, was passiert ist. Sie ist halb ohnmächtig vor Schmerz. Der Mann, den sie liebt, hat plötzlich ein Schwert in der Hand. Er beschimpft sie: „Du bist eine Bestie. Du musst vernichtet werden. Nie wieder wirst Du so ein Unheil anrichten. Nie wieder wirst Du magisch arbeiten." Mit diesen Worten sticht er ihr das Schwert in die Brust. Sie stirbt. Das letzte, was sie fühlt, ist überwältigender Schmerz darüber, dass derjenige, den sie über alles liebt, sie tötet.

Die letzten Gefühle im Sterben werden in alle nachfolgenden Inkarnationen mitgenommen. Genau diese Gefühle von überwältigendem Schmerz, die Jemina in den letzten Sekunden ihres Lebens überfluten, erlebt sie in ihrem jetzigen Leben immer wieder. In diesen letzten

Sekunden des vergangenen Lebens entsteht die tragische Verbindung zwischen Liebe und Schmerz.

Jemina ist nach der Rückführung von Schmerz überflutet. Sie sagt: „Ich habe alles zerstört." Ich frage sie, ob das wirklich so ist. Sie ist fest davon überzeugt. Ich frage sie, ob sie es richtig findet, was damals von ihr verlangt wurde, nämlich ihre Gefühle für den Mann, den sie liebte, völlig zu unterdrücken. Sie sagt: „Nein." Ich frage sie, ob sie weiterhin die gesamte Verantwortung für das, was damals geschehen ist, tragen will. Sie verneint erneut. Ich bitte sie, mit der Seele des Lehrers in Kontakt zu gehen und ihm seinen Teil der Verantwortung zurückzugeben. Sie tut dies. Wir arbeiten weiter, und ich frage sie, ob ihr eigentlich klar ist, was damals passiert ist und ob sie weiß, wie man das nennt. Sie sagt: „Machtmissbrauch."

Wenn ein Lehrer von seinem Schüler verlangt, dass er seine Gefühle unterdrücken soll, um einer wie auch immer gearteten Ideologie zu dienen, dann ist das ein massiver Eingriff in seine Persönlichkeit. Wir kennen solche Eingriffe aus den Religionen – dort wird auch Selbstaufgabe gefordert, um „etwas Höherem" zu dienen.

Jemina ist in den folgenden Wochen damit beschäftigt, das bearbeitete Leben zu integrieren. Sie fühlt sich zusehends mehr in ihrer Mitte und hat wieder Hoffnung, dass sie doch noch eine erfüllte Liebe leben kann.

Als sie nach einiger Zeit wiederkommt, geht es ihr viel besser. Sie erzählt mir von einer Freundin, die krank ist und viel Energie von Jemina abzieht. Sie erzählt mir, dass die Freundschaft jahrelang so gelaufen ist, dass Jemina gegeben und die Freundin genommen hat. Jetzt hat sie erkannt, dass es so nicht mehr stimmig ist für sie und sie es so nicht mehr leben will. Sie fühlt sich nach den Treffen mit der Freundin schlecht und hat das Gefühl, ihre ganze Kraft abgegeben zu haben. Es dauert dann oft Tage, um sich zu regenerieren und wieder in ihre Mitte zu kommen. Starke Körpersymptome, wie Kopfschmerzen, Schwäche und Übelkeit, sind mit diesen Zuständen verbunden.

Jemina möchte die karmische Beziehung zu dieser Frau bearbeiten. Wir steigen ein mit dem Gefühl von Schwäche und dem Satz: „Mir ist schlecht." Als Erstes kommt ein Bild hoch, in dem Jemina am Boden liegt und eine Frau mit den Füßen auf sie eintritt. Sie trifft immer wieder Jeminas Bauch. Ihr wird übel. Die Frau ist voller Hass. Jemina ist achtzehn Jahre alt. Die Frau ist ihre Stiefmutter. Sie trägt eine schwarze Perücke. Jemina sagt: „Sie mag mich nicht. Sie hat Angst, ich könnte ihr etwas wegnehmen." Sie traut sich nicht, sich zu wehren, aber sie nutzt einen günstigen Moment, um wegzulaufen.

Ich lasse Jemina in demselben Leben in der Zeit zurückgehen, und sie sieht sich als kleines Mädchen mit Mutter und Vater. Sie leben in einem Palast. Mutter und Vater lieben sich und ihr kleines Mädchen. Sie ist Einzelkind. Ihr Vater ist der Herrscher. Sie leben im Luxus. Männer und Frauen sind in der Kultur, in der sie lebt, annähernd gleichgestellt. So ist es klar, dass sie die Thronfolge antreten wird, wenn sie erwachsen ist.

Ich lasse sie ein Stück nach vorne gehen in der Zeit, an den Punkt, an dem sich etwas verändert. Sie schildert mir das Palastleben, wo es viele Frauen gibt, die die unterschiedlichsten Aufgaben erfüllen. Es gibt dort auch „diese Frau". Als Jemina sie zum ersten Mal sieht, bekommt sie einen Schreck. Es geht eine Bedrohung von ihr aus.

Gleichzeitig wird ihre Mutter krank. Sie wird bettlägerig, und ihr Körper wird immer schwächer. Niemand weiß genau, was sie hat und niemand kann ihr helfen. Sie stirbt. Jemina ist siebzehn Jahre alt. Sie bemerkt, dass die Frau versucht, sich an ihren Vater heranzumachen. Immer, wenn die Frau Jemina alleine erwischt, schlägt sie sie.

Ich frage sie, ob sie mit ihrem Vater darüber spricht. Sie sagt, dass sie es versucht, er aber nicht wirklich darauf eingeht. Sie fühlt sich verlassen. Sie hat Angst, deutlicher zu werden. Sie will ihn nicht verärgern.

Dann verliebt sie sich. Der junge Mann findet Anklang bei ihrem Vater. Sie heiraten. Eine Zeit lang geht es ihr gut, dann beginnt auch sie – wie ihre Mutter – ihre Lebenskraft zu verlieren. Sie wird immer schwächer und kann nur noch im Bett liegen. Sie spürt, dass die Frau etwas damit zu tun hat, aber sie kann es nicht einordnen. Sie spricht mit ihrem Mann darüber, und dieser kann auch keinen Zusammenhang herstellen.

Eines Tages besucht ihr Vater sie und teilt ihr mit, dass er die Frau heiraten wird. Jemina gibt es einen Stich ins Herz und sie denkt: „Jetzt hat sie es geschafft." Sie begreift immer mehr, dass die Frau etwas tut, um sie loszuwerden, aber sie tappt völlig im Dunkeln darüber, was es sein könnte. Sie fühlt sich *ohnmächtig, kraft- und machtlos*.

Ich bitte Jemina, sich mit dem Teil in ihr zu verbinden, der genau weiß, was die Frau tut, um Jemina langsam umzubringen. Sie sieht einen Raum, in dem sich die Frau und ein Magier befinden. Der Mann ist ein Krieger. Sein Kopf ist kahlgeschoren. Beide machen eine Beschwörung. Jemina hört die Worte: „Du wird nie mehr in deine Kraft kommen. Deine Lebenskraft ist gebunden." Dann legt der Magier einen Ring um ihre Aura. Dieser Ring bewirkt, dass der Fluss der Lebensenergie von innen nach außen und von außen nach innen blockiert wird. Er spricht: „Magischer Ring, umschließe Jemina."

Ich lasse Jemina durch das Sterben hindurchgehen. Sie spürt, wie das Atmen immer schwerer und enger wird, bis sie stirbt. Ich lasse sie spüren, wie sie den Ring um ihre Aura mitnimmt, auch wenn der Körper stirbt. Sie nimmt diesen in die nächsten Inkarnationen mit. Ich frage sie, wie ihr Körper aussieht, der gerade gestorben ist, wenn sie sich diesen nochmals von außen anschaut. Sie sagt, er sehe wie vergiftet aus.

Ich lasse sie mit den Seelen der Stiefmutter und des Magiers in Kontakt gehen. Sie teilt ihnen mit, dass die Wirkung des Magischen Ringes jetzt beendet ist.

Es ist wichtig zu wissen, dass die Wirkung magischer Rituale von einem Leben so lange in folgende Inkarnationen mitgenommen wird, bis sie aufgelöst wird. Jeder Betroffene kann die Wirkung beenden, wenn er dies will. Dabei ist es wichtig, sich mit seiner Inneren Autorität zu verbinden und die Entscheidung zur Auflösung aus diesem Punkt heraus zu treffen. Jeder Mensch hat die Macht über sich selbst.

Niemand hat mehr Macht über uns als wir selbst, es sei denn, dass wir unsere Macht – bewusst oder unbewusst, freiwillig oder unfreiwillig – an jemand anderen abgegeben haben. Jedoch können wir dies jederzeit wieder rückgängig machen – es ist ausreichend, dass wir dies wirklich wollen.

Interessant bei Jemina ist noch, dass anscheinend oft, wenn ein Mann und eine Frau eine enge Verbindung haben, in der sie zusammen magisch arbeiten, etwas Ungutes daraus entsteht. So war es in dem Leben bei den Kelten, und so war es in dem Leben in Ägypten. Dies könnte ein weiterer Grund sein, warum Jemina unbewusst eine Partnerschaft meidet oder sich nur für Männer interessiert, die bereits vergeben sind. Wenn in ihrem Unterbewusstsein gespeichert ist, dass aus engen Mann-Frau-Beziehungen Leid und Tragik entsteht, dann versucht sie natürlich unbewusst, solchen aus dem Weg zu gehen.

Kurze Zeit nach dieser Arbeit ruft sie mich an und bittet um einen Termin. Sie hat sich in einen verheirateten Mann verliebt. Als sie in die Therapiestunde kommt, erzählt sie, dass sie momentan vor der größten Herausforderung ihres Lebens steht. Es sei „wie Himmel und Hölle". Sie hat sich ein paar Mal mit Gerald getroffen. Die Treffen seien voller überwältigender Zärtlichkeit gewesen. Jedoch seien die Umstände schwierig. Gerald sei sein Mann, der seine Gefühle unter einem Deckel vergraben habe. Er hat mit seiner Frau zwei Kinder. Jemina spürt, dass es eine karmische Verbindung zwischen ihnen beiden gibt, und sie möchte diese bearbeiten.

Gerald hat immer wieder Affären während seiner Ehe gehabt. Jemina erzählt, dass er momentan ihr gegenüber wieder „zugemacht" hat, und sie befürchtet, er könne sich nicht mehr bei ihr melden." Ich frage sie, was ihr erster Gedanke ist, wenn sie sich vorstellt, dass er sich nicht mehr melden könnte, und sie antwortet: „Ich sterbe. Ich verliere alles."

Wir steigen mit diesem Satz und Gefühlen von Trauer ein. Jemina sieht als Erstes einen Raum mit einem Bett. Sie ist eine Frau und liegt in dem Bett. Sie ist verzweifelt. Ihr Geliebter steht vor dem Bett und sagt: „Ich muss gehen." Sie antwortet ihm: „Ich kann nicht mehr." Doch er erwidert: „Ich muss fort." Sie erzählt, dass die Affäre schon seit Wochen so geht.

Ich bitte sie, an den Anfang der Geschichte zu gehen. Sie sieht sich mit einer Arzttasche. Sie lebt alleine und arbeitet als Ärztin. Sie hat ein gutes Lebensgefühl und viele Kontakte. Die erste Begegnung mit Gerald findet statt, als sie wegen eines Unfalls zu ihm gerufen wird. Er hat eine Brustverletzung. Sie spürt, dass es Gefühle zwischen ihnen gibt. Dann sieht sie ihn nicht mehr.

Einige Zeit später wird sie wieder zu einem Notfall gerufen – es ist seine Tochter, die krank ist. Als sie bemerkt, dass sie sich in seinem Haus befindet, ist es ein Schock für sie. Dann verbindet sie sich mit ihrem Pflichtbewusstsein und denkt: „Ich komme meiner Pflicht als Ärztin nach." Auch seine Ehefrau ist dort. Sie weint wegen ihrer Tochter.

Kurze Zeit später steht er vor ihrer Tür. Es kommt zum ersten sexuellen Kontakt. Sie hat ambivalente Gefühle – auf der einen Seite genießt sie die Liebe und Zärtlichkeit, auf der anderen Seite ahnt sie, dass er sich nicht zu ihr bekennen wird. Sie spricht mit einem guten Freund über die Situation. Als die Affäre bereits einige Zeit andauert, fühlt sie sich immer schlechter. Sie spricht mit ihrem Geliebten und dieser vermittelt ihr: „Meine Frau hält mich fest."

Jemina geht es immer schlechter. Sie hat das Gefühl, nicht mehr sie selbst zu sein. Ein guter Freund schlägt ihr vor, aus dem Ort wegzugehen und woanders gemeinsam ein neues Leben zu beginnen. Sie stimmt zu. Sie packen ihre Sachen und fahren mit einer Kutsche weg. In einem weit entfernten Ort lassen sie sich nieder und beginnen ein neues Leben. Sie leben als Paar zusammen, jedoch ist ein Teil von ihr nicht da – er ist bei ihrem früheren Geliebten. Sie wird immer depressiver und stumpfer. Sie lebt nur noch auf Sparflamme. Sie sagt: „Es tut weh." So leben sie einige Zeit.

An einem Tag sind sie mit der Kutsche unterwegs. Jemina ist in einem apathischen Zustand. Sie sitzt neben ihrem Mann, und es geht ihr schlecht. Die Kutsche fährt über eine Wurzel. Jemina gerät aus dem Gleichgewicht und fällt aus der Kutsche. Ihr Kopf schlägt auf einen Stein auf, und sie stirbt binnen weniger Sekunden. Ich bitte sie, in die letzten Sekunden vor dem Sterben hineinzugehen und mir zu sagen, was sie fühlt. Sie sagt: „Kopfschmerzen, seelischen Schmerz und Schuldgefühle." Sie fühlt sich ihrem Mann gegenüber schuldig, weil sie ihm nicht das geben konnte, was er verdient hätte. Ihr letzter Gedanke ist: „Ich kann nicht mehr." Nach dem Sterben zieht es ihre Seele zuerst zu ihrem Geliebten. Sie bleibt eine Weile dort, dann begibt sie sich ins Zwischenleben.

Ich lasse Jemina alle Energien ausatmen, die sie aus dem bearbeiteten Leben mitgenommen hat und die sie nicht mehr länger mit sich herumschleppen will. Dann frage ich sie, welche Energien sie einladen möchte. Sie lädt Lebensfreude ein, ein besseres Lebensgefühl, Freude an sich selbst und an ihrem Umfeld, Freude an ihrer Arbeit, Zu-sich-selbst-Stehen, Kraft in sich spüren, Bei-sich-selbst-Bleiben, Weiblichkeit spüren, bessere Körperwahrnehmung, Sich-im-Körper-wohlfühlen und ein glückliches Leben. Sie sagt: „Ich bin glücklich." Ich bitte sie, mit diesen Energien ein Stück in die Zukunft hineinzugehen und mir das erste Bild zu beschreiben, was hochkommt. Sie sieht sich zu Hause, wie sie sich wohlfühlt und ihre Aufgaben mit Freude erledigt. Sie fühlt sich ins Leben eingebunden und zentriert. Sie hat das Gefühl, der Mittelpunkt ihres Universums zu sein und in ihrer Kraft zu stehen.

In der Nachbesprechung zu dieser Sitzung wirkt Jemina klar und bei sich selbst. Sie sagt, dass sie mit und trotz ihrer momentanen Lebenssituation gut für sich sorgen und bei sich selbst bleiben will. Ich mache ihr bewusst, dass es ein Muster sein kann, wenn Männer mehr als eine Frau um sich herum brauchen. Dieses kann sich immer wiederholen – wenn eine Frau aus dem Dreieck geht, holt der Mann eine neue hinein. Es geht oft nicht um die Personen, sondern um das unbewusste Drama, das der Mann mit den unterschiedlichen Frauen inszeniert. Erst wenn er das unbewusste innere Drama auflöst, können sich auch die äußeren Dreiecke lösen.

In der nächsten Stunde erzählt Jemina, dass sie sehr unter der Situation mit Gerald leidet. Nach den Treffen mit ihm fühlt sie sich schlecht und glaubt kaum noch, dass er sich für sie entscheiden wird. Sie hat überlegt, die Beziehung zu beenden. Sie sagt mehrmals: „Ich halte es nicht aus." Es war so schlimm, dass sie mehrmals daran dachte, sich zu betrinken.

Jemina hatte früher Alkoholprobleme. Sie trinkt seit Jahren nicht mehr, aber der Druck in den letzten Wochen war so stark, dass sie zum ersten Mal seit Jahren wieder an Alkohol gedacht hatte. Sie leidet unter dem Gefühl, das, was sie möchte, nicht zu bekommen. Dazu gehören starke Wutgefühle.

Ich schlage Jemina vor, zu schauen, wo in ihrem jetzigen Leben diese Gefühle hingehören. Wir sprechen über ihre Zeugung. Bevor Jemina gezeugt wurde, war ihr Vater mit einer anderen Frau zusammen, mit der er einen Sohn hatte. Die Beziehung ging auseinander, und kurz darauf zeugte ihr Vater mit ihrer Mutter Jemina. Die Schwangerschaft war ungeplant und ungewollt. Jemina hat das Gefühl, dass die Wutgefühle, die sie momentan verspürt, ihrer Mutter gehören und sich auf die erste Frau ihres Vaters richten. Jemina erzählt weiter, dass sie Gedanken hat wie: „Ich überlebe es nicht. Mein Glück wird mir genommen." Dazu kommen starke Verspannungen im Rücken sowie Nacken- und Herzschmerzen.

Ich frage sie, was sie über die Biographie ihres Vaters bis zum Moment ihrer Zeugung weiß. Sie erzählt, dass ihr Vater im Erzgebirge geboren ist. Anfang der 60er Jahre war er der einzige der Familie, der in den Westen ging. Alle anderen blieben in der damaligen DDR. Es gab also eine verwandtschaftliche Trennung. Im Jahr 1960 wurde der Sohn ihres Vaters geboren, Jemina selbst wurde im Jahr 1962 geboren. Ihr Vater führte damals ein recht freies Leben mit vielen Partys und Alkohol. Er lebte mit der ersten Frau nicht zusammen. Jemina glaubt, dass ihr Vater dieser gegenüber Geheimnisse hatte. Er war der jüngste Sohn seiner Eltern und als Draufgänger bekannt. Seine Mutter war sehr dominant und sein Vater starb an Krebs.

Über ihre Mutter erzählt Jemina, dass sie eine Frau war, die alles mitmachte. Sie fügte sich dem Willen ihres Mannes ohne Aufbegehren. Jemina glaubt auch, dass es andere Frauen gab, als ihre Mutter mit ihr schwanger war. Sie hat ihre Eltern kaum in Harmonie erlebt. Ihr Vater war oft weg, und es gab keine gemeinsamen Urlaubsreisen mit den Eltern, weil immer ein Elternteil das Geschäft hüten musste.

Wir beginnen mit der Bearbeitung der Zeugung und der Pränatalen Phase. Ich lasse Jemina ein paar Mal den Satz wiederholen: „Ich halte es nicht aus" und bitte sie zu spüren, wem dieser Satz gehört. Sie spürt, dass der Satz ihrem Vater gehört. Er ist während der Zeugung mit der ersten Frau verbunden und denkt über die zweite: „Ich halte es mit dieser Frau nicht aus. „Ich will sie nicht. Womit habe ich das verdient." Es herrscht ein Durcheinander in ihm, und er ist wütend auf sich selbst. Er ist auch wütend auf die erste Frau. Er denkt: „Sie ist so kompliziert. Sie hat so hohe Ansprüche. Sie will ihren Willen durchsetzen."

Ich bitte Jemina, sich gut mit ihrem Morphogenetischen Feld zu verbinden und zu schauen, wo es die Situation zwischen ihrem Vater und der ersten Frau gibt, in der es um Ansprüche und „Willen durchsetzen" geht. Jemina spürt, dass die Situation in die Zeit hineingehört, als die erste Frau mit dem Sohn schwanger ist. Sie will eine richtige Familie und äußert ihre diesbezüglichen Vorstellungen ihrem Mann gegenüber. Sie will, dass er *Verantwortung* als Mann und Vater übernimmt. Er hört ihr zu und denkt: „Ich will es nicht." Er *hält es nicht aus*, dass es eine Frau gibt, die konkrete Ansprüche und Forderungen an ihn stellt. Es erinnert ihn an seine dominante Mutter. Er fühlt Panik und will am liebsten weg. Die Frau bemerkt das und bekommt Angst. Ihre größte Angst ist es, mit dem Kind alleine zu stehen. Sie hat Bauchweh. Ihr wird klar, dass ihr Partner sich immer unzuverlässiger verhält und anstatt mehr weniger Verantwortung übernimmt. Sie denkt: „Ich weiß nicht, wie ich mit ihm dran bin. Er ist nicht greifbar." Sie hat das Gefühl, keine Rechte zu haben.

Ich frage Jemina, ob sie das kennt, und sie bejaht dies. Genau so fühlt sie sich momentan auch in der Situation mit Gerald. Er bestimmt die Treffen, je nach seinem Terminkalender und seinen familiären Verpflichtungen. Sie hat das Gefühl, *keinerlei Rechte zu haben* und denkt auch oft: „Ich weiß nicht, wie ich mit ihm dran bin. Er ist nicht greifbar."

Wir arbeiten in der Situation zwischen ihrem Vater und der ersten Frau weiter. Die Frau sagt zu ihm, dass er sich entscheiden muss. Sie sagt: „Entweder Du stehst zu mir oder Du gehst." Er denkt: „Ich kann nicht zu ihr stehen". Dann antwortet er: „Wenn Du mich wegschickst, dann gehe ich." Ich lasse Jemina genau spüren, was in diesen Sekunden passiert. Ihr Vater verdreht den Satz, den die Frau zu ihm gesagt hat. Sie hat nicht gesagt, dass sie ihn wegschickt, sondern dass er sich entscheiden soll. Da er unfähig ist, die Verantwortung zu übernehmen, schiebt er ihr diese zu – als wäre sie verantwortlich dafür, dass er geht. Das stimmt aber nicht – *er* entscheidet zu gehen, er will aber für seine Handlung keine Verantwortung übernehmen. Die Frau ist sprachlos. Sie denkt: „Ich habe keine Chance." Auch diesen Gedanken kennt Jemina aus ihrer momentanen Lebenssituation.

Ich lasse Jemina in der Zeit nach vorne gehen. Der Sohn wird geboren. Ihr Vater besucht die Frau und den Sohn ab und zu, wobei er bestimmt, wann er kommt und geht. Sie vermittelt ihm, dass sie diese Art von Kontakt nicht will. Sie reden aneinander vorbei. Dann wird sie konsequenter. Die letzte Begegnung zwischen den beiden findet statt, als der Sohn etwa neun Monate alt ist. Sie sagt: „Es ist Schluss." Er geht voller Wut und denkt: „Blöde Kuh. Dich brauch' ich nicht. Du bist ja blöd im Kopf. *Dir zeig ich's schon.*"

Er arbeitet zu der Zeit in einem Lebensmittelgeschäft, in dem auch Jeminas Mutter beschäftigt ist. Er macht sich aus Rache an sie heran. Sie fühlt sich geschmeichelt davon, dass der „Draufgänger" ihr seine Aufmerksamkeit widmet. Sie spürt zwar auch ein gewisses Unbehagen, aber sie wird *willenlos*. Sie kann nicht mehr Nein sagen, vor allem nicht angesichts seiner fordernden und aggressiven Energie.

Ich bitte Jemina, in die Zeugungssituation hineinzugehen. Mutter und Vater befinden sich in einem Schlafzimmer. Seine sexuellen Gefühle sind stark mit Wut vermischt. Er macht sich aggressiv über sie her und schläft aus Rache und Wut mit ihr. Sie denkt: „Nicht schon wieder", ist aber zu dem Zeitpunkt schon zu willenlos, um Nein zu sagen. Es macht ihr keinen Spaß.

Ich frage Jemina, ob sie auch solche Situationen kennt, und sie bejaht es. Sie sagt, dass sie viele Situationen kenne, in denen das äußere Verhalten und die Gedanken nicht in Übereinstimmung stehen.

Wir arbeiten in der Zeugungssituation weiter. Jeminas Mutter geht aus ihrem Körper heraus, um das, was dort passiert, nicht mehr mitzubekommen. Ihr Vater ist weiter mit Wut und Rache der ersten Frau verbunden. Ich lasse Jemina spüren, wie alle diese Energien in sie hineinkommen. Dann bitte ich sie, zum Ende der Zeugungssituation zu gehen. Ihre Mutter ist den Tränen nahe. Sie ist enttäuscht, denn sie fühlt, dass der Mann keine Liebe für sie empfindet. Sie denkt: „Ich will das nicht" und „Ich will nicht da sein". Der Vater ist müde. Er schläft ein.

Ich lasse Jemina zu dem Moment gehen, in dem ihre Mutter bemerkt, dass sie schwanger ist. Ihr erster Gedanke ist: „Oh je, ich krieg' ein Kind." Sie hat panische Angst und fühlt Enge, Schwindel und Übelkeit. Sie möchte am liebsten aus ihrem Körper herausgehen und sich unsichtbar machen. Sie denkt: „Ich will damit nichts zu tun haben."

Ich bitte Jemina, dahin zu gehen, wo die Mutter dem Vater von der Schwangerschaft erzählt. Sie sagt zu ihm: „Ich bin schwanger." Er erwidert: „Das kann nicht sein." und „Das geht mich nichts an." Sie sagt: „Du bist der Vater". Er resigniert und denkt: „Es hat mich erwischt. Ich kann nicht mehr entkommen. Ich kann nicht schon wieder eine Frau mit einem Kind sitzen lassen. Ich will das nicht."

Ich bitte Jemina, sich gut mit sich selbst im Mutterleib zu verbinden und zu spüren, was sie tut, um in dieser schwierigen Situation zu überleben. Sie sagt: „Ich will es nicht hören." Ich bitte sie zu spüren, was sie tut, um es nicht zu hören. Sie versucht, den Kopf zwischen ihre Schultern zu ziehen. Ich lasse sie spüren, wie sich ihr Körper dabei anfühlt. Er ist total verkrampft. Diese Körpergefühle kennt sie. Sie sagt, ihr ganzer Körper sei „auf Spannung".

Wir arbeiten in der Situation zwischen Vater und Mutter weiter. Die Mutter fühlt sich „wie ein Haufen Nichts" und denkt: „Ich muss auf bessere Zeiten warten." *Sie fühlt sich ohnmächtig.*

Einige Zeit später gibt es ein Gespräch zwischen Mutter, Vater und der Mutter der Mutter. Diese will von beiden wissen, wie es weitergehen soll. Jeminas Vater beschließt, sich der Situation zu fügen. Es wird vereinbart, dass beide heiraten. Die Mutter fühlt sich frustriert, weil sie spürt, dass er nur aus Pflichtgefühl und nicht aus Liebe handelt. Sie fügt sich auch. Bei dem Gespräch herrscht eine geschäftliche Atmosphäre. Im vierten Monat der Schwangerschaft findet die Hochzeit statt. Ich bitte Jemina, die Atmosphäre dieses Tages zu spüren. Sie sagt, dass alle so tun, als ob sie glücklich wären. Ihre Mutter fühlt sich schwer, wie bei einem Antritt ins Gefangenenlager.

Der Vater trinkt viel Alkohol und gibt sich ausgelassen. Auch die Mutter trinkt viel. Ich lasse Jemina spüren, was mit ihrem Körper passiert, wenn der Alkohol in sie hineinkommt. Sie bemerkt, dass sich alles schwammig und schaukelnd anfühlt und sie das Gefühl hat, die Kontrolle zu verlieren. Sie will sich „nur noch treiben lassen". Im sechsten Monat der Schwangerschaft findet die Hochzeitsreise statt. Die Mutter ist depressiv, der Vater lässt es sich „gut gehen" und spaltet seine wahren Gefühle ab. Er vermittelt sich selbst: „Es geht mir gut." Wenn er an die erste Frau denkt, spürt er Sehnsucht nach ihr. Dann trinkt er Alkohol.

Am Ende der Schwangerschaft macht der Vater, was er will. Er ist selten zu Hause. Die Mutter fühlt sich unzufrieden mit ihrer Lebenssituation. Es kommt häufig zum Streit. Die Konfliktsituationen enden immer damit, dass sie weint und er geht. Sie fühlt sich unglücklich. Ich lasse Jemina gut spüren, wie viel von der Energie ihrer Eltern in sie hineingekommen ist, und bitte sie, diese Energie ganz auszuatmen. Ich frage sie, welche Energien sie einladen möchte, und sie lädt Kraft, Glücklichsein, Freude, Liebe, In-Ihrer-Mitte-Sein, Leichtigkeit und Verantwortung ein.

Als Jemina in die nächste Stunde kommt, berichtet sie, dass sie sehr mit der Situation mit ihrem Ex-Mann beschäftigt ist. Er bekam mit, dass sie eine neue Beziehung hat und mischte sich auf eine diffuse und unklare Weise in ihr Leben ein. Sie schildert ihre gesamte Ehe als „diffus und unklar". Sie glaubt, dass ihr Ex-Mann Geheimnisse ihr gegenüber hatte. Es fühlt sich für sie wie ein unscharfes Bild an. Wenn sie sich damit verbindet, denkt sie: „Ich will es nicht wissen." Sie fühlt sich, als würde sie in einem Käfig sitzen und sein Besitz sein. Ich frage sie, was dafür sorgt, dass ihr Ex-Mann immer noch Macht über sie hat. Sie antwortet: „Er ist der Vater meiner Kinder. Die Kinder tun mir leid, weil sie von ihm nicht das bekommen, was sie brauchen."

Als ich das höre, wird mir klar, dass es um ihr Inneres Kind geht. Ich schlage ihr vor, in ihrer Kindheit zu arbeiten und dahin zu gehen, wo sie am stärksten verbunden war mit der Aussage: „Ich bekomme nicht das, was ich brauche." Es kommt eine Situation hoch, in der sie zwei Jahre alt ist. Ihre Mutter liegt auf dem Sofa und ist depressiv. Jemina will mit ihr spielen. Die Mutter reagiert nicht. Ich bitte Jemina, die Gedanken der Mutter wahrzunehmen, und sie sagt: „Ich bin unzufrieden. Ich will es nicht." Sie fühlt sich in der Beziehung zu ihrem Mann völlig alleine gelassen. Ich lasse Jemina spüren, wie die Energie ihrer Mutter in sie hineinkommt. Sie ist traurig und versteht nicht, was los ist. Sie hat das Gefühl völliger Ohnmacht. Sie geht in einen erstarrten Zustand hinein.

Am liebsten möchte sie herumspringen und spielen. Das geht aber nicht – also versucht sie, sich abzulenken. Ich frage Jemina, ob sie das aus ihrem Erwachsenenleben kennt, und sie bejaht. Ich lasse sie den Schock und die Erstarrung ausatmen. Dann bitte ich sie, ihren Körper zu bewegen und ihre Körperimpulse zu spüren. Sie steht auf und springt. Ich bitte Jemina, sich gut mit ihrem erwachsenen Teil zu verbinden und mit diesem in die Situation hineinzugehen und mit dem zweijährigen Kind in Kontakt zu treten. Sie nimmt wahr, dass das Kind einen verstörten Blick hat und seine Orientierung und Klarheit verloren gegangen sind. Sie nimmt das Kind in den Arm, spricht mit ihm und vermittelt ihm, dass mit ihm alles in Ordnung ist. Dann nimmt sie das Kind aus der Situation heraus und bringt es an einen sicheren Ort.

Als Nächstes kommt eine Situation hoch, in der Jemina sechs Jahre alt ist. Sie sitzt mit ihrem Vater und ihrer Mutter am Küchentisch. Die Eltern streiten. Der Vater brüllt die Mutter an. Er sagt: „Du bringst es nicht. Mit Dir kann man nichts anfangen. Für was bezahle ich Dich denn." Die Mutter wehrt sich nicht. Jemina ergreift Partei für sie. Der Vater packt sie voller Wut und sperrt sie in den Keller ein. Ihre Mutter steht hilflos daneben – sie beschützt ihre Tochter nicht. Nach einiger Zeit im Keller kommt der Vater, holt sie heraus und fällt über sie her. Er sagt: „Jetzt werde ich es Dir zeigen" und vergewaltigt sie. Er benutzt die Sexualität als Maßregelung. Jemina geht aus ihrem Körper heraus. Ich lasse sie die Situation erst einmal von außen anschauen. Dann bitte ich sie, gut durchzuatmen, in ihrem Körper zu bleiben und alle Körpergefühle zu spüren. Sie fühlt Schmerzen im Rücken und im Gesicht, als er sie ohrfeigt. Er vermittelt ihr: „Du gehörst mir."

Ich bitte Jemina, alle Körperimpulse gut zu spüren und ihrem Körper zu erlauben, sich zu wehren. Sie strampelt mit den Händen und Füßen und wehrt sich. Dann verbindet sie sich gut mit ihrem erwachsenen Teil und holt das verletzte Kind aus der Situation heraus. Ich lasse sie all ihre eigene Energie mitnehmen und frage sie, ob sie das Programm: „Du gehörst mir", das sich mit ihrem Ex-Mann fortgesetzt hat, jetzt beenden will. Sie bejaht und sagt, dass sie nur noch sich selbst gehört. Wir beenden die Sitzung.

An diesem Fall können wir gut erkennen, wie sich das Thema Macht-Ohnmacht holographisch durch die gesamte Vergangenheit von Jemina hindurchzieht – also durch vergangene Leben, teils in der Opfer-, teils in der Täterrolle, durch die Zeugung und pränatale Phase des jetzigen Lebens, durch die Kindheit und ihr Erwachsenenleben.

Wenn wir dies auf der Zellebene betrachten, so stützt dies die Annahme, dass ein in einem Leben geprägtes unbeendetes Muster sich in allen weiteren Leben fortsetzt. Nehmen wir das Beltane-Leben von Jemina: Die Sterbesituation war sehr traumatisch, und es gab viel Schock. Die letzten Sätze, die sie hörte, waren: „Wir müssen Dich opfern. Du bist eine Bestie. Du musst vernichtet werden." Die letzten Sätze, die jemand in der Sterbesituation spricht oder hört, nennen wir „Abschlussbefehl". Diese letzten Sätze sind in Jeminas Energiesystem hineingekommen – eine neuronale Verbindung ist entstanden, eine synaptische Verbindung in den Gehirnzellen. Kurz nach dem Entstehen dieser neuronalen Verbindung stirbt Jemina – die Matrix, die ihren leiblichen Körper verlässt, enthält die Information über diese neuronale Verbindung. Ihre Seele geht ins Zwischenleben.

Wenn sie wieder inkarniert, inkarniert diese Information mit und schafft wieder eine ähnliche neuronale Verbindung, die dafür sorgt, dass es erneut Situationen gibt, in denen das alte, unbeendete Thema aktualisiert wird. Wir sehen, dass es dies bei Jemina tatsächlich immer wieder gibt – ständig gibt es Dreieckssituationen mit ihr, einem Mann und einer anderen Frau. Immer wieder gibt es Verletzung, Vernichtung und Opferung – egal, ob wir uns die vergangenen Leben, die Zeugung, pränatale Phase, Kindheit und das Erwachsenenleben des jetzigen Lebens anschauen. Wir sehen hier also, dass diese einmal geprägten neuronalen Verbindungen viele Leben übergreifend sind.

Die neuesten Forschungserkenntnisse aus der Quantenphysik untermauern dies. Stuart Hameroff, Professor für Anästhesiologie und Psychologie und Direktor für Bewusstseinsstudien am „Health Sciences Center" der Universität von Arizona, postuliert, dass es eine Verbindung zwischen Gehirn, Quantenmechanik und fundamentaler Raum-Zeit-Geometrie gibt. Er geht davon aus, dass eine Verbundenheit zwischen lebenden Wesen und dem Universum existiert, die den physischen Tod überdauert.

Stuart Hameroff hat herausgefunden, dass sich in jeder Nervenzelle komplexe „Proteincomputer" befinden, die von nicht-lokalisierten Quantenkräften konfiguriert werden. Sie existieren in Quanten-Superposition und führen Quantencomputation aus – sie befinden sich also nicht mehr in der materiellen, sondern in der Quantenwelt. Diese nicht-lokalen Quantenprozesse erklären die 40 Hertz-Kohärenz der Gehirnwellen im bewussten Zustand. Gleichzeitig fand Stuart Hameroff heraus, dass das Gehirn psychoaktive Substanzen erzeugt, die spirituelle Zustände anregen. Er folgerte daraus, dass das Bewusstsein als ein nicht-lokalisierter Quantenprozess in der Zeit-Raum-Geometrie betrachtet werden kann und Geist und Materie von etwas erschaffen werden, das dahinter liegt – und dasjenige könnte Quantengeometrie sein. Es könnte also sein, dass sich die Quantenwelt und die klassische Welt nicht ausschließen, sondern sich ergänzen.

Stuart Hameroff nimmt weiter an, dass sich die Essenz von Bewusstsein in der Zeit-Raum-Geometrie des gekrümmtes Raumes befindet, der sich in unserem Gehirn abbildet. Somit wäre unser Gehirn also nicht der Erzeuger, sondern sozusagen der Empfänger und Koordinator von Informationen, sie sich außerhalb unseres Organismus befinden. Wenn seine Annahmen zutreffen, könnten wir erklären, warum die „seelische Essenz" von uns weiterlebt, auch wenn wir unseren leiblichen Körper verlassen. Sie verlässt lediglich das Gehirn, und geht als kohärente Quantenverschränkung in die Dimension, die wir „Zwischenleben" nennen. Wenn es wieder eine neue Inkarnation gibt, tritt diese als kohärente Quantenverschränkung existierende Information wieder in einen neuen Körper ein, und sorgt dafür, dass es Aktualisierung und Weiterentwicklung von den in vergangenen Leben unbeendeten Themen gibt.

3. Seelische Entwicklung im Zwischenleben

Als Zwischenleben bezeichnen wir alle Phasen, in denen eine Seele ohne Körper ist, also die Zeiträume vom Moment des Sterbens an bis zum Moment der Zeugung in einem neuen Körper. Es gibt viele Theorien über die Geschehnisse im Zwischenleben. Eine ausführliche Beschreibung findet sich in dem Buch von Sogyal Rinpoche „Das tibetische Buch vom Leben und vom Sterben".

Es gibt Autoren, die davon ausgehen, dass im Zwischenleben viele seelische Reifungs- und Transformationserlebnisse stattfinden. Solche Erfahrungen findet der interessierte Leser ausführlich beschrieben in Büchern wie „Die Reisen der Seelen" von Michael Newton.

Die Erfahrungen in meiner Arbeit zeigen mir teilweise etwas anderes. Wenn ich mit meinen Klienten Erfahrungen im Zwischenleben bearbeite, so finde ich oft Ausruh- und Verarbeitungsstationen. Jedoch scheint es so zu sein, dass die Seele, um sich wirklich weiterentwickeln zu können, einen neuen Körper benötigt, um dies zu tun und um unbeendete Erfahrungen aus vergangenen Leben zu aktualisieren und zu beenden.

Mit meiner Klientin Annemieke führte ich zwei Reisen ins Zwischenleben durch. Auf der ersten Reise sieht sie als Erstes eine Station, an der sich Seelen befinden, die sie auf eine neue Inkarnation vorbereiten. Sie sieht, dass es Seelen gibt, die schon lange auf eine passende Zeugung und ein passendes Elternpaar warten, während andere an der Station ankommen und sofort in die nächste Zeugung gehen können. Sie nimmt auch wahr, dass es Seelen gibt, die begierig sind, einen neuen Körper zu bekommen, und andere, die nicht gerne in die Inkarnation wollen, sondern lieber ohne Körper bleiben möchten. Dies sind Seelen, die viel Angst vor einer neuen Inkarnation haben. Es gibt in diesem Bereich Helfer, die sich die momentan laufenden Zeugungen anschauen und die Seelen, für die eine dieser Zeugungen geeignet sind, dorthin schicken oder auch begleiten.

Annemieke sagt, dass es faszinierend ist, an dieser Station zu sein, denn man sieht gleichzeitig die wartenden und hinübergehenden Seelen und alle momentan laufenden Zeugungen auf der Erde. Sie nimmt es so wahr, als ob man die Erde von oben sehen und die Energie der gerade stattfindenden Zeugungen spüren könne. Sie sagt, dass es schwierig für sie ist, diese Erfahrungen in Worte zu fassen.

Diese Rückführung ist eine Bestätigung für das, was ich immer wieder erlebe, wenn ich mit Klienten Zeugungen bearbeite. Es gibt unfreiwillige und völlig freiwillige Zeugungen, und dazwischen alle Schattierungen.

In der Nähe dieser Station nimmt Annemieke einen blauen Raum wahr. In diesen Raum gehen Seelen hinein, die nicht mehr inkarnieren müssen, sondern in eine andere Dimension wechseln. Dies sind hoch entwickelte Seelen. Dann gibt es noch einen dunklen Raum. In diesem befinden sich Wesen, die eine Art „Herren des Karma" sind.

In der nächsten Rückführung gehe ich mit Annemieke wieder ins Zwischenleben. Sie nimmt als Erstes einen Bereich wahr, in dem sich „herumhängende", das heißt in bestimmten Bereichen steckengebliebene Seelen befinden. Es sind Seelen, die gerade einen traumatischen Tod erlebt haben. Dann sieht sie einen Bereich, in dem sich Seelen befinden, die nicht glücklich sind. Sie sind depressiv und ohne Orientierung. Sie wissen weder, wo sie herkommen, noch, wo sie momentan sind, noch, wo sie hinwollen.

Dann sieht sie einen Bereich, der ins Licht führt. Dort gibt es eine Treppe mit vielen Stufen. Es gibt Seelen, die hinaufgehen und Seelen, die von Engeln und Helfern die Treppe hinaufbegleitet werden. Oben an der Treppe stehen weitere Helfer. Annemieke sagt, dass es dort so hell sei, dass sie geblendet ist. Es herrsche dort eine so wundervolle Schwingung, dass man, wenn man zu nahe kommt, darin verschwinden möchte. Diese Gefahr wird gebannt, indem die Helfer die Seelen, die ins Licht gehen, am Fuße der Treppe in Empfang nehmen und sie dann hinaufbegleiten. Annemieke bleibt noch einen Moment lang dort stehen und schaut sich alles an. Dann lasse ich sie wieder ins Hier und Jetzt zurückkommen.

In der Nachbesprechung arbeiten wir heraus, dass Annemieke drei Bereiche wahrgenommen hat:

Den Bereich, in dem es *herumhängende* oder *steckengebliebene* Seelen gibt. Er ist dunkel und die Seelen wirken gequält und desorientiert. Sie wissen nicht, wo sie sind.

Den Bereich, in dem sich die Seelen befinden, die ins Licht gehen.

Den Bereich, in dem sich Seelen auf die nächste Inkarnation vorbereiten.

Es ist auch möglich, dass man im Zwischenleben Seelen trifft, mit denen es noch etwas Unerledigtes gibt. Mit meiner Klientin Marisa unternehme ich eine solche Reise. Sie trifft ihren Vater dort, der vor fünfzehn Jahren gestorben ist. Sie war von ihrem Vater mit zwölf Jahren sexuell missbraucht worden. Marisa hatte mit ihm nie darüber oder überhaupt über ihre Kindheit reden können. Sie trifft ihn nun in der Rückführung im Zwischenleben und spricht mit ihm über alles Unausgesprochene. Sie kann ihre Gefühle endlich ausdrücken. Er vermittelt ihr, dass es ihm unendlich leid tut. Er erzählt ihr, dass die Ehe mit Marisas Mutter unglücklich war. Dann bittet er sie, ihm zu verzeihen. Sie kann das zum jetzigen Zeitpunkt nicht, sagt ihm aber, dass es für sie einfach beendet ist. Das können beide gut so stehen lassen. Marisas Vater wünscht ihr viel Glück und drückt die Hoffnung aus, dass sie es besser machen kann als er und ihre Mutter.

Die Seelen, die wir im Zwischenleben treffen und mit denen es noch etwas Unerledigtes zu erledigen gibt, sind genau genommen Seelenteile. Es kann sein, dass ein Teil der Seele schon im Licht ist, während ein Teil der Seele, nämlich die Persönlichkeit aus dem betreffenden Leben, noch in einem Bereich „herumhängt". Es ist dabei unerheblich, ob die Seele schon wieder eine neue Inkarnation eingeleitet hat oder nicht. Der Mensch, der noch etwas erledigen möchte, kann den betreffenden Seelenanteil – die Persönlichkeit aus dem vergangenen Leben – im Zwischenleben treffen und die Dinge zu einem guten Abschluss bringen. Es ist sowohl für den Seelenteil als auch für den lebenden Menschen befreiend, das Unerledigte zu erledigen. Beide können dann in ihrer Entwicklung weitergehen.

In einem bestimmten Leben inkarniert immer nur ein Teil der Seele, die sogenannte Persönlichkeit. Unsere Seele besteht aus unzähligen Persönlichkeiten aus vergangenen und dem jetzigen Leben und einem übergeordneten Teil, der Seele selbst, die nicht inkarniert, aber mit den Persönlichkeiten in Verbindung steht. Je besser die Verbindung zwischen der Seele und ihrer jeweils inkarnierten Persönlichkeit ist, desto mehr spirituelle Verbindung und Vertrauen ins Leben kann ein Menschen unter Umständen spüren.

Manchmal geschieht es auch, dass man mit Seelen sprechen möchte, die schon im Licht sind. Dann kann es sein, dass sie nochmals zur Treppe kommen und man auf der Treppe oder am Fuß der Treppe mit ihnen reden kann. Es ist in diesem Zusammenhang unerheblich, ob der Mensch vor zehn, vor zwanzig oder vor zwei Jahren gestorben ist. „Happy souls" – also Seelen, die sich frei fühlen, können entscheiden, ob sie ins Licht gehen oder als Unterstützung für andere Seelen da sein wollen, um diese ins Licht zu begleiten.

Schamanen arbeiten auch in Gruppen, um gestorbene Seelen in Katastrophengebieten auf ihrer Reise ins Licht zu begleiten. An diesen Orten befinden sich oft viele Seelen, die im Schock gestorben sind und nicht weiterkommen. Sie benötigen Hilfe und Orientierung, um im Zwischenleben ankommen zu können. Es ist gut, diese Arbeit in

Gruppen und nur dann zu tun, wenn man sich wirklich ganz in seiner Kraft fühlt, sonst können sich unter Umständen im Schock befindliche Seelen anheften.

Ein ehemaliger Klient, Konstantin, kommt nach einer längeren Therapiepause zu mir. Er berichtet mir, dass es ihm recht gut gehe, er habe aber oft Zustände von Verwirrung und das Gefühl, noch keinen rechten Standort gefunden zu haben. Er könne sich vorstellen, in der einen oder der anderen Stadt zu leben, es gebe aber keine eindeutige Richtung. Er stellt sich immer wieder die folgenden Fragen: Wo gehöre ich hin? Wo geht es lang? Was will ich?

Ich frage ihn, wie er sich in der Beziehung zu sich selbst in der letzten Zeit gefühlt habe, und er erzählt mir, dass Trauer hochkommt, wenn ich ihm diese Frage stelle. Er fühlt sich festgefahren in Verpflichtungen, Verantwortung und Konventionen. Ich frage ihn, was das Traurigste an seiner momentanen Situation ist, und er antwortet: „Dass ich das Eigentliche noch nicht gefunden habe." *Er hat das Gefühl, nur halb da zu sein.*

Ich höre ihm zu und habe den Eindruck, dass er tatsächlich nur halb da ist und ihm ein Teil fehlt. Ich frage ihn, ob er sich erinnern könne, wann er in seinem jetzigen Leben den Teil verloren habe. Er verneint. Ich habe die Vermutung, dass er diesen Teil bereits im Zwischenleben zurückgelassen hat, er also nicht mitinkarniert ist. Ich schlage ihm vor, den fehlenden Teil im Zwischenleben abzuholen.

Es gestaltet sich schwierig. Der Teil will zunächst nicht mitkommen. Er hat Angst. Ich bitte Konstantin, sich gut mit seiner erwachsenen Energie zu verbinden und den Teil einzuladen. Er sagt: „Ich will ganz werden. Ich will, dass Du zu mir kommst." Nach einer Weile stimmt der andere Teil zögernd zu. Er nimmt ihn in sein Herz hinein und bringt ihn mit. Nach der Sitzung fühlt sich Konstantin erschöpft, aber auch erleichtert und entspannt. Er fühlt Neugierde aufs Leben.

Es gibt manchmal Klienten, bei denen man das Gefühl hat, dass sie nicht ganz da sind. Sie möchten unbedingt heil werden, aber seltsamerweise scheinen sie die therapeutische Arbeit nie wirklich integrieren zu können.

Ein solcher Klient war Hermann. Schon in den ersten Therapiestunden bemerkte ich, dass er nicht wirklich in seinem Körper anwesend war. Es schien, als ob er über seinem Körper schweben würde. Das Material, das wir in den nächsten Sitzungen bearbeiten, integriert er nicht. Zu Anfang jeder Stunde erzählt er mir, wie schlecht es ihm immer noch geht. Gleichzeitig berichtet er mir, dass er ständig unterwegs sei. Er hat eine Wohnung in Nürnberg, ein Haus in München und seine Freundin wohnt in Hamburg. Er pendelt dauernd zwischen den drei Städten.

Unterwegs zu sein bedeutet „Im Zwischenleben zu sein". Menschen, die zwanghaft unterwegs sind, befinden sich oft, ohne es zu wissen, im Zwischenleben. Hermann hat seinen Vater verloren, als er fünf Jahre alt war. Er starb an Krebs. Das Sterben und der Verlust seines Vaters war ein schweres Trauma für ihn, dass er noch nicht verarbeitet hat. Indem Teile von ihm ins Zwischenleben gehen – da, wo sein Vater ist – versucht er unbewusst, bei diesem zu sein, mit diesem in Kontakt zu sein. Sein Vater hat keinen Körper mehr, also kann Hermann nur mit ihm in Kontakt gehen, wenn er oder Teile von ihm auch dahin gehen, wo sich die Seele des Vaters ohne Körper befindet – nämlich im Zwischenleben. Er bewegt sich sozusagen zwischen den Welten hin und her, was dazu führt, dass er sich nicht wirklich im Leben fühlt.

Oft leiden Klienten mit solch einer Thematik unter chronischen körperlichen Symptomen. Da sie ihren Körper nicht wirklich bewohnen, macht dieser durch Symptome auf sich aufmerksam. Es ist so, als wenn der Körper schreien würde: „Hier bin ich – komm' in mich hinein und bewohne mich."

Gerade bei Menschen aus der spirituellen Szene, die viel meditieren oder sich oft in astralen Welten aufhalten, finde ich manchmal diese Kombination aus „Nicht im Körper sein" und chronischen körperlichen Symptomen. Es ist wunderbar, zu meditieren und astrale Reisen zu machen, nur sollte es nicht als Flucht vor der Realität benutzt werden.

Wenn solche Menschen in die Therapie kommen, kostet es erst einmal einige Stunden Arbeit, die vielen theoretischen Konzepte über „Erwachen" und „Erleuchtung", die sie verinnerlicht haben, zu ordnen, gegebenenfalls zu klären und dann die Seelenteile, die in traumatischen Situationen weggegangen sind, wieder in den Körper einzuladen.

4. Depressionen

4.1 Robert

Robert kommt im August 2004 zum Erstgespräch in meine Praxis. Er berichtet, er habe seit einigen Jahren Depressionen. Er sei immer schon ein schwermütiger Mensch gewesen. Die akuten Depressionen hätten im Jahr 1998 begonnen. Er durchlebte damals beruflich eine turbulente Zeit. Er konnte fast nicht schlafen und beschreibt seinen damaligen Zustand als „Fiasko".

Seine Mutter ist ebenfalls depressiv. Seine Eltern hatten eine schwierige Ehe. Sein Vater war gewalttätig, die Mutter litt darunter. Robert stellte sich in Konfliktsituationen oft auf die Seite der Mutter. Er hat wenige Erinnerungen an die Kindheit. Er sagt, die Erinnerungen seien wie „ausgeblendet". Es gibt keine Bilder. Die einzige Erinnerung, die relativ klar ist, ist ein Unfall, den er mit fünf Jahren erlitt. Er wurde von einem Auto erfasst und mit Knochenbrüchen ins Krankenhaus eingeliefert. Er erinnert sich, dass er im Krankenhaus permanent alleine war. Er hatte danach über zwei Jahre lang ein steifes Knie und ständige Schmerzen. Außerdem erinnert er sich daran, dass seine Mutter ihm im Zusammenhang mit ihrer schlechten Ehe vermittelte: „Das habe ich nur Dir zu verdanken. Wegen Dir musste ich diesen Mann heiraten, denn ich war schwanger mit Dir."

Sein Vater starb, als Robert knapp zwanzig Jahre alt war. Von seinem fünfzehnten Lebensjahr an hatte er mit seinem Vater nicht mehr geredet, obwohl sie im gleichen Haus wohnten. Es hatte zu der Zeit eine Szene gegeben, in der sein Vater seine Mutter körperlich angegriffen hatte. Robert war dazwischen gegangen und hatte zu seinem Vater gesagt, er solle das nie mehr tun. Der Vater war daraufhin aus dem Raum gegangen und hatte seitdem kein Wort mehr mit seinem Sohn geredet. Die Mutter sagte nach dem Vorfall zu Robert, er sei zu weit gegangen und habe sich eingemischt.

Robert ist verheiratet und hat zwei Kinder. Seine Ehe beschreibt er als leblos. Seine Frau und er wissen schon seit vielen Jahren, dass die Beziehung keinen Sinn mehr macht, aber keiner der beiden konnte sich bislang zur Trennung entschließen. Er leidet unter der Situation und seine Frau auch. Das Verhältnis mit seinem Sohn ist nicht immer einfach. Er überreagiert in bestimmten Situationen.

Robert hat schon einige Therapien hinter sich, darunter NLP, Familienaufstellungen, Provokation sowie Schlaf- und Essensentzug. Aus der Kindheit wurde bislang noch nichts bearbeitet.

Robert hat große Probleme, in seinem Leben Entscheidungen zu treffen. Außerdem ist es schwierig für ihn, sich auf etwas oder jemanden einzulassen.

Wir beginnen mit der Bearbeitung seiner Zeugung und der pränatalen Phase. Seine Mutter war ungewollt schwanger. Sie hatte bereits ein Kind und wollte mit Roberts Vater nicht zusammenbleiben. In der Sitzung führe ich Robert zunächst in den nicht inkarnierten Zustand vor der jetzigen Inkarnation. Er erlebt dort Ruhe, Licht und Raum.

Ich lasse ihn zum Inkarnationsimpuls gehen, und wir finden dort den Satz: „Ich will nicht." Er denkt diesen Satz im Moment des Inkarnationsimpulses, und seine Mutter denkt diesen Satz in der gleichzeitig stattfindenden Zeugungssituation. Dieser Satz ist der Sog, der ihn zu diesen Eltern hinzieht, der Anker in der Verbindung zu seinen Eltern. Die Atmosphäre bei der Zeugung ist kühl. Es gibt keine seelische Verbindung zwischen seinen Eltern. Jeder lebt für sich.

Als seine Mutter kurze Zeit später bemerkt, dass sie schwanger ist, ist ihr erster Gedanke „Mein Leben ist zu Ende". Sie denkt, dass sie nun keine Möglichkeit mehr hat, *Entscheidungen zu treffen*. Robert, als ungeborenes Baby in ihrem Bauch, übernimmt diese Gedanken und Gefühle; deshalb hat er in seinem jetzigen Leben Schwierigkeiten, *Entscheidungen zu treffen.* Als seine Mutter seinem Vater erzählt, dass sie schwanger ist, sagt dieser: „Wir heiraten." Seine Mutter ist hin- und hergerissen. Sie kann nicht mehr klar denken. Der einzige klare Gedanke ist: „Eigentlich will ich nicht leben." Dann ergibt sie sich in ihr Schicksal. Sie denkt: „*Ich warte ab und entscheide später.*" Das ist genau das, was Robert in seinem Leben permanent tut.

Die Hochzeit ist eine „unvermeidliche Entscheidung". Am Hochzeitstag ist die Mutter wie erstarrt. Sie ist von sich selbst und ihren Gefühlen und auch von dem Baby in ihrem Bauch abgeschnitten. Schon dort beginnt Roberts Alleinsein. Er versucht, nicht da zu sein, um diesen Zustand auszuhalten. Das ist seine Überlebensstrategie, die er im Mutterleib entwickelt. Erst im neunten Monat der Schwangerschaft verbessert sich die Situation. Mutter und Vater beginnen, sich auf das Baby zu freuen.

Bei der Bearbeitung von Roberts Geburt finden wir Überforderung, Angst, Panik und Unsicherheit seitens seiner Mutter. Die Atmosphäre im Krankenhaus ist kühl. Die Mutter geht aus ihrem Körper heraus, und das Baby ist wieder völlig allein. Robert erlebt, dass er sich wie tot fühlt. Er steckt fest. Dann reißt jemand an seinem Kopf, und er hat das Gefühl: „Ich werde zerrissen." Er fühlt sich wie gelähmt und als würde er erdrückt.

In dem ersten Kontakt mit seiner Mutter schaut diese das Baby nicht an. Sie schaut an die Decke und denkt: „Mein Leben wird nie mehr so, wie es war."

Wir bearbeiten als Nächstes den Unfall, den er mit fünf Jahren erlitt. Er war mit seiner Schwester zu Besuch bei seiner Tante. Diese lebt in einer schmalen Straße. Er und seine Schwester waren schon öfters dort zu Besuch. Auf dem Rückweg wollen sie die Straße überqueren und werden beide von einem Auto erfasst. Robert hört einen lauten Knall, dann wird es schwarz. Ein Teil seines Bewusstseins bekommt mit, wie das Auto ihn überrollt. Sein Körper befindet sich zwischen den Rädern. Als er wieder zu Bewusstsein kommt, tut ihm alles weh. Gleichzeitig ist das Geschehen weit weg. Er wird ins Krankenhaus gebracht. Es gibt Apparate, und er ist ganz alleine.

Er wird eingepackt und hat das Gefühl, eingeengt zu sein. Er kann nicht richtig atmen. Das ist für ihn schlimmer als die Schmerzen. Er wäre am liebsten tot – so wie seine Mutter, als sie bemerkte, dass sie mit ihm schwanger war. Er kann sich nicht bewegen. Es kommt ihm vor, als wäre er eine endlose Zeit im Krankenhaus. Es sind sechs Wochen. In der gesamten Zeit kommt ihn seine Mutter nur einmal besuchen. Sein Vater ist nicht dabei. Die Mutter weint und es ist für ihn schrecklich. Aber er kann nicht davonlaufen. Nach sechs Wochen holen beide Eltern ihn im Krankenhaus ab. Sie sind ihm fremd, gleichzeitig ist er auch froh, wieder zu Hause zu sein.

Ich lasse Robert das Innere Kind, das immer noch in dem Krankenhaus feststeckt, dort herausholen. Er nimmt das Kind mit zu sich und vermittelt ihm, dass die schreckliche Krankenhaussituation jetzt vorbei ist und er sich um das Kind kümmert.

Wir arbeiten in seiner Kindheit weiter. An seinem Wohnort gab es ständig Tiefflieger, die ihm große Angst machten. Wir finden eine Situation, in der er drei Jahre alt ist. Es ist Nacht. Er hört die Tiefflieger, ist alleine und hat wieder Angst. Er hört die Eltern streiten und fühlt sich kalt, traurig und allein. Er hört Schläge und möchte davonlaufen. Dann bekommt er nichts mehr mit. Er fühlt sich weit weg. Ich lasse Robert auch dieses verängstigte und einsame Kind aus dem Bett herausholen und es zu sich nehmen.

Dann beginnen wir mit der Bearbeitung vergangener Leben. Wir steigen mit den Elementen Trauer, Erstarrung und „Ich will nicht da sein" ein. In dem ersten Bild, das auftaucht, sieht er Hütten, die auf Pfählen stehen. Es gibt viele Menschen und Stimmen. Er ist ein Schwarzer und leicht bekleidet. Er fühlt sich unglaublich traurig, weil viele Menschen tot sind. Ich lasse ihn in der Zeit zurückgehen, und er sieht sich mit sechzehn Jahren in dem Dorf mit den Hütten leben. Er ist glücklich. Es gibt viel Miteinander und Harmonie. Er sucht Pflanzen mit seinen Freunden.

Eines Tages nimmt er einen fauligen Geruch wahr. Es ist absolut ruhig. Er ist verwirrt und kann nicht mehr denken. Er sieht Menschen, die am Boden liegen. Er berührt sie. Als er merkt, dass sie kalt sind, überfällt ihn Panik. Er erleidet einen Schock. Nach einiger Zeit bahrt er die Toten auf. *Er will dort weg, aber er kann nicht.* Er sagt: „Ich bleibe für immer dort" und „Das Gefühl ist tot". Er lebt dort viele Jahre weiter im Schock, bis er als alter Mann stirbt.

Ich finde bei depressiven Menschen immer wieder solche Inkarnationen, in denen sie lange Zeit in einem erstarrten Zustand lebten, aus dem sie sich nicht befreien konnten. Sie haben diese chronische Erstarrung in ihre jetzige Inkarnation mitgenommen – wir nennen dies dann „Depression" – alle Gefühle sind wie eingefroren. Der Mensch kann nicht mehr richtig lachen und nicht mehr richtig weinen.

In dem nächsten Leben, das hochkommt, ist Robert ein siebenjähriger Junge. Er sieht sich in einem Rondell stehend, in dem ein Esel seine Kreise zieht. Er ist traurig. Er weiß, dass er sich eigentlich in dem Rondell nicht aufhalten darf.

Er lebt in einem kleinen Haus in der Nähe. Es ist ein Kinderheim oder Waisenhaus. Es gibt dort viele kleine Schlafhütten für Kinder. Es sind an die hundert Kinder, die dort leben. Er sagt: „*Ich will da nicht sein.*" Er fühlt sich traurig, eingesperrt und einsam. Die Kontakte zu den anderen Kindern sind oberflächlich. Sie machen ihm Angst. Zu den Erwachsenen gibt es Distanz. Die Betreuer reden mit den Kindern fast nur im Befehlston. „Essen", „Schlafen" und „Arbeiten" lauten die Kommandos. Die Kinder müssen Garten- und Feldarbeit verrichten. Robert hat immer ein enges Gefühl in der Brust. Nur wenn er bei dem Esel ist, geht es ihm gut.

Ich lasse ihn ein Stück in der Zeit zurückgehen, und er sieht sich mit zwei Jahren in einer zerstörten Stadt. Er sagt: „Die Zeit bleibt stehen" und „Mich zerreißt es". Er geht wieder in einen tiefen Schock. Ich lasse ihn dann in der Zeit nach vorne gehen, und er sieht sich mit zwanzig Jahren. Alle anderen sind weg, er ist als Einziger noch dort. Wieder sagt er den Satz „Ich kann nicht gehen", wie in dem Leben, das wir zuvor bearbeitet haben.

Der Esel stirbt. Einige Zeit später kommen Menschen zurück. Es wird ein Dorf gegründet, und er übernimmt die Rolle des Bürgermeisters. Er heiratet und hat zwei Söhne. Seine Ehe ist glücklich. Er stirbt als alter Mann, erfüllt von Dankbarkeit darüber, dass sein Leben so eine gute Wendung genommen hat. Aber die Erstarrung hat sich nicht lösen können – er nimmt sie mit in die nachfolgenden Inkarnationen.

In der nächsten Sitzung erlebt er sich zusammengesunken und am Boden liegend vor einer Engelsfigur. Er ist in diesem Leben ein junges Mädchen. Sie hat das Gefühl, weinen zu müssen, aber nicht zu können. Sie ist verzweifelt und voller Schmerz. Sie bittet den Engel um Hilfe. Sie lebt in einem Kloster, in dem sie sich nicht wohl fühlt. *Sie will dort weg.*

Wir gehen an den Anfang, und Robert sieht sich als kleines Mädchen am Tisch sitzen mit ihren Eltern und drei Geschwistern. Es gibt Geborgenheit, Spaß und viel Platz. Sie ist das jüngste Kind.

In der nächsten Szene sieht sie, wie sie von ihrem Vater an der Klosterpforte abgegeben wird. Es zerreißt sie. Sie ist völlig verwirrt. Der Vater sagt nichts, und sie ist so im Schock, dass sie auch nichts sagen kann. Sie ist zehn Jahre alt. Zwei schwarz gekleidete Frauen nehmen sie in Empfang. Sie möchte am liebsten davonlaufen, kann aber nicht. *Sie ist wie versteinert.* Sie beginnt, im Kloster zu leben. Einige Zeit lang hat sie noch den Wunsch, von dort herauszukommen, dann resigniert sie. Sie wird im Kloster alt und stirbt in seinen Mauern.

In der nächsten Rückführung sieht Robert sich als kleiner buckliger Mann. Er hat ein entstelltes Gesicht, ist zerlumpt und hat traurige Augen. Sein Rücken tut sehr weh. Er wird von den Menschen wegen seines Äußeren gemieden und verspottet. Er vermeidet den Kontakt mit diesen. Es gibt Menschen, die sich abwenden, und solche, die ihn auslachen. „Schau Dir den an", sagen sie, und „Ist der hässlich. Verschwinde. Du bist nichts wert." Er versucht, schnell an den Menschen vorbeizugehen. Er macht sich klein und wäre am liebsten unsichtbar. Er verkriecht sich in einer Höhle, in der er alleine lebt.

Wir gehen an den Anfang zurück, und er erlebt, dass er von seinen leiblichen Eltern ausgesetzt und von einer Frau gefunden wird. Er wächst bei ihr auf. Als die Frau stirbt, ist er schutzlos den Angriffen der Menschen ausgeliefert. Sie lachen ihn aus, und er versucht, sich zu verkriechen. Wir gehen nach vorne in der Zeit. Seine Situation wird immer schlimmer. Auch seine körperlichen Schmerzen nehmen zu. Schließlich stirbt er, einsam und verlassen.

Wir können in den geschilderten Leben eine Parallele beobachten: Robert wehrt sich nicht – die Situationen, in denen er sich befindet, sind so aussichtslos, dass er zu einem frühen Zeitpunkt in die Resignation geht. Genauso macht er es auch in seinem jetzigen Leben. Das ist ein großer Teil seiner Depression.

In der nächsten Sitzung taucht ein Leben auf, in dem er einen schwachen und ausgemergelten Körper hat. Er arbeitet in einem Steinbruch. Er ist schon relativ alt und zieht einen kleinen Esel, der mit zwei Körben beladen ist. Der Esel gehört zu einer Kolonne von Eseln, die Lasten schleppen. Robert fühlt sich schwermütig und hat Mitleid mit den Tieren. Er denkt „Ich kann nichts machen" und fühlt sich hilf- und machtlos. Am liebsten würde er die Tiere freilassen.

Als wir an den Anfang des Lebens zurückgehen, sieht er sich als Kind, das die Körbe belädt. Er hat ambivalente Gefühle. Es gibt einen großen Raum, in dem alle schlafen, die dort arbeiten. Er hat keine Eltern. Er hat das Gefühl, dass er anders ist wegen seiner Beziehung zu den Tieren. Er und seine Kollegen müssen schnell arbeiten. Es gibt einen Aufpasser, der sie zur Eile antreibt. Robert fühlt sich isoliert und hat das Gefühl, es jedem recht machen zu müssen. Die meisten Kollegen wenden sich von ihm ab. Sie ignorieren ihn, weil er anders ist. Der Druck in seinem Rücken wird immer größer. Bald kann er nicht mehr. Sein Rücken wird krumm, und er hat Schmerzen. Am Ende kann er nur noch liegen. Sein Körper fühlt sich gelähmt und verkrampft an. Er stirbt.

In der nächsten Stunde bearbeiten wir das Zwischenleben vor seinem jetzigen Leben. Ich möchte zum näheren Verständnis gerne noch ein paar Details seiner Familiengeschichte beschreiben. Es gab in der Familie einige depressive Menschen, zum einen seine Mutter, zum anderen deren Bruder und die Schwester der Großmutter. Diese lebte bei seiner Mutter, als Robert schon von zu Hause ausgezogen war. Die Familie flüchtete im Krieg in Viehwaggons aus Tschechien und wurde auf der Flucht getrennt. Seine Mutter war damals fünfzehn Jahre alt. Ihr Bruder geriet in Gefangenschaft. Er wurde später Alkoholiker. Sein Sohn lebt in einer homosexuellen Beziehung. Roberts Oma wurde vergewaltigt. Robert und ich wollen in der Sitzung herausfinden, was ihn in diese Familie zieht.

Wir gehen zunächst in sein Leben vor dem jetzigen Leben. Er sieht sich als Farbiger. Er hat graue Haare und ist zerlumpt. Er steht vor einer kleinen Strohhütte und ist allein. Er hat schlimme Rückenschmerzen, von den Schultern abwärts. Sein Rückgrat fühlt sich wie zerbrochen an, und er sagt: „Ich kann mich nicht mehr bewegen." Seine Beine machen nicht mehr mit. Er ist sechzig Jahre alt und von Traurigkeit erfüllt, traurig über seine Bewegungslosigkeit und traurig darüber, dass das Leben vorbei ist. Er schnitzt Pfeifen, die er verkauft.

Wir gehen an den Anfang dieses Lebens, und er sieht sich als Kind Feldarbeit verrichten, pflügen und ernten. Sein Körper fühlt sich schon da matt an und er denkt: „Es gibt kein Ende." Seine Familie lebt in einer Stimmung aus Melancholie, Miteinander und Hoffungslosigkeit. Es gibt keine Alternative. Er hat das Gefühl, nichts wert zu sein. Die Gemeinschaft besteht aus einigen Familien, die miteinander leben und arbeiten. Wir gehen noch weiter zurück, und er sieht, dass er als kleines Kind bei seinen Eltern gelebt hat. Als er fünf Jahre alt ist, kommen Männer und holen ihn ab. Er ist ein riesiger Schock für ihn. Er wird zusammen mit anderen Kindern deportiert. *Sie werden auf einem Wagen weggebracht.* Die Reise dauert eine Ewigkeit. Am Anfang fühlt er Angst und Beklemmung, dann wird er immer gefühlloser. Es ist so, als ob der Teil von ihm, in dem seine Gefühle leben, stirbt.

Nach langer Zeit kommen sie in einem Gebäude an. Dort sind regungslose Menschen. Starre Gesichter und leere Augen blicken ihn teilnahmslos an. Das Leben dort besteht aus Arbeiten und Schlafen. Er lebt dort viele Jahre lang, bis er zu alt und schwach ist, um die Arbeit zu verrichten. Jemand sagt zu ihm: „Du kannst hier nicht mehr bleiben." Er wird weggeschickt. Seine Kraft wird immer weniger, und er fühlt eine unglaubliche Müdigkeit. Kurze Zeit später stirbt er. Sein letzter Gedanke ist: „Jetzt bin ich frei." Er nimmt Stolz und Unterwürfigkeit mit, Trauer und das Gefühl, um sein Leben betrogen worden zu sein.

Er verlässt den Körper und erlebt Befreiung und Leichtigkeit. Er hat Angst vor dem, was nun kommt. Die Schwere verfliegt. Die erste Station im Zwischenleben erlebt er als fluoreszierenden Nebel, der wie ein großer Organismus aus Licht, Wärme und Geborgenheit ist. Es gibt dort auch andere Seelen. Er bleibt lange Zeit dort. Dann wird er herausgerissen. Es ist ein Riesenschreck für ihn. Er beschreibt es wie das Gefühl, als ob man mitten aus dem Schlaf gerissen wird.

Seine nächste Station im Zwischenleben ist ein dunkler Bereich. Er ist unsicher und die Orientierung fehlt. Er fühlt sich endlos alleine.

Ich lasse ihn sich zu diesem Zeitpunkt mit der Familie verbinden, in der er inkarnieren wird. Das Erste, was er über seine zukünftige Mutter und seinen zukünftigen Vater sagt, ist: „Ihre Grundsehnsucht ist, nicht mehr alleine zu sein." Sein Vater lebt zum Zeitpunkt, als er

Roberts Mutter kennen lernt, in einer unglücklichen Ehe. Er hat eine eineinhalbjährige Tochter. Auch Roberts Mutter ist zu jenem Zeitpunkt mit einem anderen Mann verheiratet. Auch sie hat eine Tochter. Vater und Mutter fühlen sich in ihren Ehen alleine. Sie lernen sich durch eine Annonce kennen und gehen eine Beziehung ein. Diese hat eher den Charakter eine Affäre. Roberts Zeugung ist – wie oben beschrieben – ungewollt.

Robert nimmt seine zukünftige Mutter aus dem Zwischenleben als zerrissen, traurig und ängstlich wahr. Sie ist starr. Als sich Mutter und Vater treffen, nimmt er dieses Treffen als neutral wahr. Es gibt keine Zuneigung, aber auch keine Abneigung. Sie gehen die Verbindung ein in ihrer Suche nach Zuneigung und *weil sie aus den unglücklichen Beziehungen wegwollen*. Im Moment von Roberts Zeugung kennen sie sich erst einige Wochen. Der Vater heiratet die Mutter dann wegen der Schwangerschaft. Deren Mutter drängte sie zur Heirat mit Roberts Vater, als sie erfuhr, dass ihre Tochter schwanger war.

Mutter und Vater sind sich im Grunde fremd. Sie empfinden gegenseitiges Misstrauen. Die Mutter fühlt sich sexuell benutzt. Roberts Vater hat nur für sich selbst Interesse. Es ist für Robert schmerzhaft, die Familie des Vaters wahrzunehmen. Dort gibt es Hass und Missverständnisse zwischen seinem Vater, dessen Mutter und den Geschwistern. Er herrscht ein ewiger Kampf zwischen Roberts Vater und seinen Geschwistern um die Zuwendung der Mutter. Der Großvater kümmert sich nur um den Bruder von Roberts Vater.

Wir gehen zum Inkarnationsimpuls, und Robert erlebt den Moment, als wenn er ins Leben *gerissen* wird. Es gibt Schmerz, es geht schnell und es ist unerträglich. Die Gedanken sind: „Ich will da nicht sein" und „Ich gehöre da nicht hin". Es gibt Unfreiwilligkeit und Fremdbestimmung, Resignation und Trauer. Das ist einer der Anker zwischen seinen Eltern und ihm, einer der Aspekte, in denen er und die Eltern in Resonanz gehen. Der andere Anker ist die Deportation. Seine Eltern werden im Krieg aus Tschechien deportiert – er wird in seinem letzten Leben als Kind deportiert. Wegwollen, Wegmüssen oder nicht Wegkönnen sind zentrale Themen seiner Seele, wie wir in der Bearbeitung seiner vergangenen Leben gesehen haben.

Seelen inkarnieren nicht zufällig bei bestimmten Eltern. Sie inkarnieren dort, wo es eine Resonanz gibt. Resonanz kann Schmerz, Resignation, Trauer und Wut sein, sie kann natürlich auch Kraft, Klarheit und Stärke sein. Seelen, die im Schock oder in Resignation gestorben sind, inkarnieren auch wieder unter Umständen, in denen diese Gefühle anwesend sind. Je unfreiwilliger ein Sterben, desto unfreiwilliger ist auch die Zeugung im nächsten Leben und desto weniger hat eine Seele Einfluss darauf, wo und bei welchen Eltern sie inkarniert. Das können wir bei Robert gut beobachten – sein letztes Leben war von extrem viel Unfreiwilligkeit gekennzeichnet, und seine Inkarnation bei seinen jetzigen Eltern ist es auch.

Es zeigt sich immer wieder, in welch direktem Zusammenhang das Sterben im letzten Leben und die Zeugung und Geburt im darauf folgenden Leben steht. Es stellt sich die Frage, welche Verarbeitungs- und Lernprozesse im Zwischenleben stattfinden.

Die Erfahrung zeigt, dass es im Zwischenleben zwar Verarbeitungsprozesse gibt, aber wenige Lernprozesse. Es ist so, als wenn die Seelen Körper benötigen, um ihre Entwicklung fortzusetzen.

Auch habe ich in meiner Arbeit gesehen, dass es bei den Seelen sehr unterschiedliche Erfahrungen im Zwischenleben gibt. Die Unterschiedlichkeit hängt auch mit dem vorhergegangenen Leben zusammen. Meist gibt es als Erstes nach dem Sterben eine Station, in der die Seele ausruhen kann. Es leben dort auch andere Seelen, aber mit wenig Kontakt. Es gibt dort Wärme und Geborgenheit. Dann folgt oft eine Station, in der die Seele sich mit anderen Seelen über das letzte Leben austauscht. Dort gibt es Verstehen und Verstandenwerden. Bei manchen Seelen kommt dann bereits die nächste Inkarnation, andere gehen noch zu weiteren Stationen im Zwischenleben, bevor sie wieder inkarnieren.

Robert macht nach diesen Rückführungen eine Pause und kommt ein halbes Jahr später wieder zu mir. Er erzählt, dass er beruflich eine recht turbulente Zeit hatte. Es hatte viele Änderungen gegeben, und er ist nun seit ein paar Monaten selbstständig. Er befindet sich immer noch in dem Konflikt „Weitermachen oder alles hinschmeißen" – beruflich und privat. Er hat das Gefühl, in seinem Beruf als Mensch nichts zu zählen. Er sagt, er habe eine existenzielle Angst und die Befürchtung „unterzugehen". Dazu kommt seine Angst vor Menschenansammlungen und vor Wasser.

Wir steigen mit diesen Elementen ein und bearbeiten ein Erlebnis aus seiner Kindheit. Er ist sieben Jahre alt. Es ist Sommer, und er befindet sich zusammen mit Freunden an einem Fluss. Sie spielen dort. Robert sieht, dass ein großer Junge kleine Jungen unter Wasser drückt. Er bekommt Angst. Plötzlich setzt sich der Junge auf ihn. Robert bekommt Panik und gerät unter Wasser. Er sagt: „Überall ist Wasser." Er kann nicht mehr gut atmen und hat ein Gefühl, als wenn seine Lunge platzen würde. Die anderen Kinder lachen. Niemand hilft ihm.

Wir arbeiten das Erlebnis mehrmals durch, und nach einigen Malen fängt er an, seine unterdrückte Wut auszudrücken und sich gegen den Jungen zu wehren, was er damals nicht konnte, da alles so schnell ging und er sofort im Schock war. Ich lasse ihn den siebenjährigen Robert aus der Situation wegholen. Er nimmt ihn mit zu sich und kümmert sich um das Kind. Er vermittelt ihm, dass es sehr schlimm ist, was er erlebt hat, dass es jetzt aber vorbei ist und er sich um das Kind kümmert.

Ich kann nach dieser Sitzung gut verstehen, warum in seinem Unterbewusstsein die Angst vor dem Untergehen verbunden ist mit der Angst vor Menschenansammlungen. Genau das hat er in der damaligen Situation erlebt: Er hatte das Gefühl unterzugehen, und die anderen Kinder lachten. Das heißt, in einer Situation, in der er Hilfe von Menschen am meisten gebraucht hätte, haben sie ihn im Stich gelassen. Das hat sich tief in seinem Unterbewusstsein eingeprägt.

In der nächsten Sitzung arbeiten wir an diesem Thema weiter. Wir bearbeiten die Situation mit seinem Vater und seiner Mutter, als er fünfzehn Jahre alt war, und nach der sein Vater nicht mehr mit ihm redete. Ich bitte Robert, sich gut mit der Situation zu verbinden. Er erlebt, wie Vater und Mutter streiten. Der Vater beschimpft die Mutter als „Polackin" und schreit, dass er sie und Robert rausschmeißen wird. Er greift die Mutter körperlich an. Robert geht dazwischen und sagt seinem Vater, er solle nie wieder die Mutter angreifen. Der Vater geht aus dem Raum und redet ab dem Zeitpunkt nicht mehr mit seinem Sohn. Die Mutter sagt zu ihrem Sohn, er sei zu weit gegangen.

Vier Jahre später stirbt der Vater. Die Mutter behauptet nach seinem Tod, eine „tolle Ehe" gehabt zu haben. Robert versteht die Welt nicht mehr. In der Bearbeitung des Erlebnisses wird Robert klar, dass beide Eltern ihn im Stich gelassen haben. Zuerst haben sie ihn in die Rolle des Vermittlers gedrängt, und als er gezwungenermaßen diese Rolle übernahm, warf seine Mutter ihm genau das vor. Wir können hier eines der Grundmerkmale von dysfunktionalen Familien erkennen – beide Eltern sind nicht mit *ihren* Rollen und ihrer elterlichen Verantwortung verbunden. Sein Vater verhält sich nicht als Vater und seine Mutter verhält sich nicht als Mutter. Sie tragen ihre katastrophale Ehe auf dem Rücken von Robert aus. Sie tun so, als wären sie die Opfer – dabei ist es ihr Sohn, der das Opfer ihres chronischen Konfliktes ist. Ich lasse Robert in der Rückführung mit beiden Eltern reden und ihnen die Verantwortung zurückgeben, die er von ihnen gezwungenermaßen übernommen hatte.

In der nächsten Stunde erzählt Robert, dass er seit der letzten Sitzung „emotionale Durchhänger" hatte. Ihm ist klar geworden, dass er es *noch* nicht schafft, auf seine Mutter wütend zu sein. Er empfindet Wut gegenüber seinem Vater, nicht jedoch gegenüber seiner Mutter. Diese Erkenntnis löste Hilflosigkeit in ihm aus. Ich vermittele ihm, dass er Geduld mit sich selbst haben soll. Die Thematik mit seinen Eltern ist sehr komplex, und er kann nur Schritt für Schritt vorankommen. Oft ist es so, dass berechtigte Wutgefühle der eigenen Mutter gegenüber blockiert sind – die Mutter ist die Person, durch deren

Körper wir ins Leben gekommen sind. Es gibt da oft so viel Loyalität, dass es Menschen schwerfällt, durch die Gefühle hindurchzukommen – das geht oft nur mit jahrelanger therapeutischer Arbeit. Wenn ein Mensch schon viel Stabilität erlangt hat, fällt es ihm leichter, sich wirklich auf allen Ebenen von seiner Mutter abzunabeln. Er hat dann keine Angst mehr zu sterben, wenn er dies tut.

Ich schlage Robert vor, die karmische Beziehung zu seinem Vater zu bearbeiten. Auf meine Frage, wie sein Grundgefühl seinem Vater gegenüber war, antwortet er, er habe Geringschätzung ihm gegenüber empfunden und außerdem einen körperlichen Ekel. Er habe den Geruch seines Vaters nicht gemocht. Der Vater rauchte permanent. Außerdem konnte Robert ihm nichts recht machen. Was immer er auch tat, er fand nie die Anerkennung seines Vaters. Der Vater zwang ihn, bei Arbeiten zu helfen. Er war gewalttätig – auch seinem eigenen behinderten Bruder gegenüber. Robert sagt, mit seinem Vater sei es ein „Martyrium" gewesen.

Wir steigen mit dem Wort „Martyrium" ein. Auf dem ersten Bild, das hochkommt, ist Robert gefesselt und gefangen. Er fühlt Trauer und Ohnmacht. Sein Körper fühlt sich in der Körpermitte wie abgeknickt an, und er fühlt Druck und Tränen in seinen Augen. Ich lasse ihn das Bild von außen – aus der Rolle eines neutralen Beobachters – anschauen, und er sieht eine am Boden liegende Gestalt. Es ist ein Mann. Sein Rückgrat ist gebrochen, und er sieht verwahrlost aus. Er hat klebrige Haare und ist in ein Fell gehüllt. Er ist dürr und kriecht wie eine Schlange. Er lebt in einem primitiven Zelt.

Das Zelt sieht wie eine Kugel aus, und es gibt dort noch andere Zelte, die ebenfalls wie Kugeln aussehen. Es ist kalt. Robert spürt Schmerzen in den Gelenken und überall im Körper. Er kann sich nicht bewegen. Er hat eine Krankheit, die dazu führt, dass die Funktion von Körperteilen mehr und mehr aufhört.

Ich lasse ihn in der Zeit zurück gehen, und er sieht, dass seine Krankheit nach der Kindheit begann. Er sieht einfach gekleidete und herzliche Menschen. Es sind seine Eltern. Er hat einen älteren Bruder. Sie wohnen in einem Holzhaus, das zu einem Dorf gehört. Robert hat eine gute und warmherzige Beziehung zu seinen Eltern. Sein Bruder ist sehr hart. Robert hat Angst vor ihm. Sein Bruder macht sich über alle lustig, die weich sind. Er nennt sie „Schwächlinge". Als Roberts Krankheit ausbricht, macht sich der Bruder auch über ihn lustig. Robert ist nun in seinen Augen auch ein „Schwächling". Er sieht eine Situation, in der viele Menschen da sind und sein Bruder ihn vor aller Augen lächerlich macht. Er schreit „Schaut Euch den an. Was soll aus dem werden, dem Schwächling."

In seinem jetzigen Leben hat sein Vater ihm ähnliche Botschaften vermittelt. Er sagte oft zu Robert: „Aus Dir wird nichts."

Die Menschen lachen. Seine Eltern haben Angst. Robert ist sechzehn Jahre alt und beginnt, für seinen Bruder zu arbeiten. Auch in seinem jetzigen Leben musste er immer für seinen Vater arbeiten. Der Bruder hat ein Sägewerk. Er ist mit Roberts Arbeit nie zufrieden. Egal, was Robert tut, es ist für seinen Bruder nie genug. Er kontrolliert ihn und sagt „Du taugst nichts" und „Schwächling". Es tut Robert weh, und gleichzeitig hat er Mitleid mit dem Bruder. Widersprechen ist nicht erlaubt. Robert hat große Angst, die Erwartungen seines Bruders nicht zu erfüllen. Er schämt sich wegen seiner Krankheit. Seine Kraft wird immer weniger und seine Hände schmerzen. Er versucht, das zu verstecken. Er merkt, dass er bei der Arbeit immer langsamer wird. Der Bruder schreit und schubst ihn. Robert sagt: „Ich kann nicht mehr arbeiten", doch der Bruder brüllt: „Du lügst." Er ignoriert ihn völlig. Seine Eltern sind inzwischen gestorben. Robert will nicht mehr leben. Sein Bruder wird immer härter. Sie reden überhaupt nicht mehr miteinander – so war es zwischen ihm und seinem Vater im jetzigen Leben auch. Robert stirbt mit dreißig Jahren.

Als er in die nächste Stunde kommt, erzählt er mir, er habe einen beunruhigenden Traum gehabt, an dessen Inhalt er sich nicht mehr genau erinnern könne. Es sei ihm klar geworden, wie schwer es für ihn sei, Entscheidungen zu treffen, und sich von einem Menschen zu trennen, sei genauso schwierig für ihn, wie zu einem Menschen wirklich Ja zu sagen. Er könne sich nicht wirklich einlassen. Wir steigen mit diesen Elementen in die Sitzung ein, und auf dem ersten Bild, das hochkommt, sieht er sich als Junge in einem vergangenen Leben auf einem Platz stehen. In seiner Nähe befinden sich Männer mit Waffen, und es gibt andere Männer, die mit dem Gesicht zu einer Wand stehen und erhobene Hände haben. Die Männer mit den Waffen tragen Uniform und bedrohen die Männer, die mit dem Gesicht zur Wand stehen. Robert spürt Druck im Kopf und in den Augen. Er hat große Angst und ist verzweifelt. Er müsste den Platz überqueren, um dahin zu kommen, wo er hin will, aber seine Angst ist zu groß. Er ist zwölf Jahre alt und zufällig in diese Situation hineingeraten.

Ich frage ihn, wo er wohnt, und er erzählt, dass er in einer Wohnung mit kleinen Räumen und niedrigen Decken wohnt. Er lebt mit seinen Eltern und Großeltern zusammen und hat neun Geschwister. Er ist einer der Ältesten und hat ein gutes Verhältnis zu seinen Eltern. In dem Haus, in dem sie leben, leben mehrere Familien. Es ist laut, man hört viele Stimmen und es sind einfache Verhältnisse. Es gibt Zufriedenheit, Geborgenheit und Glück. Ein wichtiger Wert in der Kultur, in der Robert lebt, ist der familiäre Zusammenhalt. Es gibt Konkurrenz zu anderen Familien. Das Feindbild sind wohlhabende Familien.

Wir machen in der Szene auf dem Platz weiter. Robert hat ein beklemmendes Gefühl. Er hört viele Stimmen, und es hallt unendlich. Er hat Angst. Niemand nimmt Notiz von ihm. Ihm ist schwindlig, und er spürt immer noch den Druck im Kopf. Die Situation erscheint ihm endlos, wie eingefroren. Die Männer werden abgeholt in einem „Käfigwagen". Er ist schwach auf den Beinen und fühlt sich erschöpft. Er denkt über sich selbst „Du kannst Dich nicht entscheiden" und „Du bist schwach". Er schämt sich und möchte sich am liebsten verkriechen. Er fühlt sich wertlos und allein. Schließlich geht er in seinem Schockzustand nach Hause.

Seine Eltern merken, dass etwas mit ihm nicht stimmt, und stellen ihm Fragen. Er ist nicht in der Lage, diese zu beantworten. Schließlich lassen seine Eltern und Geschwister ihn in Ruhe. Er zieht sich völlig zurück, die Familie ignoriert ihn. Er ist böse auf sie, weil er sich von ihnen im Stich gelassen fühlt. So geht es einige Zeit lang.

Dies ist ganz ähnlich wie in seinem jetzigen Leben und in dem Leben, das wir in der vorherigen Stunde bearbeitet haben. Auch da gab es Jahre, in denen er mit seinen Nächsten nicht sprach. Wir unterbrechen die Sitzung, da die Zeit um ist, und vereinbaren, bei seinem nächsten Termin weiterzumachen.

Er kommt in die nächste Stunde und erzählt, es habe ihn nach unserer letzten Arbeit emotional und körperlich gebeutelt. Er habe zwei Tage lang Kopfschmerzen gehabt und kaum schlafen können. Emotional habe er sich unausgeglichen gefühlt.

Wir setzen die Rückführung fort. Er erlebt, dass er weiterhin von seiner Familie ignoriert wird und sich im Stich gelassen fühlt. Er sitzt in einer Ecke zusammengekauert – ängstlich und traurig. Er will nicht aus seiner Ecke herausgehen. Er fühlt sich von seiner Familie völlig unverstanden. Diese hat ihn aufgegeben.

Er ist tagsüber in seiner Ecke und geht nur nachts nach draußen, wenn er sicher ist, keinem Menschen zu begegnen. Das geschieht immer öfter, bis es so weit ist, dass er jede Nacht draußen ist und tagsüber schläft. Er nimmt eine Arbeit als Nachtwächter an. In seinem jetzigen Leben hat Robert starke Schlafstörungen. Er liegt oft nächtelang wach. Wir arbeiten in dem vergangenen Leben weiter. Die Arbeit als Nachtwächter gefällt ihm. Er lebt in einem Raum über dem Stadttor. Mit seiner Familie hat er keinen Kontakt mehr. Er will auch keine eigene Familie oder Ehe. Er wird sehr alt. Schließlich stirbt er mit siebzig Jahren auf der Straße.

In der Integration lasse ich Robert mit der Familie aus dem damaligen Leben in Kontakt gehen und alles aussprechen, was unausgesprochen geblieben ist. Er tut dies und drückt alle seine verdrängten Gefühle aus – vor allem Enttäuschung.

Robert und ich haben nach dieser Sitzung einige Monate Pause. Als er wiederkommt, erzählt er, dass es ihm gut gegangen ist. Seine Stimmungslöcher waren nicht mehr so tief, aber er ist unzufrieden mit seiner momentan Lebens- und Arbeitssituation.

Früher hatte er viel Angst, das hat sich verändert, aber das bedrückte Gefühl ist immer noch da. Vor allem die familiäre Situation und seine „tote Ehe" belasten ihn. In der Arbeit hat er einen chronischen Konflikt mit seinem Chef. Immer wenn dieser etwas von ihm will, geht Robert grundsätzlich in Opposition. Er sagt, dass er, wenn er eine Erwartung von jemandem spürt, genau das Gegenteil tut. Er nimmt Gegenpositionen ein zu denen, die sein Chef vertritt, auch wenn diese nicht seine Meinung ausdrücken, nur aus dem Gefühl der Opposition heraus.

Er hat das Gefühl, dass er Menschen, die Autorität über ihn haben, ausweichen muss. Er sagt, dass ihn dies viel Kraft koste. Wir steigen in die Sitzung ein mit dem Satz „Nicht mit mir", Gefühlen von Abwehr und Druck im Kopf.

Als Erstes kommt ein Bild einer Höhle hoch. Es ist kalt und modrig. In der Höhle befinden sich Menschen, die einen Unterschlupf gesucht haben. Die Menschen sind zerlumpt. Es regnet und es ist kalt. Robert ist ein wenige Wochen altes Baby. Es ist mit seiner Mutter in der Höhle. Es gibt noch etwa dreißig andere Menschen dort. Alle sind durchnässt. Seine Mutter sieht alt aus. Einen Vater gibt es nicht. Robert ist eiskalt und seine Glieder sind steif und schwer. Er versucht, nicht in seinem Körper zu sein, um die unangenehmen Körpergefühle nicht zu spüren. Er hat Angst, von der Mutter allein gelassen zu werden, und es gibt Gefühle von Hoffnungslosigkeit. Ich frage Robert, wo diese Gefühle herkommen, und er sagt „Meine Mutter". Ich lasse ihn spüren, wie alle diese Gefühle ungefiltert in ihn hineinkommen.

Die Menschen, mit denen er zusammenlebt, sind nicht sesshafte Feldarbeiter. Sie ziehen von Ort zu Ort. In der Höhle ist es unheimlich. Robert hat Angst, von seiner Mutter vergessen zu werden, wenn sie weiterziehen. Seine Mutter ist „in Schwermut gefangen". Er spürt ihre Mattigkeit. Sie fühlt sich wie eine Maschine an. Sie denkt: „Alles ist sinnlos." Niemand redet. Robert sagt: „Jeder hat mit sich selbst zu tun."

Ich bitte ihn, zum Zeitpunkt seiner Zeugung zurückzugehen. Er erlebt, dass seine Mutter von einem Aufseher vergewaltigt wird. Sie wehrt sich nicht, denn wenn sie sich wehren würde, würde sie ihre Arbeitsstelle verlieren. Der Aufseher nimmt sich wahllos Frauen, die von ihm abhängig sind, und vergewaltigt diese. Seine Mutter denkt: „Ich kann eh nichts dagegen tun." Sie geht aus ihrem Körper heraus. Sein Vater ist vollkommen mit seinem Trieb verbunden. Seine Mutter denkt während der Zeugung: „Mein Leben ist vorbei, weil ich hier nie wieder rauskomme."

Als sie bemerkt, dass sie schwanger ist, ist es ein Schock für sie. Sie gerät in einen tranceartigen Zustand, der ihre Angst und Verzweiflung betäubt. Sie versucht, während der Schwangerschaft nicht in ihrem Körper zu sein. Als das Kind geboren ist und sie es zum ersten Mal im Arm hält, schaut sie durch es hindurch. Das ist so ähnlich wie in der pränatalen Phase und Geburt seines jetzigen Lebens.

Kurz darauf ziehen sie weiter. Es gibt wenig zu essen. Seine Mutter hat Angst, dass sie und das Baby verhungern müssen. Das Baby fühlt sich schwach und unterkühlt an.

In der nächsten Situation, die auftaucht, ist Robert vier Jahre alt. Seine Mutter ist bei der Arbeit, und er ist in der Unterkunft. Er ist an den Füßen gefesselt. Er sagt: „Es ist keiner da." Er befindet sich in einem halb schlafenden, halb wachen Zustand. Er ist müde. Seine Mutter hat, bevor sie gegangen ist, gesagt, dass er Ruhe halten soll und ihn angewiesen, sich nicht zu bewegen. Er liegt da und stellt sich vor, dass er frei ist. Er geht aus seinem Körper heraus und in seine Phantasien und Vorstellungen hinein.

Er wird jeden Morgen festgebunden, wenn seine Mutter in die Arbeit geht. Es ist wie ein Ritual. Er wehrt sich nie. Es geht eine *Ewigkeit* so, Jahr um Jahr.

Schließlich ist er erwachsen. Er muss nun auch arbeiten. Seine Aufgabe ist es, Fasern aufzubrechen und den Boden zu kehren. Er arbeitet in einem dunklen Raum und klopft dort die Fasern. Es ist unheimlich in dem Raum. Er sagt: „Ich fühl mich unheimlich alt." Er ist dreißig Jahre alt, sein Körper ist verbraucht. Alles schmerzt. Er hat keine Kraft mehr. Als er nicht mehr arbeiten kann, kommt er in ein Lager, in dem sich die Alten und Kranken befinden. Es ist ein „mattes Dahinvegetieren". Er bleibt zwanzig Jahre in dem Lager und in diesem Zustand. Er fühlt eine „unglaubliche Müdigkeit".

Ich frage Robert, ob er dieses Gefühl auch aus seinem jetzigen Leben kennt, und er bejaht es.

Wir gehen zu dem Tag, an dem er stirbt. Es kommt ihm so vor, als würde er nach unten aus seinem Körper herausfallen. Er fühlt im Sterbemoment Entspannung und Ruhe. Sein letzter Gedanke ist *„Ich komme weg von hier"*. Er fühlt sich befreit und euphorisch.

Ich frage ihn nach seiner ersten Station im Zwischenleben. Er sieht sich auf einer blauen Wolke. Er schwebt und fühlt sich gut. Er spürt viel Nähe zu sich selbst und Erleichterung, dass das vergangene Leben vorbei ist.

Ich lasse ihn all die „alte-Energie" ausatmen, all die Schwere, Hoffnungslosigkeit und Resignation, und bitte ihn, seine eigene Lebensenergie einzuladen. Er lädt Frische, Kraft, Fest-Auf-Dem-Boden-Stehen, Klarheit, Tatkraft und Glücksgefühl ein.

Ich bitte ihn, alle diese Energien in seinen jetzigen Körper und in seine jetzige Lebenssituation mitzubringen und zu spüren, was er jetzt damit machen kann. Er sagt: „Ich kann viel Spaß mit allem haben. Ich mach' mein Ding. Ich fühl mich wohl mit mir. Ich habe Erfolg. Ich genieße alles."

Ich lasse ihn mit dem Mann von damals in Kontakt gehen und spüren, welche Gefühle er für ihn hat. Er hat viel Mitgefühl für diesen Mann. Er gibt ihm einen Platz in seinem Herzen. Ich lasse Robert gut spüren, dass die Hoffnungslosigkeit und Resignation jetzt vorbei ist.

Es geht ihm gut nach dieser Sitzung. Er fühlt sich viel mehr mit sich selbst verbunden, und er hat das Gefühl, mehr am Leben teilzuhaben. Das Gefühl von Ohmacht ist weniger geworden, und an seine Stelle ist das Gefühl getreten, dass er Dinge in seinem Leben verändern kann, *wenn er es will*. Ich mache ihm bewusst, dass das Gefühl völliger Ohmacht zu dem Leben – und anderen Leben – gehört, die wir bearbeitet haben. Damals war es wirklich so. Er konnte sich nur in seine Phantasien flüchten und aus seinem Körper herausgehen – jetzt ist es anders. *Er kann in seinem Körper bleiben und selbst entscheiden, was er tun will und was nicht.*

5. Behandlung chronischer Krankheiten

5.1 Multiple Sklerose – Gisela

Gisela kommt im September 2005 zum Erstgespräch in meine Praxis. Sie hat seit fünf Jahren Schmerzen im rechten Bein und leidet unter Schwindelgefühlen und zeitweiligem Herzklopfen. Als sie im Jahr 2003 deshalb zum Arzt ging, wurde die Diagnose *Hashimoto* gestellt. Hashimoto ist eine Autoimmunerkrankung. Gisela unterzog sich einigen Untersuchungen, wie Kernspintomographie sowie Schilddrüsen- und Augenuntersuchungen. Gegen eine Lumbalpunktion wehrte sie sich. Ihre Symptome veränderten sich von Zeit zu Zeit. Sie hatte einmal Schmerzen im linken Arm, dann ein Engegefühl in der Brust, dann wieder Schmerzen im linken Bein. Sie hatte große Angst davor, chronisch krank zu werden.

Der Augenarzt fand eine Augenanomalie. Sie sieht auf dem linken Auge nicht so gut und sie hört auf dem linken Ohr nicht so gut. Bei der Kernspintomographie fand der Neurologe weiße Flecken um den Sehnerv herum. Er stellte die Diagnose *Multiple Sklerose*. Im August 2005 unterzog sie sich schließlich der Lumbalpunktion. Man fand bei den Nervenleitungsmessungen heraus, dass die Impulsweiterleitung nicht mehr ganz normal funktioniert. Auf Reize reagierte ihr Bauch nicht. Die Füße reagierten falsch. Ihr Fußreflex war umgekehrt wie normal. Der Arzt riet ihr zu einer Interferon-Therapie. Sie bekam jeden zweiten Tag Spritzen. Die Nebenwirkungen, wie Müdigkeit und Schwindel, waren erheblich.

Gisela ist von Beruf Buchhalterin. Sie arbeitet in einer Firma und bezeichnet sich als „die rechte Hand vom Chef". Es gab im Vorfeld ihrer Krankheit einige belastende Ereignisse in ihrem Berufsleben.

Alles begann, als eine Kollegin vor vierzehn Jahren in der Firma anfing. Diese freundete sich mit Gisela an. Ihre Arbeit gefiel dem Chef nicht – Gisela geriet in einen Loyalitätskonflikt zwischen dem Chef und der Freundin. Die Freundin sagte zu Gisela: „Entscheide Dich, auf welcher Seite Du stehst." Als Gisela dies nicht tun wollte, kündigte sie ihr die Freundschaft. Sie leistete sich später einen Fauxpas und wurde aus der Firma geworfen. Diese Ereignisse gingen Gisela sehr nahe. Sie dachte ständig an die Situation und konnte nachts nicht mehr gut schlafen.

In den Jahren vorher hatte sie einen anderen Chef, der die Situation in der Firma nicht im Griff hatte. Er schob seine eigene Unfähigkeit auf die Mitarbeiter ab. Er war Choleriker. Auch Gisela gehörte zu seinen Projektionsflächen. Er delegierte Verantwortung auf sie, die eigentlich seine war und die er nicht übernehmen wollte. Die Firma wurde damals dauernd umstrukturiert. Als Gisela mir das erzählt, muss ich sofort an ihre körperliche Situation denken. Auch ihr Körper hat sich in den letzten Jahren ständig „umstrukturiert", ohne dass sie das wollte. In ihrem Körper hatte also etwas Ähnliches stattgefunden wie in ihrer Firma. Gisela musste im Zuge der Umstrukturierungen in der Firma immer wieder von vorne anfangen, um sich einzuarbeiten.

Sie ist seit 1994 mit ihrem Ehemann zusammen. Die beiden heirateten im Jahr 2005. Gisela beschreibt die Ehe als stabil und harmonisch. Sie haben noch keine Kinder. Gisela wünscht sich auf der einen Seite Kinder, auf der anderen Seite hat sie Bedenken wegen ihres körperlichen Zustandes.

Sie selbst ist Einzelkind. Sie sagt über sich selbst, dass sie gerne Dinge anfängt, die sie dann nicht zu Ende bringt. Nur in der Arbeit ist es anders. Da beschreibt sie sich selbst als korrekt und ordentlich. Als ich sie nach ihrem seelischen Zustand in den letzten Jahren frage, beschreibt sie diesen für die Jahre 2000 – 2003 als „in ständiger Anspannung" und für die Jahre 1997 – 2000 als „sehr belastet und unruhig" aufgrund der beruflichen Situation. 1994 hatte sie eine Gehaltserhöhung beantragt und wurde schroff abgewiesen. Auch das belastete sie sehr. Sie fühlte ihr berufliches Engagement und ihre Leistung nicht anerkannt.

Ich frage sie nach ihrer Kindheit, und sie erzählt als Erstes, dass ihr Respekt vor Pfarrer, Lehrer und Arzt beigebracht wurde. Später war sie dann ernüchtert, dass diese Menschen das in sie gesetzte Vertrauen enttäuschten. Es gab „Arztgeschichten", und einer ihrer Lehrer hatte ein Verhältnis mit ihrer Freundin. Sie benutzten Giselas Wohnung, um sich zu treffen.

Sie sagt, sie habe wenige Erinnerungen an ihre Kindheit. Sie weint, als sie von ihrer Oma mütterlicherseits erzählt, die schon lange gestorben ist. Ihr Opa ist in Stalingrad vermisst. Die Oma tyrannisierte ihre Eltern. Es war ihr wichtig, was „die Leute" sagen. Ihr Vater wollte ein eigenes Haus bauen, aber die Oma wollte das nicht. Sie schimpfte und ohrfeigte Gisela häufig, und Gisela fühlt Ärger, wenn sie das erzählt. Als ich sie nach ihren Eltern frage, weint sie. Sie sagt, es tue ihr leid, dass ihre Eltern ihr Leben nicht so leben konnten, wie sie es gewollt hätten, weil die Oma kontrollierte und bremste. Als sie das erzählt, muss ich wiederum an Giselas Krankheit denken, die Gisela auch bremst und kontrolliert. Ihre Krankheit übernimmt also jetzt die Rolle, welche die Oma in ihrer Kindheit hatte, ist sozusagen „die verinnerlichte Oma". Ihr Vater hatte einen innerlichen Groll gegen die Oma, ihre Mutter ließ sich bevormunden und schaffte es nicht, aus der Rolle der gehorsamen Tochter auszubrechen.

Giselas Mutter kann nichts wegwerfen, sie sammelt alles. Die Ehe ihrer Eltern beschreibt sie als gut und „nach dem alten Prinzip". Der Vater hat das Sagen und die Mutter ordnet sich unter. Sie sind „ein perfektes Team". Ihre Mutter ist eher ängstlich. Sie hat Knieprobleme, und der Vater verzichtet ihr zuliebe auf größere Unternehmungen und Reisen. Gisela sagt, dass sie ein gutes Verhältnis zu beiden Eltern hat. Aber sie geriet auch da manchmal zwischen die Fronten. Wenn sie ihren Eltern half, konnte sie nichts richtig machen. Als sie schon eine eigene Wohnung hatte, kam ihre Mutter unaufgefordert und räumte die Wohnung auf. Gisela empfand das Verhalten der Mutter als Grenzüberschreitung. Es kam zum Streit, aber die Mutter verstand Giselas Ärger nicht.

Ihre Eltern vermittelten ihr: „Du kannst das eh´ nicht." Ihre Mutter ist sehr christlich, der Vater das Gegenteil. Die häusliche Atmosphäre in der Kindheit war angespannt. Die Oma führte das Regiment. Gisela hatte Angst, wenn ihre Eltern nicht zu Hause waren, dass sie nicht mehr zurückkommen würden. Sie selbst wollte nicht von zu Hause weg. Als ich ihr zuhöre, fällt mir ein, dass auch ihr Großvater nicht aus Stalingrad zurückgekommen ist. „Von zu Hause weggehen" ist also verbunden mit „Nicht mehr zurückkommen". Nicht verwunderlich, dass Gisela diese Ängste hatte, wenn ihre Eltern weg waren, und selbst nicht aus dem Haus wollte.

Ihre Mutter will von der Krankheit ihrer Tochter nichts Genaues wissen. Auch ihr Vater redet nicht darüber. Er weint, wenn die Sprache darauf kommt. Er sagt: „Es gibt Schafe und Wölfe. Man kann die Menschen nicht ändern."

Gisela fragt wenig nach und nimmt viel hin. Sie hat keine richtige Pubertät gehabt – die Rebellionsphase hat gefehlt. Sie war immer brav und sagt von sich selbst, dass sie noch nicht von ihren Eltern abgenabelt ist, so wie ihre Mutter sich nie von ihrer eigenen Mutter abgenabelt hat.

Ihre Ziele in der therapeutischen Arbeit sind, dass ihre Symptome verschwinden, ihre Einstellung zu sich selbst und zum Leben sich ändert, ihre negativen Gedanken sich auflösen und Unbeschwertheit in ihr Leben einkehrt.

Als sie in die nächste Stunde kommt, berichtet sie, dass die Schwindelgefühle stärker geworden sind. In der Arbeit fühlt sie sich nicht wohl, da sie aufgrund ihrer Krankheit weniger Stunden arbeitet und den Eindruck hat, dass ihre Kollegen sie beneiden. Sie sagt: „Das kann nicht ewig so weitergehen."

Der Schwindel beeinträchtigt sie ganz gewaltig. Sie sagt: „Wenn der Schwindel nicht wäre, ginge es mir gut." Er kommt aus der Wirbelsäule heraus und fühlt sich an wie ein Fremdkörper im Rücken, der drückt. Auch leidet sie zur Zeit unter extremem Haarausfall und Taubheitsgefühlen im Gesicht. Als ich ihr zuhöre, muss ich wiederum an ihren in Stalingrad vermissten Großvater denken und frage mich, wie sich *sein* Körper angefühlt hat in den letzten Tagen und Stunden, bevor er gestorben ist, und ob er womöglich ähnliche Symptome hatte – Schwindel, Taubheitsgefühle, Haarausfall und einen Fremdkörper im Rücken – vielleicht eine Kugel oder etwas anderes.

Ich bitte Gisela, ihren Körper zu malen, wenn er gesund ist und wenn er krank ist. Sie sagt, sie könne nicht so gut malen und „das wird schwierig". Sie beginnt und erzählt dabei von Ereignissen aus ihrem Leben, die ihr einfallen. Es kommt eine schwierige Liebesbeziehung hoch, die bereits lange beendet ist. Der Mann hatte andere Frauen, redete aber nicht darüber. Immer, wenn sie über die Beziehungssituation reden wollte, blockte er ab. Sie sagt, dass es schrecklich gewesen sei und weint. Ich spüre, dass es viel Verletztheit in ihr gibt, die sie nicht ausdrücken konnte. Ich sage ihr, sie solle jetzt mit ihm reden und ihm alles sagen, was sich angestaut hat, damit es wirklich vorbei sein kann. Sie beginnt, weint und sagt, dass ihr Körper zittere. Ich sage ihr, sie solle die Verbindung zum Rückenmark spüren und wie viel Energie da hineingekommen sei, die ihren Körper belastet. Ich lasse sie dann diese ganze Energie aus sich herausmalen. Sie malt ein Feuer. Ich sehe das Bild und habe den Eindruck, dass es etwas aus einem vergangenen Leben ist.

Ich sage ihr, sie solle dahin gehen, wo es dieses Feuer gibt, und sie weint. Es ist kalt dort, erzählt sie, und dunkel. Sie sagt „Verrat". Es gibt Soldaten und Gewehre. Die Soldaten wollen schießen. Sie ist hinter dem Feuer. Sie ist eine alte Frau von kräftiger Statur und hat ein langes schwarzes Kleid an. Es ist Krieg, „ein gemeiner Krieg", sagt sie und „die schießen". Sie will „dazwischen laufen". Es ist Abenddämmerung. Sie kommt aus ihrem Haus. Es ist ein Bauernhaus.

Ich lasse sie ein Stück weiter zurückgehen in der Zeit. Sie erzählt, dass sie schwere Arbeit zu verrichten hat. Sie hat zwei Enkelkinder, ein Mädchen und einen Jungen. Ihre Tochter ist weggelaufen, nachdem ihr Ehemann sie verlassen hat, und sie kümmert sich alleine um ihre Enkelkinder, die drei und fünf Jahre alt sind. Als ihre Tochter wegläuft, ist sie entsetzt. Sie fühlt sich alleine und überfordert. Die Kinder weinen, weil ihre Mutter weg ist. Die Verantwortung für die Kinder, den Hof und die Tiere ist einfach zu viel für sie. Sie sagt: „Tagsüber bin ich lustig und abends weine ich."

Eines Tages steht sie auf, und ihre Beine brechen zusammen. Sie kann nicht mehr gehen. Ein Freund von einem Nachbarhof kommt, um ihr zu helfen. Sie liegt im Bett und kann nicht mehr aufstehen. Ihre Beine sind schwer wie Blei, und ihr Bauch ist dick. Der Kopf ist schwer. Ihr Freund sitzt da und schaut sie an. Es ist schön für sie, dass er da ist. Er versucht, sie zu trösten und sagt: „Es wird schon wieder." Sie probiert aufzustehen und knickt ein. Er hält sie und sagt: „Das geht wieder vorbei." Sie hat Angst und muss sich zusammenreißen, um nicht in Tränen auszubrechen. Sie will nicht vor ihm weinen und hält die Tränen zurück. Sie schafft es schließlich, die Treppe hinabzugehen. Ihre Beine funktionieren nicht richtig. Ihre Enkelkinder sind inzwischen neun und sieben Jahre alt. Ihr Freund und ein Knecht machen die Arbeit. Einige Zeit später bricht der Krieg aus. Es wird geschossen. Die Tiere sind aufgeregt. Es gibt Fliegerlärm. Draußen schlägt etwas ein. Sie denkt „Jetzt geht's los". Alle laufen aus dem Haus und verstecken sich in einer Höhle. Sie sind unter Schock. Es ist kalt.

Als sie nach Hause zurückkommen, sehen sie, dass der Stall kaputt ist. Das Haus steht noch. Kurze Zeit später stirbt ihr Freund. Sein Auto wurde zusammengeschossen, und er ist dabei gestorben. Sie geht wieder in den Schock und denkt: „Ich will auch tot sein." Sie geht zu ihm und hält seine Hand.

Dann kommt ihre Tochter wieder. Sie ist schön angezogen. Gisela ist böse, als sie ihre Tochter sieht. Sie kann es nicht ertragen, dass sie so schön angezogen ist und denkt: „Sie hat viel Spaß gehabt und uns vergessen." Sie ohrfeigt ihre Tochter. Daraufhin geht diese. Gisela versteht das alles nicht. Sie denkt: „Ich will sterben." Die Kinder gehen weg. Sie überlegt, ob sie sich umbringen kann. Sie erwägt, sich zu ertränken oder Gift zu nehmen. Schließlich nimmt sie Gift. Ihr Körper ist betäubt. Sie sagt: „Alles wird leichter" und „es tut nichts mehr weh". Sie sackt in sich zusammen und hat kein Gefühl mehr. Dann stirbt sie.

Giselas Seele hat aus diesem Leben viel mitgenommen, was in ihren jetzigen Körper bei der Zeugung wieder hineingekommen ist: Körpergefühle wie Kälte, Taubheit, Nicht-laufen-können und Emotionen wie Ohnmacht und Hilflosigkeit. Sie hat in der letzten Zeit des bearbeiteten Lebens immer wieder gedacht „Ich will sterben". Der Körper, genauer das Körperbewusstsein, hat dieses Programm verinnerlicht. Es wird mitgenommen in die nachfolgenden Inkarnationen. In ihrem jetzigen Leben führt ihr Körper das Programm weiterhin aus, obwohl sie nicht mehr sterben will. Aber auch wenn sie es bewusst nicht mehr will, so ist das Programm damit noch nicht aus ihrem Unterbewusstsein gelöscht.

In dem vergangenen Leben war die Entscheidung „Ich will sterben" mit Schock und Ohnmacht verknüpft. Wenn ein Mensch unter Schock steht, so geht eine in diesem Zustand getroffene Entscheidung, ein Gefühl, ein Gedanke oder ein Satz, direkt in das Unterbewusstsein hinein. Es gibt im Schockzustand keine Abwehr mehr. Wenn der Satz oder Gedanke einmal ins Unterbewusstsein hineingekommen ist, entfaltet er seine Wirkung. Der Mensch erinnert sich meist nicht mehr bewusst daran, aber die Wirkung geht weiter. Deshalb ist es so wichtig, in der therapeutischen Arbeit dahin zu gehen, *wo das Programm angefangen hat,* denn nur wenn jemand weiß, wo, wie und wodurch es angefangen hat, kann er es auch beenden.

Ich frage Gisela, ob sie immer noch sterben will. Sie sagt „Nein". Ich bitte sie, jetzt mit ihrem Körperbewusstsein zu reden und ihm mitzuteilen, dass sie die Entscheidung von damals jetzt aufgehoben hat.

Erst wenn der Körper erfährt, dass das Programm „Sterben" beendet ist, kann er wieder anfangen, normal zu funktionieren. Giselas Körper hat bisher das Programm so gut wie möglich versucht auszuführen. Indem er Krankheitssymptome produzierte, geht er aus dem Leben weg in Richtung Sterben. Jetzt kann sich dieser Prozess wieder umkehren.

Wir arbeiten in ihrem jetzigen Leben weiter. Es hat einige Situationen gegeben, in denen sie sich von anderen betrogen fühlte. Ich lasse sie mit den betreffenden Menschen sprechen – besser gesagt mit den Seelen der betreffenden Menschen. Sie drückt alles aus, was noch unausgesprochen und unerledigt ist. Danach fühlt sie sich erleichtert.

Es ist eine Erfahrung aus meiner langjährigen therapeutischen Arbeit, dass Seelen, wenn sie spüren, dass es Heilung gibt, die Themen in einer Reihenfolge anbieten, die zwischen vergangenen Leben und dem jetzigen Leben hin- und her springt. Daran können wir gut erkennen, dass die Themen holographisch verknüpft sind. Ein Thema aus einem vergangenen Leben zeigt sich immer auch im jetzigen Leben. Es kann sein, dass die Seele zuerst das Thema in dem vergangenen Leben anbietet oder zuerst im jetzigen Leben.

Als wir nach der Weihnachtspause weiterarbeiten, berichtet Gisela, ihr sei es zu Weihnachten gut gegangen. Sie habe in den vergangenen Jahren immer viel weinen müssen, ohne genau zu wissen warum, und das sei an diesem Weihnachtsfest anders gewesen. Sie habe nicht weinen müssen. Ich freue mich, das zu hören und kann daran erkennen, dass wir in der therapeutischen Arbeit schon ein paar Knoten gelöst haben. Gesundheitlich geht es ihr gemischt. Sie hat die Spritzen abgesetzt. Es seien laufend irgendwelche kleineren gesundheitlichen Probleme aufgetreten.

In der Arbeit hatte es wieder einmal Probleme gegeben. Kolleginnen hatten sie merkwürdig behandelt, und sie gewann den Eindruck, dass sie „eine komische Position" habe. Da sie die rechte Hand des Chefs ist, gehört sie weder richtig zu den Kolleginnen noch zur Chefetage. Sie fühlt sich zerrissen.

Wir steigen mit dem Gefühl von Zerrissenheit ein, und es kommt ein Leben in Ägypten hoch. Sie ist ein Mann. Sie sieht sich barfuss und in einem Rock mit Gewand. Sie ist Mitte Zwanzig. Sie befindet sich in der Wüste in der Nähe einer Pyramide und trägt eine Waffe. Es ist eine Art Speer. Als ich sie frage, was sie dort macht, antwortet sie, dass sie auf der Flucht sei. Sie sagt: „Die anderen sind hinter mir her." Ich frage sie, wer „die anderen" sind. Sie sagt, es seien die Armen. Die hätten nichts zu essen. Sie ist ein Adliger und hat genug zu essen.

Ich lasse sie an den Anfang der Geschichte gehen, und sie sieht sich in einem Palast auf einem Thron sitzen. Eine Freundin sitzt zu ihren Füßen. Sie fühlt sich wohl. Es herrscht ein angenehmes Klima. Sie hat einen Leoparden sowie Vögel und einen Elefanten. Sie sagt: „Alle sind glücklich." Menschen kommen zu ihr und erzählen ihr ihre Probleme. Sie hat die Aufgabe, Recht zu sprechen. Es ist schwierig für sie. Sie ist traurig darüber, dass manche Menschen so böse sind.

Eines Tages kommt ein Angestellter von einem Adligen und trägt seine Problematik vor. Der Adlige schlägt seine Angestellten und gibt ihnen keinen Lohn, fühlt sich aber mit seinem Tun im Recht. Gisela sagt dem Adligen, dass er sein Verhalten ändern muss. Kurze Zeit später taucht der Adlige wieder bei ihr auf. Er hat zwei Krieger mitgebracht, die sie bedrohen. Gisela weiß, was das bedeutet. Sie ist hin- und hergerissen. Auf der einen Seite denkt sie, dass der Adlige für sein Tun bestraft werden muss, auf der anderen Seite hat sie Angst. Schließlich gibt sie ihm keine Strafe, sondern sagt nur, dass er sich bessern soll. Sie fällt also ein milderes Urteil, als ihrer Auffassung entspricht.

Nachdem er weg ist, sinkt sie in sich zusammen, weil sie sich nicht durchsetzen konnte. Sie denkt *„ich will meinen Beruf nicht mehr machen"*. Das denkt sie auch häufig in ihrem jetzigen Leben, und auch momentan ist sie in einer Zwischenposition, wo sie nirgendwo eindeutig dazugehört und ständig zwischen zwei Seiten steht.

Einige Tage später kommen die Angestellten des Adligen und stürmen ihr Haus. Sie wollen sie umbringen. Gisela flieht. Sie hört noch, wie die Angestellten „Verräter" schreien. Das trifft sie bis ins Innerste. Sie weint. Sie schafft es zu entkommen. Sie läuft in die Wüste. Sie sagt, dass das Verhalten der Angestellten unvermeidlich sei, weil die Reichen immer reicher und die Armen immer ärmer werden. Und sie ergänzt: „Man kann ein edler Mensch sein."

Es wird kalt. Sie liegt in der Wüste, in der Nähe der Pyramide. Sie kann vor Kälte kaum schlafen. Am nächsten Tag macht sie sich auf den Weg, um eine Oase zu finden. Sie ist lange unterwegs, bis sie die Oase sieht. Dort wird sie von den Menschen freundlich aufgenommen. Sie bleibt in der Oase und findet nach einiger Zeit eine Frau. Sie heiratet und bekommt drei Kinder. Sie hat dort die Aufgabe des Dorfältesten. Sie muss wieder Regeln aufstellen und Streitigkeiten schlichten. Ihre Ehe läuft gut. Sie vermittelt ihren Kindern Werte für den Umgang mit anderen Menschen und erzählt ihnen schließlich auch, woher sie kommt. Einer ihrer Söhne will die Stadt und den Palast sehen, in dem sie gelebt hat, der andere nicht. Sie streiten sich. Schließlich gehen sie, um die Stadt zu sehen. Gisela wird krank. Ihre Frau pflegt sie. Sie ist zwanzig Jahre lang bettlägerig, bis sie schließlich stirbt. Sie stirbt mit dem Gefühl inneren Friedens.

Wenn ich mit Menschen mit chronischen Krankheiten arbeite, finde ich oft lange oder qualvolle Sterbephasen in vergangenen Leben – Phasen, die sich unter Umständen über Jahre oder Jahrzehnte hinziehen, wie hier bei Gisela. Die Menschen haben aus diesen langen Sterbephasen oft das Gefühl mitgenommen „Es hört nie auf" oder „Es dauert ewig". Wenn sich dieser unbewusste Glaubenssatz im System befindet, kann es sein, dass der Mensch im jetzigen Leben wieder Symptome entwickelt, von denen er das Gefühl hat „Es hört nie auf".

In der Nachbesprechung sagt sie, dass sie diesen inneren Frieden jetzt nicht hat. Die Frage für mich ist, ob sie ihn damals wirklich hatte. Sicher waren die letzten dreißig Jahre ihres Lebens gut, aber es gab auch Unerledigtes aus der Zeit vorher. Deshalb lasse ich sie mit den Seelen der Angestellten, die sie umbringen wollten, sowie mit dem Adligen in Kontakt treten und alles beenden, was noch unbeendet ist. Sie tut dies und fühlt sich erleichtert. Ich frage sie, ob ihr Körper sie durch seine Symptome immer noch an diese Geschichte erinnern soll, und sie verneint es. Ich bitte sie, ihrem Körper zu vermitteln, dass sie sich selbst an die Geschichte erinnert hat und weiß, was passiert ist. Sie soll ihrem Körper sagen, dass er wieder ganz normal funktionieren kann.

Als Gisela in die nächste Sitzung kommt, erzählt sie, dass sie nach unserer letzten Rückführung euphorisch gewesen sei. Es sei ihr richtig gut gegangen. In der Arbeit sei alles beim alten. Sie weint, als sie das erzählt. Sie fühlt sich ignoriert und empfindet die Situation als Qual. Sie fühlt sich unsicher und ängstlich und denkt: „Ich weiß mir nicht zu helfen." Auf der Stirn hat sie einen Punkt, der seit fünf Jahren wehtut. Ihr linkes Bein fühlt sich an, als wenn es ständig einschlafen würde.

Wir steigen mit diesen Elementen ein, und als Erstes kommt das Bild einer Höhle hoch. In der Höhle brennt ein Feuer. Sie ist eine Frau. Es ist kalt, und ihr Körper fühlt sich geschunden an. Sie spürt ihre Beine nicht und weiß, dass sie geschlagen wurde. Ich frage sie, von wem und sie sagt: „Von meinem Mann." Das Essen, das sie gekocht hatte, war angebrannt, und er hatte sie aus Erbostheit darüber geschlagen. Sie hat zwei Kinder, vier und fünf Jahre alt.

Ich bitte sie, an den Anfang der Geschichte zurückzugehen, und sie sieht sich als Kind mit ihrer Ursprungsfamilie. Es ist eine große Familie, und sie ist glücklich. Sie hat drei Schwestern und einen Bruder. Sie ist oft draußen. Als sie heranwächst, ist sie tagsüber mit den anderen Frauen zusammen. Sie nähen Kleidungsstücke aus Fellen und Leder. Die Männer jagen. Es gibt Männer, die Jäger sind und solche, die Heiler sind.

Ein großes Fest steht bevor. Sie ist aufgeregt, weil sie weiß, dass sie auf dem Fest einen Mann kennenlernen und heiraten soll. Sie will nicht heiraten, und sie will nicht von ihrer Familie weg. Kurz vor dem Fest läuft sie weg. Sie läuft so schnell sie kann in den Wald hinein. Ihr wird schwindelig. Sie fällt hin und sieht einen Bär vor sich stehen. Sie ist starr vor Angst. Sie kann nicht mehr laufen. Ihr Bruder findet sie schließlich und trägt sie nach Hause. Ihr Bein ist gebrochen. Ihre Eltern sind ärgerlich und vermitteln ihr „Selber schuld" und „Frauen müssen heiraten".

Am Abend vor dem Fest wird ihr Dorf überfallen. Schmutzige Männer mit Bärten stürmen das Dorf. Einer kommt zu ihr. Als sie ihn sieht, denkt sie: „Jetzt ist es vorbei." Sie weint und er schlägt sie. Dann vergewaltigt er sie. Sie spürt nur noch ihren Kopf, der Rest ihres Körpers ist wie taub.

Der Mann nimmt sie mit. Sie lebt mit ihm zusammen in einer Höhle. Ihre beiden Kinder werden geboren. Sie ist sehr unglücklich. Er schlägt und vergewaltigt sie immer wieder. Eines Tages wehrt sie sich gegen ihn. Ihr Kopf schlägt dabei auf einen Stein. Sie wird bewusstlos und stirbt.

Gisela sind die Zusammenhänge zwischen ihren jetzigen Symptomen und dem, was in jenem Leben passiert ist, klar. Sie versteht, woran die schmerzende Stelle an ihrem Kopf sie erinnern will – dieser Schmerz war das letzte Körpergefühl, an dem sie bemerkte, dass sie noch lebt. Nun produziert ihr Körper immer wieder dieses Gefühl, weil es in ihrem Unterbewusstsein mit Überleben verbunden ist. Der Körper hat gespeichert: „Solange es an dieser Stelle Schmerzen gibt, lebe ich noch. Wenn die Schmerzen aufhören, sterbe ich." Ich frage Gisela, ob sie diese Schmerzen immer noch braucht, um zu spüren, dass sie lebt. Sie verneint.

Ich frage Gisela, ob ihr die unbewusste Verknüpfung zwischen „Sich wehren" und „Sterben" bewusst ist. Sie bejaht. In dem vergangenen Leben hatte sie lange Jahre ausgehalten – so wie sie im jetzigen Leben an ihrer Arbeitsstelle aushält, so wie sie die Bevormundung ihrer Mutter ausgehalten hat, ohne jemals zu widersprechen, und diese wiederum die Bevormundung ihrer eigenen Mutter.

Nach dieser Stunde haben wir eine längere Pause. Gisela fährt mit ihrem Mann in Urlaub. Als sie zwei Monate später wiederkommt, erzählt sie, dass es ihr sehr gut gegangen sei. Sie habe fast keine gesundheitlichen Probleme gehabt.

Seit einer Woche arbeitet sie wieder. Sie fühlt sich zusehends unwohler an ihrem Arbeitsplatz. Seit sie wieder angefangen hat zu arbeiten, ist das Schwindelgefühl und das Herzklopfen zurückgekehrt, verbunden mit Schmerzen in der Brust. Dieses Symptom fing letztes Jahr vor einem Abteilungsgespräch an. Sie hatte vor diesem Gespräch Angst, ausgegrenzt zu werden.

Ich frage sie, welcher Gedanke zu der Angst gehört, und sie sagt: „Ich stehe allein da" und „Dann geht alles wieder von vorne los, die Anfeindungen und das Alleinsein, und ich kann nichts daran ändern."

Ich schlage Gisela vor, eine Zellarbeit zu diesem Thema zu machen. Zellarbeit ist eine spezielle Methode der holographischen Reinkarnationstherapie. Der Einstieg in die Sitzung findet über die Zellebene statt. Der Klient malt eine gesunde Zelle und eine kranke Zelle des betreffenden Organs, bei dem es Symptome gibt. Der Therapeut lässt den Klienten die Fremdenergie malen, die in die Zelle hineingekommen ist, also die Information, die nicht dort hineingehört und die Symptome verursacht. Dann geht man zurück in der Zeit, dahin, wo etwas passiert ist, das dafür gesorgt hat, dass die Fremdenergie in die Zelle hineingekommen ist. Man arbeitet das Erlebnis bzw. das vergangene Leben komplett durch und eliminiert die Fremdenergie aus der Zelle.

Ich lasse Gisela eine gesunde Herzzelle malen. Die Zelle ist rund und gefüllt mit hellblauer Energie. Außen hat sie eine rote Wand. Das Blau in der Zelle ist dynamisch, es bewegt sich. Die Zelle hat eine weiche Energie. Sie strahlt Kraft und Zuversicht aus.

Ich lasse Gisela daneben eine kranke Herzzelle malen. Um den Rand der Zelle ist ein Netz. Es ist uneben und sieht aus wie flüssiges Wachs, das sich über etwas ergossen hat. Es weist Risse und Furchen auf. Die Zelle ist dunkel und nicht mehr rund, sondern eingedrückt. Die hellblaue Flüssigkeit ist weg. Die Zelle sieht klein, geschwächt und schrumpelig aus. Gisela beschreibt: „Es ist, als wenn eine Krake draußen herumliegt und die Zelle aussaugt." Der Inhalt ist dunkelblau, und es zeigt sich Todesenergie.

Ich bitte Gisela, sich hinzulegen und die Augen zu schließen. Ich lasse sie sich ganz auf die veränderte Herzzelle konzentrieren, auf die Form, die Farbe und die Energie. Ich bitte sie, dahin zu gehen, wo diese Energie in die Zelle hineingekommen ist.

Das erste Bild, das hochkommt, ist eine Gestalt mit Kapuze. Die Gestalt ist groß und trägt einen Umhang. Der Umhang ist *dunkelblau*, und das Gesicht der Person ist nicht erkennbar. Die Gestalt befindet sich in einem Raum mit Kerzen an der Wand. Es ist ein Gewölbe. Es gibt Ratten auf dem Boden, und Wasser tropft die Wand herunter. Es gibt ein Foltergestell. Es ist ein Stuhl, in den Arme, Beine und Kopf eines Menschen hineingeschraubt werden können, um ihn zu foltern.

Gisela sieht, wie sie in diesen Raum hineingeführt wird. Sie ist eine Frau mit langen Haaren. Ihre Kleider sind zerrissen und ihr Gesicht verdreckt. Sie weint. Männer ziehen sie dort hinein. Ihr ist kalt, und sie hat Schmerzen in den Armen. Der Mann mit der Kapuze ist ein Ankläger. Er beschuldigt sie der „Hexerei". Sie soll gestehen, im Bund mit dem Teufel zu sein.

Ich bitte Gisela, an den Anfang der Geschichte zu gehen. Sie lebt in einem Haus im Wald, sammelt Kräuter und stellt Salben her. Sie lebt allein in diesem Haus. Kranke Menschen kommen zu ihr, die sie mit den Kräutern und Salben behandelt. Sie wird respektiert. Sie hat keine Familie oder ihr nahestehende Personen. Sie ist glücklich und zufrieden mit ihrem Leben.

Sie hat einen Bruder, der Soldat ist. Sie hat ihn schon lange nicht mehr gesehen. Sie sagt: „Er glaubt nicht an das, was ich mache." Er hält ihre Arbeit für „Humbug".

Dann gibt es noch „die Männer von der Kirche". Es gibt einen dicken Abt, und es gibt einen Mönch, der im Kloster lebt und ihr guter Freund ist. Er macht dasselbe wie sie. Sie treffen sich oft, tauschen sich aus und unterstützen sich gegenseitig.

An einem bestimmten Zeitpunkt bemerkt sie, dass weniger Menschen zu ihr kommen. Einer ihrer Patienten sagt ihr, dass jemand hetzt und den Menschen verbietet, zu ihr zu kommen. Gisela ist geschockt und wütend, als sie das erfährt, jedoch ist für sie sofort klar: „Ich beuge mich nicht. Ich mache mit meiner Arbeit weiter." *Ihr Herz fängt an zu klopfen.*

Sie spricht mit ihrem Freund und erzählt ihm alles. Er hat Angst um sie. Er rät ihr wegzugehen. Sie sagt zu ihm: „Ich gehe nur mit Dir." Er überzeugt sie schließlich, dass sie fort muss, um aus der akuten Gefahr herauszukommen. Sie geht nach Hause und beginnt zu packen.

Als sie mitten im Packen ist, hört sie Schritte. Männer kommen und sagen: „Du bist angeklagt." Ein anderer Mann sagt „Hexe", und sie wird mitgenommen und eingesperrt. Es gibt einen Prozess. Der Richter sagt zu ihr, dass ihr Freund alles dem Abt erzählt habe. Sie kann das nicht glauben. Er sagt: „Gestehe, dass Du mit dem Teufel im Bund bist." Gisela ist verzweifelt. Sie denkt: „Es gibt keinen Ausweg."

Sie sagt: „Ich gestehe nicht." Gleichzeitig hat sie Angst, gequält zu werden. Sie wird wieder ins Gefängnis gebracht. Es ist kalt. Nach einiger Zeit wird sie abgeholt und in das Eisengestell gepresst. Die Schrauben werden angezogen. Es tut ihr furchtbar weh. Sie soll gestehen. Sie tut dies nicht. Daraufhin werden die Schrauben noch mehr angezogen. Ihre Arme und Beine schmerzen grässlich. Ein Knochen im linken Bein bricht. Sie wird bewusstlos. Die Männer lachen und sagen: „Die kriegen wir schon noch klein." Sie wird zurück in die Zelle gebracht. Als sie aufwacht, ist sie dreckig und ihr linkes Bein schmerzt. Es gibt noch eine andere Frau in der Zelle. Ein Mann kommt und teilt ihnen mit, dass sie beide am nächsten Tag auf dem

Scheiterhaufen verbrannt werden sollen. Gisela ist fassungslos und völlig schockiert.

Sie verbringt die Nacht schlaflos. Die Gedanken rasen in ihrem Kopf. Am nächsten Morgen werden die beiden Frauen mit einem Wagen zum Marktplatz gebracht. Dort befinden sich noch andere Frauen. Es gibt fünf Scheiterhaufen. Die Menge schreit: „Hexen" und „Mörder". Sie wird an einen Pfahl gebunden. Es knistert. Das Stroh zu ihren Füßen wird angezündet. Ihre Füße und Beine brennen zuerst, dann fangen ihre Haare Feuer. Sie wird ohnmächtig, bevor sie verbrennt.

Nachdem wir alles gründlich durchgearbeitet und alle Fremdenergie aus ihrem System eliminiert haben, gehen wir wieder auf die Zellebene. Ich bitte sie, die kranke Herzzelle nochmals zu visualisieren und sich genau anzuschauen, ob sich etwas verändert hat. Sie sieht, dass die Zelle nicht mehr dunkelblau und eingedellt, sondern wieder hellblau ist und mit fließender Energie. Sie sieht, dass es ihre eigene Energie ist, die in der Zelle fließt, nicht mehr die Energie von dem Mann mit der Kapuze. Ihr ist klar, dass das Herzklopfen sie an den Moment erinnert hat, in dem sie verraten wurde und die Männer kamen, um sie abzuholen, zu foltern und umzubringen. Sie spricht mit ihrem Körperbewusstsein und vermittelt ihm, dass sie nun das Herzklopfen nicht mehr benötigt, um sich an die Geschichte zu erinnern, weil sie sich selbst erinnert hat.

Danach sehe ich Gisela eine Zeit lang nicht. Als sie wiederkommt, geht es ihr körperlich viel besser. Das Thema „Kinderwunsch" beschäftigt sie und ihren Mann. Gisela ist vierzig Jahre alt, die biologische Uhr tickt also. Sie sagt, sie sei hin- und hergerissen. Auf der einen Seite wünscht sie sich Kinder, auf der anderen Seite hat sie Angst, dass sie dann mit einem Kind nichts anfangen kann.

Gisela ist Einzelkind. Ihre Eltern lebten zum Zeitpunkt ihrer Zeugung und während ihrer Kindheit im Haus der Großmutter. Diese war sehr dominant. Sie hatte den Tod ihres Mannes, der in Stalingrad vermisst war, nie verarbeitet. Sie war verbittert und ließ ihre Tochter und ihren Schwiegersohn immer wieder ihre Verbitterung spüren. Giselas Mutter machte damals eine Ausbildung als Näherin im Waisenhaus. Sie hatte eine anstrengende Arbeit, die sie während der gesamten Zeit der Schwangerschaft ausübte. Sie erzählte Gisela, dass sie am Tag der Geburt Kartoffeln erntete. Sie war bereits seit fünf Jahren mit Giselas Vater verheiratet, als sie schwanger wurde, und sie hatte schon geglaubt, dass es nicht mehr klappen würde. Sie hatte große Angst vor der Geburt, denn ihre eigene Geburt war sehr *qualvoll* gewesen.

Wir beginnen mit der Bearbeitung von Giselas Zeugung und der Zeit im Mutterleib. Ich lasse sie zum ersten Moment im Mutterleib gehen, und der erste Satz, der hochkommt, ist: „*Ich will meine Ruhe haben.*" Als ich diesen Satz höre, muss ich unvermittelt an ihren Großvater denken, der in Stalingrad vermisst wurde. Seine Seele will sicherlich auch endlich *ihre Ruhe haben.*

Als sie weiter zurückgeht in den nicht-inkarnierten Zustand, sieht sie sich selbst als Lichtkristall. Es ist hell, und sie fühlt sich wohl. Es gibt viel Platz. Gruppen von Seelen sind dort, aber Gisela steht alleine. Ich frage sie nach dem Grund, und sie sagt: „Die sind anders. Die sind kindisch." Es gibt eine andere Seele dort, für die Gisela da sein soll. Sie fühlt sich abhängig von der anderen Seele, die sie als dunkel und bedrohlich wahrnimmt. Ich lasse sie zum Inkarnationsimpuls gehen, und sie spürt einen Sog, dem sie sich nicht entziehen kann. Ich bitte sie, in Kontakt zu gehen mit der Energie ihrer Mutter und zu spüren, was sie zu dieser Mutter hinzieht. Sie sagt, sie möchte, dass es ihrer Mutter besser geht. In Bezug auf ihren Vater sagt sie, dass sie viel von ihm lernen möchte.

Wir gehen mit dem Satz „*Ich will meine Ruhe haben*" in die Zeugungssituation hinein, und ich frage sie, wem von den Eltern dieser Satz gehört. Sie sagt, er gehöre ihrer Mutter. Sie ist müde und möchte am liebsten schlafen. Sie hat keine Lust auf Sex. Sie denkt: „Das wird ja eh wieder nichts, weil ich keine Kinder kriegen kann." Gleichzeitig denkt sie: „Vielleicht wird alles besser, wenn ein Kind da ist." So lässt sie den Geschlechtsakt ohne Freude über sich ergehen. Sie fühlt Verzweiflung darüber, dass es in den letzten fünf Jahren mit einem Kind nicht geklappt hat und überlegt, ob sie etwas falsch macht. Sie kann mit niemandem darüber reden.

Ich lasse Gisela mit der Energie des Vaters in Kontakt treten. Er denkt während der Zeugung: „Ich muss es machen. Wenn sie schwanger ist, wird alles besser. Liegt es an mir?" Er denkt, dass sie glücklich ist, wenn sie schwanger wird. Er fühlt Zwang und Anspannung, aber er liebt sie. Es herrscht während der gesamten Zeugung eine angespannte Atmosphäre.

Als Giselas Mutter bemerkt, dass sie schwanger ist, freut sie sich. Dann ist sofort wieder die Angst da, und sie denkt: „Hoffentlich geht alles gut. Frauen haben öfters einen Abgang." Wenn ihr das passieren würde, hätte sie das Gefühl, versagt zu haben. Sie beschließt, ihrer Mutter erst einmal nichts zu sagen, denn sie will nicht, dass ihre Mutter ihr in ihr Leben hineinredet. Sie denkt: „Das Kind ist jetzt mein Eigenes – da lasse ich mir von meiner Mutter nicht hineinreden."

Sie erzählt ihrem Mann, dass sie schwanger ist. Ihre Worte sind: „Wir haben es geschafft." Er freut sich und sagt, dass er am liebsten aus dem Haus seiner Schwiegermutter ausziehen würde. Seine Frau antwortet: „Das kann man doch nicht machen, dann ist meine Mutter doch alleine." Giselas Vater ärgert sich und weiß gleichzeitig, dass er keine Chance hat. Als Giselas Mutter im 5. Monat ist, erzählt sie ihrer Mutter von der Schwangerschaft. Sie sagt: „Mutter, ich bin schwanger." Ihre Mutter fragt: „Seit wann weißt Du es?" Es ist eine sehr kühle und abweisende Reaktion. Giselas Mutter fühlt sich schuldig, dass sie ihrer Mutter nicht früher von der Schwangerschaft erzählt hat. Sie weint. Ihre Mutter geht aus dem Raum.

Ich frage Gisela, was sie im Mutterleib macht, um in dieser schwierigen Situation zu überleben. Sie sagt, dass sie um sich schlägt, strampelt und versucht, *nichts zu hören und nichts zu fühlen*. Das ist ihre Überlebensstrategie. Ich frage Gisela, ob ihr der Zusammenhang zwischen der Überlebensstrategie und ihren Körpersymptomen bewusst ist. Sie bejaht. Wenn ihre Nervenzellen die Informationen nicht mehr so gut weiterleiten und ihr Körper Schwindel- und Taubheitsgefühle produziert, hört und fühlt sie auch nicht mehr so gut. Sie ist dann stärker von der feindlichen Außenwelt abgeschottet.

Auch an dieser Stelle der Rückführung muss ich an ihren Großvater in Stalingrad denken – auch er hat wahrscheinlich versucht, *nichts mehr zu hören und zu fühlen*. Und sollte er erfroren sein, dann waren das wahrscheinlich seine letzten Körpergefühle – *nichts mehr fühlen und Taubheit im ganzen Körper*.

Im sechsten Monat der Schwangerschaft ist die Mutter permanent in Sorge um ihr Baby. Sie versucht, sich dem Einfluss ihrer eigenen dominanten Mutter zu entziehen, was ihr kaum gelingt. Ihr Mann sagt: „Setz' Dich durch", aber das schafft sie nicht. Ich lasse Gisela spüren, wie all die Energie von aufgestautem Ärger, Resignation und Schwäche von ihrer Mutter in ihr System hineinkommt, und sie versteht den Zusammenhang mit ihrer Krankheit. Die Großmutter hat *„harte Gefühle"* ihrer Tochter gegenüber. Sie ist neidisch, weil diese einen Mann hat und ihr eigener Mann im Krieg gefallen ist. Sie besteht darauf, dass ihre Tochter genauso arbeitet wie vor der Schwangerschaft. Giselas Mutter versucht, diese Erwartungen zu erfüllen, ist aber *immer müde* und ihr Körper ist *wie gelähmt*. Das sind dieselben Körpergefühle, die Gisela hat, wenn sie ihre Krankheitssymptome spürt. Gisela versteht, dass sich ihr Körper im kranken Zustand genauso anfühlt wie der ihrer Mutter im Zustand der Überforderung in den letzten Monaten der Schwangerschaft. Ihrer Mutter ist „alles zu viel" – auch diesen Zustand kennt Gisela aus den letzten Jahren gut.

Wir arbeiten in der frühen Kindheit weiter. Es kommt eine Situation hoch, in der Gisela drei Monate alt ist. Sie schreit, und ihre Mutter weiß nicht, was sie tun soll. Sie fühlt sich hilflos. Die Großmutter ist anwesend. Sie vermittelt ihrer Tochter: „Lass das Baby liegen, es hört schon wieder auf zu schreien." Die Mutter folgt den Anweisungen ihrer Mutter, obwohl sie ein schlechtes Gefühl dabei hat. Gisela fühlt sich total verlassen. Sie wünscht sich, dass die Oma geht. Ihre Mutter denkt: „Ich werde es niemals schaffen, mich gegen meine Mutter durchzusetzen. Am liebsten würde ich ausziehen." Die Oma ist verbittert, weil ihr Mann im Krieg gefallen ist. Sie kann sich nicht an ihrer Enkeltochter freuen. Ich lasse Gisela spüren, wie all diese Energie in sie hineinkommt – die Hilflosigkeit ihrer Mutter und die Verbitterung ihrer Großmutter. Sie spürt, wie die Energie sich in ihrem Körper ausbreitet.

Als Gisela in die nächste Stunde kommt, erzählt sie, dass es ihr relativ gut geht. Nur der Schwindel ist wiedergekommen. Sie berichtet, es sei ein Gefühl, als wenn sie sich zur Seite drehe und hinfalle. Weiter erzählt sie, sie müsse immer an die dunkle Gestalt aus dem Zwischenleben vor ihrer jetzigen Inkarnation denken. Ich frage sie, ob sie sich immer noch von der Gestalt bedroht fühlt, und sie bejaht. Ich bitte sie als Erstes, nochmals ins Zwischenleben zu gehen und die Situation auf sich wirken zu lassen. Sie nimmt sich selbst als bunte Kugel wahr und die Gestalt als schwarze Kugel, dunkel und besitzergreifend.

Ich bitte Gisela, vom Zwischenleben aus zurückzugehen in der Zeit, in ein vergangenes Leben hinein, wo es sie in einem Körper gibt und die dunkle Gestalt auch. Sie sieht sich auf einem Berg. Sie ist ein alter Mann und trägt einen rot-schwarzen Umhang. Die Gestalt ist auch ein Mann, der in bedrohlicher Pose vor ihr steht. Er sieht böse aus. Es ist warm und sonnig. Ich frage Gisela, wie sie sich fühlt, und sie sagt: „Ich habe Angst." Ich frage sie, was sie auf dem Berg macht, und sie sagt, dass sie von weither gekommen sei, um Verwandte in einem nahe dem Berg gelegenen Dorf zu besuchen. Sie freut sich auf den Besuch.

Plötzlich steht die Gestalt vor ihr und versperrt ihr den Weg. Der Mann sagt: „Das ist mein Weg. Ich lasse Dich nicht vorbei." Gisela weiß in dem Moment, dass es dem Mann ernst ist mit seinen Worten, und sie weiß, dass sie sich wehren muss, wenn sie an ihm vorbei will. Sie versucht dem Mann zu vermitteln, dass sie vorbei will, weil sie ihre Verwandten besuchen will. Er lacht und sagt: „Du wirst Deine Familie nicht mehr sehen." Die Männer beginnen mit Stöcken zu kämpfen. Gisela bemerkt, wie der Mann sie immer mehr zu einer nahe gelegenen Klippe treibt. Sie kann es nicht verhindern.

Sie sieht den Abgrund und denkt: „Ich will gewinnen." Dann fallen beide Männer herunter. Ich lasse Gisela mehrmals durch den Moment gehen, in dem sie fällt. Sie spürt, dass ihr schwindelig wird, sie sich zur Seite dreht und fällt. Das sind genau die Symptome, die sie momentan immer wieder spürt – Schwindel und ein Gefühl, als würde sie sich zur Seite drehen und fallen.

Im Fallen sagt der Mann zu ihr: „Ich nehme Dich mit." Beide Männer prallen auf den Felsen auf. Gisela ist sofort tot, der andere Mann stirbt einige Sekunden später. Ihr letztes Körpergefühl ist, dass sie nichts mehr bewegen kann. Ich frage Gisela, ob sie dieses Körpergefühl aus ihrem jetzigen Leben kennt, und sie bejaht. Ich frage Gisela nach ihren letzten Gedanken, und sie sagt: „Ich hab' es richtig gemacht. Meine Familie." Sie ist traurig. Nach dem Sterben ist die andere Seele ihr auf den Fersen. Auch im Zwischenleben bleibt die Seele in ihrer Nähe, obwohl Gisela es nicht will. Sie sagt: „Er ist mir auf den Fersen, und er steht wie ein Schatten hinter mir."

Dann inkarniert Gisela wieder. Ich frage sie, ob die Seele auch jetzt noch bei ihr ist, und sie bejaht. Der Mann klebt an ihr. Ich frage sie, was seine Energie in ihrem System auslöst, und sie sagt „Krankheit und Körpersymptome". Ich lasse sie mit der angeklebten Seele in Kontakt gehen und ihr vermitteln, dass sie jetzt gehen muss. Gisela tut dies – die Seele will nicht gehen. Ich sage ihr, sie soll der Seele vermitteln, dass es für sie keine weitere Entwicklung gibt, solange sie bei Gisela angeklebt bleibt, und ich bitte sie, die Seele zu fragen, was dafür sorgt, dass sie nicht gehen will.

Die Seele sagt, dass sie sich einsam fühle. Ich bitte Gisela, sie zu fragen, ob es jemanden gibt, der sie abholen und ins Zwischenleben bringen kann. Die Seele vermittelt, dass ihre Mutter sie abholen könne. Ich lasse Gisela die Seele fragen, ob sie ihr noch etwas sagen will, bevor sie geht. Die Seele vermittelt, dass es ihr leid tut. Dann kann sie gehen. Gisela fühlt sich erleichtert. Ich bitte sie, den leeren Raum, der durch das Weggehen der Seele entstanden ist, mit ihrer eigenen Energie zu füllen.

Ich frage Gisela, was sich in ihrem jetzigen Leben durch den Weggang der angeklebten Energie ändern kann. Sie antwortet, dass der Schwindel verschwinden und sie Entscheidungen in Bezug auf ihre berufliche und familiäre Situation selbst treffen kann. Sie versteht den Zusammenhang zwischen ihren Körpersymptomen und der angeklebten Energie; und sie versteht, dass „Sich wehren" und „Sich durchsetzen" in ihrem Unterbewusstsein verbunden ist mit „Sterben". Ich frage sie, ob sie das jetzt trennen und „Sich wehren" mit etwas anderem verbinden kann. Sie bejaht.

Interessant ist hier wieder zu sehen, wie Gisela genau bei der Mutter inkarniert ist, die das Thema aus dem letzten Leben aktualisiert – auch ihre Mutter ist eine Person, die sich gegen ihre Mutter nicht durchsetzen kann. Sie gibt auf – und alle leben weiter. Das heißt, Gisela ist bei einer Mutter inkarniert, von der sie sicher sein kann, dass sie nicht stirbt – denn sie wehrt sich ja nicht. Aufgeben ist in ihrem Unterbewusstsein verbunden mit Überleben – bis zu diesem Moment. Jetzt hat Gisela die Chance, das Muster zu verändern und ihr Leben mit mehr Kraft, Klarheit und Durchsetzungsvermögen weiterzuführen.

Gisela selbst beschreibt die Veränderungen, die durch die therapeutische Arbeit in ihrem Leben eingetreten sind, wie folgt:

„Ich denke, die letzte Rückführung hat mir viel gebracht, ich fühle mich seitdem irgendwie freier – in meinen Entscheidungen und generell. Allgemein bin ich wacher und aktiver, nicht mehr so müde und kraftlos. Ich treffe Entscheidungen und rechtfertige mich nicht bei jedem dafür. In der Arbeit hat sich die Situation auch positiv entwickelt. Unsere Abteilung besteht jetzt aus drei Personen, eine neue

Kollegin ist dazugekommen, welche ich schon von früher (dienstlich; sie arbeitete in einer anderen Firma) kannte. Sie ist so alt wie ich, und wir verstehen uns sehr gut. Marisa gehe ich aus dem Weg und komme jetzt gut mit der Situation klar. Ich muss mich nicht immer unterordnen und mir alles gefallen lassen (bin erwachsen!). Ich muss auch nicht jedem gefallen bzw. mir muss nicht jede Person zusagen. Es gibt da diesen Ausspruch: Das Leben ist zu kurz, um eine schlechte Flasche Wein zu trinken; und ich denke mir, das Leben ist zu kurz, um sich mit Menschen zu umgeben, die mir, höflich gesagt, nicht liegen.

Ich probiere auch, bei Konflikt-Gesprächen immer gleich meine Angelegenheiten darzulegen und die Probleme/Fragen nicht mit nach Hause zu nehmen und darüber zu grübeln und zu denken: „Warum habe ich das nicht gleich richtiggestellt?" Ende Oktober war mein ehemaliger Chef bei mir und sagte: „Das hat mir sehr weh getan, als Sie sagten, ich würde Sie nicht mehr in meiner Abteilung sehen." Daraufhin sagte ich nur, dass es mir auch sehr weh getan habe, was er alles zu mir gesagt habe (hatte damals das ganze Wochenende gegrübelt und gesundheitliche Probleme gehabt). Daraufhin hat er nichts mehr gesagt. Den Schuh hab ich mir nicht angezogen, dass ich schuld wäre – an was überhaupt?! Ich denke, er wollte eine Absolution von mir bekommen. Hat er aber nicht, er muss mit seinem Verhalten selbst klar kommen!

Ich habe auch verstanden, dass Menschen unterschiedlich sind und ich sie z.B. menschlich gut leiden, aber ihre Arbeitsauffassung nicht teilen oder verstehen kann. Es gibt nicht nur schwarz und weiß, jeder hat Anteile, die ich gut und Anteile, die ich weniger gut finde.

Ich befinde mich immer noch in homöopathischer Behandlung. Alte Sachen tauchen wieder auf und verschwinden dann wieder. Deswegen kann ich die körperlichen Symptome und deren Veränderung nicht genau zuordnen bzw. beurteilen. Insgesamt würde ich jedoch sagen, es geht mir gesundheitlich und seelisch wesentlich besser als vor einem Jahr, und ich kann besser damit umgehen.

Der Schwindel ist seit Ende Juni bis auf kleinere Attacken weg. Die Schmerzen in meinem rechten Bein waren die letzten vier Wochen teilweise ziemlich stark, vorher aber gar nicht mehr vorhanden. Die Schilddrüsenentzündung ist laut Befund momentan nicht aktiv, und ich habe meine Hormondosis von 50 mg auf 25 mg reduzieren können.

Zu der Rückführung ins alte Ägypten und in die Oase habe ich einen besonderen Bezug. Ich sehe mir gern Berichte über die Wüste an, speziell über Nomaden, deren Musik mich besonders berührt. Neulich habe ich mich zum Meditieren hingesetzt und wollte Ruhe finden, und plötzlich saß ich an einem Lagerfeuer, von Nomaden umgeben, in friedlicher und freundschaftlicher Umgebung. Schon der Gedanke daran gibt mir Kraft. Ägypten hat mich schon immer fasziniert, und ich besaß auch vorher schon CDs mit afrikanischer Musik."

So weit Giselas Beschreibung ihres momentanen Zustandes. Ich denke, ihre Ausführungen geben einen guten Einblick in die Prozesse auf allen Ebenen, die bei ihr durch die therapeutische Arbeit in Gang gekommen sind.

Wir sehen hier, wie Giselas Immunsystem durch die unbeendeten Schockzustände aus den vergangenen Leben stark angegriffen war, was dazu führte, dass sie auf bestimmte Situationen in ihrem Leben, wie die chronisch schlechte Arbeitssituation vor einigen Jahren, nicht adäquat reagieren konnte. Statt sich zu wehren, blieb sie in einem gelähmten Zustand und ließ viel mit sich machen. All die Energie, die nicht nach außen gehen konnte, ging nach innen, in ihren Körper hinein, und begann, diesen zu schädigen.

MS ist eine Krankheit, die meiner Erfahrung nach meist mit sogenannten „kalten Gefühlen" einhergeht. „Kalte Gefühle" sind Hass, Rache und Depression. Sie entstehen, wenn „warme Gefühle", das sind Liebe, Freude, Wut und Trauer, immer wieder verdrängt werden. Wenn die emotionale Energie nicht nach außen kann, bleibt sie im

Körpersystem und beginnt, dieses anzugreifen. Dieser Prozess kann sich über einige Leben hinweg erstrecken. Bei Gisela haben wir in den vergangenen Leben Abschlussbefehle gefunden wie „Es hört nie auf" und „Wenn man sich wehrt, stirbt man". Wir haben auch gesehen, wie sie in ihrem jetzigen Leben zu Eltern gekommen ist, bei denen sich diese Programmierungen „perfekt" aktualisiert haben. Auch das Leid der Eltern hat noch nicht wirklich aufgehört; und auch ihre Mutter hat sich nie gegen die Großmutter zur Wehr gesetzt.

Wir sehen hier erneut eindrucksvoll, dass die Zellprogrammierungen aus den vergangenen Leben keinesfalls verschwinden, sondern mit dem Sterben nur ihren Träger – den Körper – verlassen und in einen nicht-lokalen Quantenzustand übergehen. Die Informationen verlieren sich nicht, sie bleiben in ihrem Originalzustand erhalten und verbinden sich bei der nächsten Zeugung wieder mit dem Zellbewusstsein des neuen Körpers.

Durch die therapeutische Arbeit haben wir einige der alten Programmierungen beendet und durch neue, adäquatere ersetzt, die zu Giselas Gesundheit beitragen. Wir haben das Zellbewusstsein bestimmter Organe aus dem Schockzustand herausgeholt und ihr Immunsystem dadurch gestärkt. Die Auswirkungen beschreibt sie anschaulich: Sie kann sich in schwierigen Situationen besser zur Wehr setzen, was dazu führt, dass sie die Probleme nicht mehr mit nach Hause und in ihre Nachtruhe nimmt. Die Energie geht nicht mehr in ihren Körper hinein, sondern bleibt auf der – mentalen oder emotionalen – Ebene, wo sie hingehört. Dies entlastet ihren Körper, so dass ihre Gesundheit und Vitalität zunehmen können.

Wir sehen auch, wie sich durch die therapeutische Arbeit Giselas Wahrnehmung verändert hat. Sie hat jetzt begriffen, dass es nicht nur „Schwarz oder Weiß" gibt, sondern alle Schattierungen dazwischen. Ihr von Angst geprägtes dichotomes Weltbild hat einem der Realität angemesseneren Bild Platz gemacht, das viel mehr von Klarheit, Selbstbewusstsein und Stärke geprägt ist.

5.2 Asthma

5.2.1 Edeltraut

Edeltraut leidet seit langem unter Asthma. Sie ist das älteste von vier Geschwistern und hatte eine schwierige Kindheit. Sie hat in ihrem jetzigen Leben zwei Kinder, die beide von Seiten des Vaters nicht gewünscht wurden. Edeltraut wurde zweimal von ihrem Mann schwanger, obwohl es nicht geplant war. Er verhielt sich in beiden Schwangerschaften ablehnend und legte Edeltraut nahe, die Kinder abzutreiben, was sie nicht tat. Sie hat das Gefühl, sie habe ein Thema mit Kindern. Auch Selbstwert und Erfolg sind Themen für Edeltraut.

Edeltraut trennte sich vor einigen Jahren von ihrem Mann und ging eine Beziehung mit einem Mann ein, der zwanzig Jahre jünger war als sie. Giselher verhielt sich ihr gegenüber oft wie ein Kind und hatte Bedürfnisse, die eher in eine Mutter-Kind-Beziehung als in eine Mann-Frau-Beziehung passen. Wenn sie von der Beziehung erzählte, kam es mir oft so vor, als würde sie an ihrem Partner etwas wiedergutmachen wollen, was mit Kindern zusammenhängt. Wir arbeiten heraus, dass sie Schuldgefühle ihrem Sohn gegenüber hat, da es in seiner Kindheit schwierige familiäre Situationen gab, in denen sie nicht so für ihn da sein konnte, wie sie es gewollt hätte. Es wird klar, dass zwischen ihrem Partner und ihrem Sohn ein Zusammenhang besteht und sie unbewusst versucht, durch alles, was sie für ihren Partner tut, etwas an ihrem Sohn wiedergutzumachen.

Nachdem wir schon einige Situationen aus ihrer Kindheit, ihrer Geburt, der Pränatalen Phase und der Zeugung bearbeitet haben, kommt ein Leben hoch, in dem sie mit ihrem Mann und zwei noch kleinen Kindern außerhalb einer Stadtmauer in einem kleinen Haus wohnt. Sie ist eine Bauersfrau. Sie führt mit ihrer Familie ein einfaches Leben. Ihre Aufgaben ist es, die Kinder zu hüten und das Land zu bestellen. Sie führt eine glückliche Ehe, und ihr Leben gefällt ihr. Die feinen Damen und Herren schauen zwar auf sie mit Geringschätzung herab, doch das überspielt sie.

Als die Stadt bedroht wird und die Männer zur Wehr innerhalb der Mauer anrücken müssen, wird sie vom Rat der Stadt gebeten, alle Kinder zu hüten. Sie soll sich mit den Kindern in einem Turm verschanzen und dafür sorgen, dass die Kinder nicht entdeckt werden. Ihre erste Reaktion auf die angetragene Aufgabe ist der Gedanke: „Das ist zu viel." Sie verdrängt diesen Gedanken sofort wieder, denn sie fühlt sich auch wichtig angesichts der verantwortungsvollen Aufgabe. Ihr Selbstwertthema ist angesprochen. Eines der Kinder, die von ihr betreut werden sollen, ist der Dauphin, der junge Thronanwärter, der in der Stadt versteckt wird, da sein Leben bedroht ist. Die Feinde haben bekannt gegeben, dass sie die Stadt verschonen wollen, wenn das Kind herausgegeben wird. Edeltraut hat die Aufgabe, das zu verhindern.

Edeltraut übernimmt die Aufgabe trotz ihres schlechten inneren Gefühls. Sie verschanzt sich mit den Kindern und dem Dauphin in einem Turm. Die Stadt ist unter massivem Beschuss. Sie hören Todesschreie, können aber nichts sehen. Um die Kinder von den Kämpfen abzulenken, erzählt Edeltraut Geschichten. Sie hat Angst, insbesondere im Hinblick auf den Dauphin. Sein Vater hat zu ihr gesagt: „Passt gut auf meinen Sohn auf, Madame. Er ist das Pfand." So geht es eine Weile, dann dringen die Feinde in den Turm ein. Edeltraut denkt: „Jetzt haben sie uns gefunden. Wir sind verloren." Das Tor fällt und Männer kommen hinein. Sie kann sich nicht mehr wehren und wird gefangen genommen.

Die Männer ergreifen Edeltrauts Sohn, um aus ihr herauszupressen, bei welchem Kind es sich um den Dauphin handelt. Ein Mann hält ihm ein Messer an den Hals und vermittelt ihr, dass ihr Sohn verschont wird, wenn sie den Dauphin verrät. Ihre Angst um ihr Kind ist unendlich groß, so dass sie den Dauphin schließlich verrät, um ihren Sohn zu retten. Dieser wird trotz des gegenteiligen Versprechens der Feinde erstochen. Ein Mann sagt: *„Du hast den Dauphin verraten."* Alle anderen Kinder und auch Edeltraut werden umgebracht. Sie wird ebenfalls erstochen. Ihr letztes Körpergefühl beim Sterben ist Atemnot – so wie im jetzigen Leben, wenn sie einen Asthma-Anfall hat. Ihr letzter Gedanke beim Sterben ist: „Alles umsonst. *Ich habe versagt. Ich habe die Kinder nicht beschützen können.*" Atemnot und Versagen vermischen sich in ihrem Unterbewusstsein, und Edeltraut nimmt diese Mischung in die nächsten Inkarnationen mit.

Wir arbeiten weiter. In dem nächsten Leben, das hochkommt, ist sie eines von elf Geschwistern. Sie ist die Älteste und wird von ihren Eltern dazu angehalten, verständig und erwachsen zu sein und sich um die jüngeren Geschwister zu kümmern. Als sie zwölf Jahre alt ist, eröffnen ihr die Eltern, dass sie von zu Hause weg muss. Sie soll zu einer Tante gebracht werden und bei dieser ihre Jugend verbringen. Der Abschied ist scheinbar fröhlich, aber als sie bei der Tante ankommt, fühlt sie sich leblos. Ein paar Tage später befindet sie sich auf einem Marktplatz. Sie ist fasziniert von dem bunten Treiben. Plötzlich bemerkt sie, dass zwei Augen sie anstarren. Sie bekommt Angst und ihr wird unheimlich. Ein Mann beobachtet sie. Es kommt auf sie zu und hält sie fest. Er bringt sie von dem Platz weg und versucht, sie zu vergewaltigen. Sie wehrt sich zuerst, dann gibt sie auf.

Sie erzählt der Tante davon, und diese sagt: „Das wird Dein Ehemann." Edeltraut will weglaufen, doch die Tante erwischt sie und schlägt sie. Ihr zukünftiger Ehemann kommt. Sie schreit: „Niemals werde ich Deine Frau." Er ist voller eiskalter Wut und sagt: „Wenn Du mich nicht willst, dann soll Dich auch kein anderer haben." Er denunziert sie bei der Stadtwache. Sie wird abgeholt und zum Verhör gebracht. Dort wird sie lange befragt. Sie wird des „Geschlechtsverkehrs mit Tieren" und anderer ungeheuerlicher Vergehen beschuldigt. Sie nimmt alle ihre Kraft zusammen und sagt: „Ich habe nichts gemacht." Aber das interessiert niemanden.

Sie kommt auf die Streckbank. Sie hat schreckliche Schmerzen. Die Folterer sagen: „Wir machen so lange weiter, bis Du aufgibst und gestehst." Nach stundenlanger Folter, ihr Körper ist steif und brennt, gibt sie auf und „gesteht" alles. Sie wird zum Tode durch Verbrennen verurteilt. Ihr letzter Gedanke beim Sterben ist: „Alles umsonst" – das ist derselbe Gedanke, den sie auch beim Sterben in dem Leben davor hatte. Ihr letztes Körpergefühl ist Husten, Atemnot und Ersticken. Diese Körpergefühle kennt sie gut von den Asthma-Anfällen in ihrem jetzigen Leben.

Wir können anhand dieser Geschichte sehr deutlich sehen, wie auf ein Leben, das als Täterleben abgespeichert wurde, ein Opferleben folgt, in dem die Person leidet und sozusagen unbewusst „die Vergehen abbüßt". Ich setze dies deshalb in Anführungszeichen, weil Edeltraut in dem Leben, in dem sie die Kinder im Turm beschützen sollte, im Grunde genommen natürlich Opfer war. Sie war Opfer von Umständen, die ausuferten und die sie nicht mehr kontrollieren konnte. Dennoch hat sie dieses Leben in ihrem Unterbewusstsein als Täterleben abgespeichert, in dem sie „versagt hat", weil dieses Gefühl das letzte war, das ihr im Sterben verfügbar war.

Sie war auch Opfer von ihrem geringen Selbstwertgefühl und dem Gedanken: „Die anderen sind wichtiger als ich. Wenn sie wollen, dass ich eine solche Aufgabe übernehme, dann kann ich nicht Nein sagen. Und wenn sie mir eine solche Aufgabe übergeben, dann bin ich endlich auch wichtig."

Aber dieses Bewusstsein hatte ihre Seele im Moment des Sterbens nicht, denn sie war im Schock. Ihr letzter Gedanke war: „Alles umsonst" und „Ich habe versagt". Dieser Gedanke ist ein starker Abschlussbefehl, auch für das (geistige) Zellgedächtnis. Abschlussbefehle sind die letzten Gedanken im Sterben im Schock, und sie werden von einer Inkarnation in die nächste mitgenommen. Wenn es eine neue Zeugung gibt, inkarniert dieser Gedanke mit. Wir können uns vorstellen, welche Situationen ein Glaubenssatz wie „Ich habe versagt" nach sich zieht.

Versagen ist mit Schuldgefühlen und Gefühlen von Wertlosigkeit verbunden. Wir erkennen, wie sich diese Postulate und Gefühle in den Lebensumständen in Edeltrauts darauffolgendem Leben manifestiert haben. Sie wurde von den Männern als völlig wert- und rechtlos behandelt. Ihre Worte waren nichts wert, ihre Bedürfnisse sowieso nicht und ihr Körper auch nicht.

Oft schließen sich an ein Täterleben – oder ein subjektiv wahrgenommenes Täterleben, auch wenn es aus einer distanzierteren Sicht ein Opferleben ist – mehrere Opferleben an. Die Seele will – oft unbewusst – den Schaden abbüßen oder wiedergutmachen.

Wir sehen bei Edeltraut eine starke Schuld- und Versagensthematik. In der extrem traumatischen Sterbesituation des vergangenen Lebens, in dem ihr der Dauphin anvertraut war, ist das Schuld- und Versagensgefühl die stärkste Empfindung, die sie auf der mentalen Ebene spürt, verbunden mit Atemnot auf der körperlichen Ebene. Dies ist die Programmierung, die sie in ihre nachfolgenden Inkarnationen mitnimmt. Ihr Immunsystem ist im jetzigen Leben aufgrund dieser Programmierungen geschwächt. Ihr Zellbewusstsein ist mit den alten Informationen sozusagen „verschmutzt".

Wir haben durch die therapeutische Arbeit versucht, ihr Zellbewusstsein von der energetischen Verschmutzung zu reinigen, so dass sie die eigentlichen Gefühle wieder spüren kann, die es unter dem Schuldgefühl gibt – das ist Schmerz. Erst wenn Edeltraut auf einer tiefen Ebene den Schmerz wieder spüren kann über das, was ihr in dem Leben angetan wurde und über die Unmöglichkeit, damals eine gute Lösung zu finden, kann sie auch begreifen, dass die Schuldgefühle schließlich einmal vorbei sein dürfen. Dann kann das alte Trauma endlich auf allen Ebenen heilen.

Wenn sie sich selbst zugesteht zu spüren, was sie damals *nicht geschafft hat*, was sie aufgrund der extremen äußeren Situation *nicht schaffen konnte*, dann kann sie die alte Geschichte endlich auch in ihrem Körper, auf der Ebene ihres Zellbewusstseins, beenden. Wenn dies geschieht, kann ihr Immunsystem wieder anfangen, normal zu arbeiten, ihre Bronchienzellen können wieder das tun, was sie normalerweise tun, und das bedeutet, dass das Asthma aufhören oder zumindest stark gelindert werden kann.

5.3 Chronische Bronchitis – Gerhard

Gerhard erzählt mir im Erstgespräch, dass er vor zehn Jahren schweres Asthma, einhergehend mit chronischer Bronchitis, bekam. Er verlor durch seine Krankheit sehr viel Gewicht und befand sich in der Nähe des Todes. Seine Frau kümmerte sich sehr um ihn.

Gerhard wurde 1943 geboren. Sein Vater war nur siebzehn Jahre alt und befand sich im Krieg. Seine Mutter war einundzwanzig Jahre alt. Gerhard beschreibt sie als sehr dominante Frau. Die Schwangerschaft war ungeplant und ein „Dilemma" für sie. Er weiß, dass es Abtreibungsversuche gegeben hat. Sein Vater ist früh gestorben. Er hatte eine schwache Persönlichkeit. Seine Mutter war sehr besitzergreifend ihrem Sohn gegenüber. Sie machte ihn oft klein, indem sie ihm sagte, wie dumm und schwach er sei.

Er wurde in Österreich geboren und wuchs in Tirol auf. Er lebt jetzt seit zwanzig Jahren in der Schweiz. Er weint und hustet, während er erzählt. Er beschreibt sein Leben als oberflächlich mit „guter Fassade". Er sagt, dass er sich selbst nie gespürt habe. Er steht momentan vor dem Scherbenhaufen der Beziehung zu seiner Frau und hat Angst, sie zu verlieren. Er arbeitet im Bereich Kommunikation und Marketing und ist beruflich erfolgreich, jedoch sei der Erfolg nie von Dauer. Er arbeitet seit zwanzig Jahren in demselben Unternehmen.

Er ist wegen seiner Krankheit in schulmedizinischer Behandlung, bekommt Antibiotika und Cortison. Einige Ärzte sagten zu ihm: „Das wird nichts mehr." Ich frage ihn, ob er diese Diagnosen übernommen hat, und er bejaht.

Es wurde Asthma bei ihm diagnostiziert. Die Medikamente helfen nicht mehr. Seine Frau lebt in Krakau, während er in Bern lebt. Sie ist Krakauerin. Sie haben zwei Töchter und eine adoptierte Enkeltochter.

Er sagt: „Ende 1996 erreichte es mich" – er meint seine Krankheit. Es begann mit Husten und Bronchitis. Er war zu dem Zeitpunkt dreiundfünfzig Jahre alt – genauso alt wie sein Vater war, als er starb.

Wir sprechen über seine Kindheit, und er erzählt, dass seine Mutter gleichzeitig distanziert und besitzergreifend war, während sein Vater sich nicht wirklich für ihn interessierte. Die Ehe der Eltern war nicht gut. Gerhard wehrte sich nicht gegen die Übergriffe der Mutter. Diese lebt immer noch in Tirol. Die häusliche Atmosphäre während seiner Kindheit war angespannt. Seine Mutter drohte mehrmals sich umzubringen. Gerhard versuchte, viel bei seinen Großeltern zu sein. Dort war es sicherer als im Elternhaus, wo es keinen Halt für ihn gab.

Er war bis vor zehn Jahren gesund, nur hatte er immer wieder Nebenhöhleninfekte. Seine Mandeln wurden herausgenommen, aber sein gesundheitlicher Zustand besserte sich dadurch nicht substanziell. Von Zeit zu Zeit verliert er das Geruchsvermögen, hatte deswegen auch eine Nasenoperation. Als Kind hatte er immer wieder Mittelohrentzündungen.

Seine Eltern waren zum Zeitpunkt seiner Geburt nicht verheiratet. Sie heirateten, als er ein Jahr alt war. Nach seiner Geburt gab es Abtreibungen. Er hat zwei jüngere Schwestern. Die ältere hat Epilepsie, der jüngeren geht es relativ gut. Seine Mutter hasst seine Ehefrau.

Einige Jahre lang hat er gerne getrunken, jetzt nicht mehr. Er war eine Frühgeburt, kam mit sieben Monaten zur Welt. Wir schließen das Erstgespräch an dieser Stelle ab.

Er kommt ein halbes Jahr später zu unserer ersten Sitzung. Gleich zu Anfang der Sitzung passiert etwas Seltsames: Wir haben zwölf Therapiestunden vereinbart, zwei Tage à sechs Stunden. Gerhard kommt in den Raum und sagt in sehr bestimmendem Ton zu mir: „Mein Budget sind zehn Stunden, und ich zahle nur, wenn das hier erfolgreich ist."

Ich bin erst einmal sprachlos. Ich frage mich, ob ich wirklich mit ihm arbeiten will oder ob ich ihn am besten gleich wieder vor die Tür setze. Ich sage ihm, dass wir erstens zwölf Stunden vereinbart haben und er zweitens in jedem Fall zahlt, egal ob ihm die Therapie gefällt oder nicht und egal, ob es ihm etwas bringt oder nicht. Ich erkläre ihm, dass er mich für meine Zeit bezahlt und der Erfolg der Therapiestunden zum größten Teil von ihm selbst abhängt.

Er ist immer noch unwirsch und sagt: „Fangen wir an." Ich erwidere: „Nein, jetzt klären wir erst mal das Setting. Vorher fange ich nicht an, mit Ihnen zu arbeiten." Mir fällt in der Situation auf, dass er unbedingt die Führung übernehmen möchte, was natürlich nicht geht. Die Führung einer therapeutischen Sitzung oder eines therapeutischen Gesprächs hat immer der Therapeut. In dem Moment, in dem er sich die Führung abnehmen lässt, kann er nicht mehr therapeutisch arbeiten, sondern es findet eine unbewusste Inszenierung eines Kindheitstraumas statt, bei dem der Therapeut von dem Klienten – meist unbewusst – in die Rolle eines Mitspielers gezogen wird.

Ich signalisiere ihm also ganz deutlich, dass ich die Führung habe und bestimme, was, wie, wann und in welcher Form gemacht wird. Schließlich fühle ich mich in der Lage anzufangen, bin aber immer noch nicht ganz aus meiner Irritation heraus.

Ich lasse ihn etwas über seine letzten Monate erzählen, und er berichtet, dass er ein Gespräch mit seiner Mutter gehabt habe. Es sei nicht gut verlaufen. Seine Mutter sei wieder sehr gegen seine Ehefrau vorgegangen. Sie will ihn immer noch dominieren und habe ihn beschimpft und Verwünschungen ausgesprochen. Er konnte in dem Gespräch nicht wirklich zu sich stehen und sagt: *„Wenn sie mich nicht besitzen kann, vernichtet sie mich."* Gesundheitlich geht es ihm nicht besonders gut. Seit Wochen kann er nicht mehr riechen, seine Nasenschleimhaut ist entzündet und er hat Bronchitis.

Seine Ehefrau steht nach wie vor zu ihm, hat jedoch wenig Hoffnung auf Besserung der Situation und auf ein gemeinsames Leben.

Auch die berufliche Situation verschlechtert sich. Gerhard bezeichnet sich selbst als „Auslaufmodell". Er muss sich immer wieder unter Wert verkaufen, und es mangelt ihm an Selbstvertrauen.

Ich schlage ihm vor, seine Zeugung und die Zeit im Mutterleib zu bearbeiten. Er erzählt über diese Zeit, dass sein Vater in den Krieg musste und seine Mutter vorher heiraten wollte. Jedoch gab ihr Vater seine Zustimmung nicht. Seine Mutter hat ihm erzählt, dass die Schwangerschaft ein Schock für sie war und sie mehrmals versucht habe, ihn abzutreiben. Sie sprang von Mauern herunter und hoffte, dass das Kind durch die Erschütterung abgehen würde. Ihre Versuche schlugen fehl, und er kam mit sieben Monaten und einem Gewicht von anderthalb Kilogramm auf die Welt. Seine Mutter wohnte zu dem Zeitpunkt bei ihrer Schwiegermutter, und die Situation war schwierig.

Wir fangen an zu arbeiten, und ich bitte Gerhard, dahin zurückzugehen, wo er sich im ersten Moment im Bauch seiner Mutter befindet. Das Erste, was hochkommt, ist: „Ich bin ganz schwach und ich bin ganz klein." Er fühlt sich winzig. Ich lasse ihn noch weiter zurückgehen, in den nicht-inkarnierten Zustand. Er sieht sich im luftleeren Raum herumfliegen. Ich bitte ihn, sich mit der Energie seiner Mutter zu verbinden und zu spüren, was ihn zu dieser Mutter hinzieht. Es ist Dominanz und Willensenergie. Er sagt: „Ich will nicht hingehen, gehe aber trotzdem hin." Es fühlt sich unfreiwillig an, so als ob er zu ihr gezogen würde. Er verbindet sich mit der Energie seines Vaters und spürt Jugend, Kraft und Unbekümmertheit.

Wir gehen direkt in die Zeugungssituation hinein. Ich lasse ihn den Satz wiederholen, der zuerst hochgekommen ist: „Ich bin ganz schwach und ich bin ganz klein" und frage ihn, wem von seinen Eltern dieser Satz gehört. Er sagt sofort: „Meinem Vater." Der Vater fühlt sich in der Zeugungssituation seiner Partnerin gegenüber klein und schwach. Er empfindet sein Durchsetzungsvermögen als klein und schwach. Gleichzeitig liebt er sie und hofft auf ein besseres Leben mit ihr. Er hofft, dass er in ihr jemanden hat, auf den er sich verlassen kann. Er wünscht sich eine wirkliche Familie, um sich behütet zu fühlen.

Ich bitte Gerhard, sich mit der Energie seiner Mutter während der Zeugungssituation zu verbinden und mir das Erste zu sagen, was hochkommt. Er sagt: „Sie will ihn für sich, nur für sich." Er soll immer für sie da sein und alles für sie tun. Sie hat Verlangen, mit ihrem Mann zu schlafen. Sie ist mit ihren Bedürfnissen verbunden. Tiefe Liebe empfindet sie nicht.

Am Ende der Zeugungssituation ist die Mutter mit sich selbst beschäftigt. Der Vater ist liebevoll zu ihr. Sie hat Angst vor einer Schwangerschaft. Sie denkt: „Es wäre ganz schlecht, wenn ein Kind käme."

An dieser Stelle möchte ich einschieben, dass ich zu diesem Zeitpunkt der Bearbeitung meine Irritation über Gerhards Verhalten immer noch nicht ganz überwunden habe. Ich bin auf die Arbeit konzentriert und bemerke, wie mir immer wieder durch den Kopf geht: „Will ich überhaupt mit diesem Menschen arbeiten oder sollte ich ihn nicht doch rausschmeißen?"

Wir gehen zu dem Moment, an dem die Mutter bemerkt, dass sie schwanger ist. Sie ist komplett verzweifelt, ratlos und hilflos. Sie denkt: „Das kann nicht sein." Sie denkt an die Erwartungen, die andere an sie haben, und hat das Gefühl „Ich kann das nicht". Sie geht völlig in den Schock.

Wir gehen weiter zu der Situation, in der sie dem Vater von der Schwangerschaft erzählt. Sie wirft ihm vor, dass er schuld sei. Sie sagt: „Ich verstehe das nicht. Du hättest aufpassen müssen. Wie konnte Dir das passieren. Es ist undenkbar." Der Vater sagt: „Wir müssen heiraten." Die Mutter sagt: „Nein." Er spürt die Verzweiflung seiner Frau und weiß keine Lösung. Die Mutter distanziert sich innerlich von ihm. Sie versucht, alleine eine Lösung zu finden. Sie denkt an Abtreibung.

Ich bitte Gerhard, alle Gedanken seiner Mutter in dem Moment hochkommen zu lassen. Sie denkt: „Ich könnte etwas in mich reinspritzen, so dass das Baby erstickt. Ich könnte irgendwo runterspringen. Ich könnte ganz heftig Rad fahren." Sie denkt an brutale Methoden, um das Baby loszuwerden. Schließlich entscheidet sie sich dafür, Seifenwasser in sich hineinzuspritzen.

Ich bitte Gerhard, ein paar Mal das Wort „Seifenwasser" zu wiederholen und dahin zu gehen, wo seine Mutter Seifenwasser in sich hineinspritzt. Er beginnt zu husten und sich zu winden. Ich sage ihm, er solle seinen Körper reagieren lassen. Er ist starr, völlig gelähmt und voller Todesangst. Er sagt, dass es brennt und wehtut. Er versucht sich zu schützen, aber es klappt nicht. Er versucht sich zu verstecken. Es ist vergeblich. Sein ganzer Körper zieht sich zusammen.

Sie probiert es immer wieder. Er sagt: „Es geht immer wieder von vorne los" – genau wie seine Krankheit, die auch immer wieder von vorne losgeht. Er sagt: „Das hört nie auf. Ich kann mich nicht schützen." Er steht im Mutterleib immer unter Hochspannung. Er kann kaum atmen, und sein Kopf und seine Atmungsorgane brennen – genau wie jetzt, wenn er Asthma hat.

Schließlich gibt die Mutter auf. Aber damit sind die Abtreibungsversuche noch nicht vorbei. Als sie bemerkt, dass sie mit dem Seifenwasser keinen Erfolg gehabt hat, beginnt sie von Mauern herunterzuspringen. Ich bitte Gerhard, dahin zu gehen, wo sie das tut, und sich gut mit seinem kleinen Körper im Bauch der Mutter zu verbinden. Ich lasse ihn schildern, was der kleine Babykörper spürt. Er erzählt, dass sein ganzer Körper erschüttert wird – so wie jetzt, wenn er starken Husten hat. Es ist wie „auf den Boden zu fallen", sagt er. Er versucht, sich voller Panik im Mutterleib zu drehen, um seinen Körper zu schützen, und er versucht, seine kleinen Hände vor das Gesicht zu halten. Sein Körper fühlt sich an wie Beton. Es geht eine ziemlich lange Zeit so. „Es hört nicht auf", sagt er. Er fühlt sich komplett zerschmettert und hat das Gefühl, dass in seinem Körper gleich etwas platzt.

Erst im fünften Monat der Schwangerschaft hört die Mutter mit den Abtreibungsversuchen auf. Gerhard fühlt sich miserabel. Es ist noch schlimmer als vorher. Er hat große Angst. Ich frage ihn, wem die Angst gehört, und er sagt: „Meiner Mutter." Ich frage ihn, wovor sie am meisten Angst hat, und er antwortet: „Vor der Geburt." Sie denkt: „Wie soll es weitergehen" und ist verzweifelt. Die Situation wird immer aussichtsloser. Es fehlt eine Perspektive. Er fühlt: „Das wird immer schlimmer", und spürt, dass das die Gedanken seiner Mutter sind. Er kennt diese Gedanken aus den Zeiten, in denen er sich sehr krank fühlte. Auch da dachte er: „Es wird immer schlimmer."

Im sechsten Monat der Schwangerschaft beruhigt sich die Situation scheinbar. Gerhard macht sich im Mutterleib „klein und dünn", damit es keine Probleme gibt. Die Mutter fühlt sich einsam, ihr Mann ist weg und ihre Schwiegermutter zeigt Desinteresse ihr gegenüber. Im siebten Monat hat seine Mutter ständige Angst, die sich auf Gerhard überträgt. Die Mutter denkt: „Ich muss hier raus", und das Baby übernimmt auch diesen Gedanken. Es fängt an sich zu bewegen und bewegt sich voller Panik immer stärker. Gerhard sagt: „Ich muss hier raus, sonst überleb ich's nicht."

Wir arbeiten alles gründlich durch, und ich lasse ihn, bevor wir mit der Geburt fortfahren, alle Angst und die Gedanken seiner Mutter ausatmen sowie die Energie des Seifenwassers, der Schocks und Erschütterungen aus seinem System herausbringen. Dann bitte ich ihn, sich mit seiner eigenen Lebensenergie zu verbinden.

Wir machen Mittagspause. Ich lasse mir in der Pause den gesamten Vormittag noch einmal durch den Kopf gehen, die Sitzung und das, was vorher passiert ist, und plötzlich wird mir klar, dass mein Klient unbewusst das Drama mit seiner Mutter in meiner Praxis inszeniert hat. Er kam in den Raum und wollte um jeden Preis die Situation dominieren – mir wird klar, dass Todesangst dahintergestanden hat. In seinem Unterbewusstsein ist gespeichert, *dass er fast stirbt, wenn eine Frau die Führung übernimmt*. Genau das ist in der pränatalen Phase passiert. Er musste also im therapeutischen Setting unbedingt die Führung übernehmen, um sicherzugehen, dass er überlebt.

Doch es war genau das passiert, was er um jeden Preis vermeiden wollte: Ich hatte erstens die Führung behalten und zweitens immer wieder überlegt, ihn hinauszuschmeißen – genau wie seine Mutter, die immer wieder versucht hatte, ihn abzutreiben. Als ich all das erkenne, bin ich fasziniert und zugleich betroffen von der Erkenntnis, wie präsent die unbeendeten Dramen tatsächlich sind und wie präzise sie sich im Alltag und auch im therapeutischen Setting zeigen können.

Als Gerhard nach der Mittagspause wiederkommt, thematisiere ich das, was ich während der Mittagspause herausgefunden habe, mit ihm. Er versteht, was ich ihm erkläre, und auch er ist betroffen. Er entschuldigt sich mehrmals bei mir für sein Verhalten.

Wir arbeiten weiter mit seiner Geburt. Ich lasse ihn zunächst ein bisschen erzählen. Seine Mutter hatte gesagt, dass seine Geburt schwer gewesen sei und alle zu ihr gesagt hätten „Das wird nichts" und „Der überlebt nicht". Sie habe sich in seinen ersten Lebensmonaten enorm bemüht, ihn am Leben zu halten. Die Muttermilch habe er gut akzeptiert und rasch zugenommen. Seine Mutter lebte zu der Zeit bei ihren Schwiegereltern. Der Schwiegervater war jähzornig und aggressiv, und die Schwiegermutter hielt ihre Schwiegertochter und auch Gerhard ziemlich klein. Sein Vater kam erst 1945 aus dem Krieg zurück.

Ich lasse Gerhard im Mutterleib nochmals dahin gehen, wo er denkt: „Ich muss hier raus." Ich frage ihn, woher der Gedanke kommt, und er spürt, dass seine Mutter denkt: „Ich muss hier raus – sonst sterbe ich." Gerhard übernimmt die Gedanken seiner Mutter, und er hat das Gefühl, fast zu ersticken. Er beginnt, sich zu bewegen. Die Mutter denkt: „Ich weiß nicht mehr weiter. Ich kann hier nicht mehr weiter existieren. Wo soll ich hin? Ich habe niemanden, der mir helfen könnte." Sie hat zu dem Zeitpunkt massive Probleme mit ihren Schwiegereltern, deren Akzeptanz und Verständnis ihr fehlen. Gerhard übernimmt alle diese Gedanken und Gefühle von seiner Mutter. Er fühlt sich im Mutterleib bedroht, und etwas drückt auf seinen Kopf.

Die Mutter denkt: „Es ist nicht einfach, da rauszukommen", und Gerhard bewegt sich noch stärker. Es gibt Erschütterungen und Gegendruck. „Ich komm fast nicht durch", sagt er. Sein Kopf wird zusammengedrückt. Er sagt: „Ich kann mich nicht mehr bewegen." Er steckt fest. Der Druck wird immer größer. Er fühlt sich wie ein Pfropfen.

Die Mutter ist zu Hause. Sie hat große Angst. Sie denkt: „Steh ich das durch?" und „Überleb' ich das?" Sie ist alleine. Ihre Schwiegermutter kommt. Sie sagt zu ihr: „Hilf' mir, die Geburt geht los." Die Schwiegermutter ruft die Hebamme. Gerhard im Geburtskanal fühlt fürchterlichen Druck. Er will raus und wird fast wieder zerdrückt. Es ist wieder „fast aussichtslos". Die Mutter hilft ihm nicht, im Gegenteil, sie macht Gegendruck, als wenn sie ihn nicht herauslassen wollte. Gerhard sagt „Es ist wie ein gegeneinander kämpfen ums Überleben."

Die Hebamme kommt und beruhigt die Mutter. Gerhard fühlt sich erleichtert. Es gibt eine Ruhepause. Die Mutter reagiert immer noch mit Gegendruck, wenn er sich herausbewegen will. Es steigert sich ins Unermessliche. Sein Körper wird zerquetscht und zerdrückt. Er drückt und drückt, es klappt nicht. Er sagt: „Ich schaffe es nicht." Ich frage ihn, wem der Gedanke gehört, und er erwidert: „Meiner Mutter." Der Gegendruck ist zu stark. Er denkt: „Entweder ich sterbe oder ich schaffe es."

Auch dieser Gedanke gehört seiner Mutter. Er gibt auf. Es ist wie ein Sterben. In dem Moment kommt sein Körper aus der Mutter heraus. Es ist gleichzeitig Sterben und Befreiung. Er glaubt, dass er gestorben ist. Auch der Gedanke gehört seiner Mutter. *Sie* meint, dass sie gestorben ist. Sie fühlt sich kaputt und hat den Eindruck: „Es ist nichts Gescheites, was da herauskommt." Es ist ein „Gerippe", nur Haut und Knochen, „nichts Liebenswertes". Das Erste, was sie denkt, als sie ihn sieht, ist: „Er wird wahrscheinlich sterben."

Wir holen die Todesenergie aus seinem System heraus. Dann bitte ich Gerhard, mit seinem Erwachsenen-Bewusstsein in die Geburtssituation hineinzugehen und den kleinen Gerhard, der gerade geboren ist, in den Arm zu nehmen und willkommen zu heißen. Er tut dies. Ich bitte Gerhard, das Kind mitzunehmen und seine ganze eigene Lebensenergie einzuladen.

Als er am nächsten Tag wiederkommt, geht es ihm gut. Er erzählt, dass er keine Existenzängste mehr habe. Es ist ihm klargeworden, dass er seine eigene Lebensenergie und Lebensfreude für sich verwenden, sich selbst spüren und nicht mehr weglaufen will vor Situationen und Bedrohungen oder scheinbaren Bedrohungen. Er spürt zum ersten Mal, dass sich sein Lebensraum erweitert hat und es viele Möglichkeiten für ihn gibt.

Ihm ist ein Vorfall aus seiner Kindheit eingefallen. Er erzählt, dass er ein überaktives Kind gewesen sei. Er habe sich viel bewegt und sei herumgesprungen. Einmal fiel er vom Tisch herunter. Er lief blau an und es war, als wäre er tot. Er sagt, dass das öfters passiert sei.

Wir gehen in die Situation hinein. Er nimmt sich selbst wahr, wie er springt. Es ist schön, befreiend und wohltuend. Seine Mutter sagt: „Lass' das" und gibt ihm einen brutalen Schlag auf den Kopf. Der Schlag ist vernichtend und grausam. Er spürt zuerst eine große Erschütterung, dann spürt er sich nicht mehr. Er geht aus seinem Körper heraus. Die Luft ist weg. Er sagt: „Ich will nicht mehr da sein." Als seine Mutter bemerkt, dass er blau anläuft, verwandelt sich ihre Brutalität plötzlich in Angst, und er bekommt Aufmerksamkeit von ihr. Das heißt, ihre negative Aufmerksamkeit, wenn es ihm gut geht, verwandelt sich in positive Aufmerksamkeit, wenn es ihm schlecht geht.

Gerhard versteht, dass „Aufmerksamkeit bekommen" in seinem Unterbewusstsein verbunden ist mit „krank sein" oder „nicht ganz da sein". Auch jetzt bekommt er viel Aufmerksamkeit von seiner Frau, wenn er krank ist. Ich frage ihn, ob er „Aufmerksamkeit bekommen" von „Kranksein" trennen möchte. Er bejaht dies.

Wir arbeiten weiter. Ich schlage ihm vor, in ein vergangenes Leben hineinzugehen und zu schauen, wo diese Vernichtung und Grausamkeit angefangen hat. Wir steigen ein mit dem Satz „Ich schaff' es nicht", dem Gefühl von Angst und dem Körpergefühl von Druck.

Das Erste, was er sieht, ist, dass er im Wald ist. Es gibt hohe Bäume, und es ist düster. Er sieht Kinder und ein Pferd. Er ist ein kleiner Junge, ungefähr sieben Jahre alt. Er ist dürftig gekleidet. Hühner laufen herum, und es gibt einen kleinen Garten. Der Garten gehört zu einem Bauernhof. Er lebt dort mit seinen Eltern und zwei Schwestern. Er muss die Tiere hüten. Sie warten auf den Vater. Es gibt Unsicherheit und Angst. Das Leben ist karg. Seine Mutter ist kränklich. Sein Vater ist ein grausamer Mann. Alle haben Angst vor ihm. Er trinkt. Er schlägt Gerhard oft, die Töchter lässt er in Ruhe. Gerhard hat eine Behinderung am Fuß. Ein Fuß ist kürzer als der andere. Er kann nicht richtig laufen und nicht richtig arbeiten. Deshalb muss er auf die Tiere aufpassen. Der Vater sieht ihn als nutzlos an. Gerhard sagt: *„Er würde mich am liebsten vernichten."* Die Situation ist aussichtslos. Auch seine Mutter findet ihn nutzlos. Die Fußbehinderung hat etwas mit einem Pferd zu tun.

Ich bitte ihn, zurückzugehen in der Zeit, dahin, wo etwas mit einem Pferd passiert. Er ist ein kleiner Junge, und ein Pferd tritt mit dem Huf nach ihm. Es erwischt ihn am Fuß. Sein Fuß wird verletzt. Sein Vater steht ihm nicht bei, sondern macht ihm Vorwürfe, dass er nicht aufgepasst habe. Gerhard empfindet diese Vorwürfe zusammen mit den Schmerzen und dem Schock als „existenzvernichtend". Als nach einer Weile klar wird, dass der Fuß nicht mehr ganz heil wird, sagt sein Vater: „Du bist ein Krüppel."

Er hat kaum Möglichkeiten sich weiterzuentwickeln. In der Schule ist er eine „Randerscheinung". Er sieht „lächerlich" aus, wenn er sich bewegt. Er ist Spielball der anderen Kinder. Sie hauen und jagen ihn und nennen ihn „Packesel".

Zu Hause wird er „immer unbrauchbarer". Seine Eltern wollen ihn nicht mehr da haben. Sie geben ihn weg, als er vierzehn Jahre alt ist. Es ist ein Schock für ihn. Seine Mutter ist froh, als er wegkommt. Sein Vater weint beim Abschied. Er wird auf einem Pferdekarren weggebracht. Es fühlt sich an wie Sterben. Er hat das Gefühl, in den Tod zu fahren. Auf der Fahrt gibt es einen Unfall, Gerhard stirbt.

In der Nachbesprechung erzählt Gerhard, dass es in seiner Kindheit viel Gewalt zwischen seinem Onkel und seinem Vater gegeben habe. Sein Vater schlug den Onkel und wurde dafür zu Gefängnis verurteilt. Gerhard selbst wurde eingesperrt, wenn seine Eltern ausgingen. Er hatte dann immer viel Angst.

Aus seinem Erwachsenenleben erzählt er, dass seine Mutter seine Ehefrau vernichten wollte. Weiter berichtet er, seine älteste Tochter habe drei Kinder von drei verschiedenen Männern. Eine der Enkeltöchter haben er und seine Frau adoptiert. Sie wird von seiner Frau aufgezogen. Er hat ein gutes Verhältnis zu seinen Töchtern.

Gerhard fährt nach zwei Tagen intensiver therapeutischer Arbeit müde und erleichtert nach Hause. Wir vereinbaren einen nächsten Termin in fünf Monaten.

Er kommt im Februar 2006 wieder. Er berichtet, dass die Erkenntnisse, die er gewonnen hat, zwar schockierend für ihn waren, ihm aber gleichzeitig geholfen haben, seine Situation zu verstehen. Er sieht sich selbst anders und hat eine andere Beziehung zu sich selbst. Er ist bereit, mehr Verantwortung zu übernehmen. Gleichzeitig gibt es mehr Konflikte mit seiner Ehefrau und mit seinem Chef. Sein Leben ist nicht einfacher, sondern schwieriger geworden. Aber er fühlt sich viel lebendiger, und auch körperlich geht es ihm viel besser. Er kann wieder riechen und konnte zum ersten Mal seit vielen Jahren das Nasenspray weglassen.

Wenn ich mit Klienten mit chronischen Krankheiten arbeite, ist es meist so, dass in dem Moment, in dem eine Besserung auf der körperlichen Ebene eintritt, der Konflikt wieder auf die Ebene zurück verschoben wird, wo er ursächlich angefangen hat, nämlich auf die emotionale Ebene. Solange Gerhard sehr krank war, kümmerte sich seine Ehefrau um ihn – sie war die Mutter, er das Kind. Jetzt kommt er langsam aus der Kindrolle heraus und braucht nicht mehr so sehr eine Mutter, sondern eine Frau. Das heißt, dass auch sie sich bewegen muss. Sein ganzes familiäres System gerät in Bewegung.

Er hat die Absicht, ein Gespräch mit seiner Mutter zu führen. Er will ihr zeigen, dass er niemandem etwas schuldig ist und erwartet von ihr Akzeptanz und Verständnis. Sie soll einsehen, dass er eigenständig und selbst für sein Leben verantwortlich ist. Er will sich ihr verständlich machen. Ich mache ihm klar, dass es nur dann sinnvoll ist, ein Gespräch mit seiner Mutter zu führen, wenn er es *für sich selbst* tut. Solange er sie von etwas überzeugen will, ist er gefangen im Kampf um ihre Liebe und Anerkennung. Erst wenn er aus seiner Erwachsenenpersönlichkeit heraus entscheidet, dass *er* ein solches Gespräch benötigt, um bestimmte Dinge auszusprechen, die er ausgesprochen haben möchte, ist es gut, ein solches zu führen. Gerhard versteht das.

Gleichzeitig gibt es momentan einen Konflikt mit seinem Chef, der auch sein Freund ist. Gerhard arbeitet seit zwanzig Jahren für diesen Freund. Er sagt, er habe zwanzig Jahre lang alles getan, um dessen Ideen umzusetzen, ohne sie zu hinterfragen.

Jetzt hat es eine Situation gegeben, in der sein „Freund" ihn ohne viel Aufhebens aus der Firmenwohnung hinauskatapultieren wollte. Gerhard sagt, der Mann habe „sein wahres Gesicht" gezeigt. Er war über die massive Art und Weise des Vorgehens geschockt.

Wir arbeiten heraus, dass er wieder in der Pränatalen Phase, genauer gesagt in der Abtreibungssituation, gelandet ist. So wie seine Mutter ihn mit äußerst brutalen Methoden loswerden wollte, so versucht ihn jetzt auch der „Freund" aus der Wohnung hinauszuwefen. „Wohnung" ist äußerst symbolisch, ist doch der Mutterleib die erste

Wohnung, die es gibt. Wieder soll Gerhard „abgetrieben" werden – und diesmal kann er sich endlich wehren, kann endlich das tun, was er im Mutterleib nicht konnte. Er hat sich mit seinem Freund auseinandergesetzt und ihm seine Bedingungen für einen Umzug mitgeteilt.

Wir arbeiten in seiner Kindheit weiter. Ich lasse ihn sich selbst und seine Mutter malen, einmal zum jetzigen Zeitpunkt und einmal, als er ganz klein war. Er malt sich selbst als winzig, und als ich ihn bitte, in den Kinderkörper hineinzugehen und mir das Erste zu sagen, was hochkommt, sagt er „es ist aussichtslos" und „sie versteht mich nicht". Er hat Angst, von ihr vernichtet zu werden und fühlt sich äußerst unbehaglich. Ich bitte ihn, die verbalen und nonverbalen Botschaften seiner Mutter an ihn auf das Papier zu schreiben.

Die Botschaften lauten: „Du bist schwach. Dein Körper ist nicht entwickelt. Du bist dumm. Du kannst Dich nicht konzentrieren. Du bist ein dummer Bub. Du bist nicht leistungsfähig. Du lässt Dich von anderen beeinflussen. Du bist nicht so gut wie die anderen." Ich frage Gerhard, was er in der Situation, die er gemalt hat, tut, um zu überleben. Er antwortet, dass er den Clown spielt.

Ich frage ihn, wie sich sein Körper in der Situation anfühlt, und er sagt: „Es bleibt mir die Luft weg. Ich kann kaum atmen." Er spürt einen irrsinnigen Druck und Enge.

Ich lasse ihn all die Fremdenergie aus sich herausmalen und dann seine eigene Lebensenergie in sich hineinmalen. Er malt Unternehmungslust, Entscheidungskraft, Singen, Musizieren, Projekte entwickeln, Innenarchitektur, Kristalle, Licht, Farben und Duft in sich hinein.

Wir arbeiten weiter. Er spürt, dass seine Mutter ihm vermittelt, er gehöre ihr. Er hat den Eindruck, er könne ohne sie nicht überleben. Ich bitte ihn, sich mit seiner Erwachsenen-Persönlichkeit zu verbinden und zu überprüfen, ob das für ihn noch stimmig ist. Er überlegt und sagt „Nein". Ich mache ihm klar, dass er damals als Kleinkind wirklich so abhängig von seiner Mutter war. *Damals hat es gestimmt, jetzt stimmt es nicht mehr.* Ich frage ihn, ob er die Verantwortung für das verletzte Innere Kind übernehmen, es aus der Situation mit der Mutter herausholen und ihm vermitteln kann, dass das Schlimme nun vorbei ist. Ich frage ihn, ob er dieses verletzte Kind aus der Abhängigkeit in die Autonomie begleiten kann. Er bejaht.

Die nächste Situation, die wir bearbeiten, ist die, als sein Vater aus dem Krieg zurückkommt. Gerhard ist zwei Jahre alt. Er hat seinen Vater bis zu dem Zeitpunkt nicht gesehen. Er ist ein fremder Mann für ihn. Sein Vater ist gebürtiger Österreicher. Der Vater seines Vaters war Deutscher. Sein Vater hatte an der italienischen Front gekämpft und geriet dann in Kriegsgefangenschaft. Er ist in Bayern geboren und fühlte sich immer zwischen den Nationalitäten zerrissen. Er war stolz darauf, Deutscher zu sein, war aber in Österreich aufgewachsen. Er wäre lieber Bayer gewesen als Österreicher. Die Familie war begeistert von Hitler. Sein Vater schrieb Gedichte für ihn.

Wir gehen in die Situation hinein, als sein Vater zurückkommt. Er schaut seinen Sohn an und weiß nicht, was er mit ihm anfangen soll. Es ist alles so schnell gegangen. Gestern war er noch in Kriegsgefangenschaft, heute ist er schon zu Hause. Er spürt die Erwartungen und Gedanken seiner Frau. Sie denkt: „Er hat nichts und er ist nichts." Sein Vater denkt: „Ich weiß nicht, wie ich die Situation meistern soll." Er fängt erst langsam an, die Ereignisse der letzten Jahre zu begreifen. Er überlegt, wo er Arbeit finden und wie er seiner Familie Sicherheit bieten kann. Wir arbeiten heraus, wie viel Energie seines Vaters in dieser Situation in ihn hineingegangen ist. Ich lasse ihn diese Energie nach außen bringen. Er holt das Innere Kind aus der Situation heraus und nimmt es mit zu sich.

Am Nachmittag arbeiten wir in der Kindheit weiter. Es kommt eine Situation hoch, in der seine Mutter ihm Mädchenkleider anzieht. Sie tat dies öfters, denn sie wollte eigentlich ein Mädchen haben. Gerhard lässt sich Mädchenkleider anziehen, dann will er hinaus in den Garten. Seine Mutter passt genau auf, was er tut. Sie möchte nicht, dass er die Mädchenkleider beschmutzt. Aber genau das passiert, als er hinfällt. Er hat eine Mädchenstrumpfhose an, die zerreißt. Seine Mutter schreit ihn an. Er bekommt einen Riesenschreck. Gerade noch war er begeistert von dem Garten, schon ist alles wieder vorbei. Seine Begeisterung wird hinweggefegt von Schreck, Schreien und Schmerz. Die Mutter vermittelt ihm, dass er „versagt hat". Wir arbeiten die Situation durch, und ich bitte ihn aufzuschreiben, welche Glaubenssätze er aus ihr mitgenommen hat. Er schreibt: „Ich bin ein ungezogener Junge. Ich bin nicht fähig. Ich bin ungeschickt und ein Versager."

Ich frage ihn, ob er dieses Selbstbild behalten will, und er verneint. Ich lasse ihn all die Glaubenssätze aus sich herausbringen und bitte ihn, ein neues Selbstbild einzuladen. Er lädt Lebensfreude, Zuversicht, Unternehmungslust und Entdeckergeist ein. Er sagt: „Ich bin lebensfroh, ich mag Menschen und die Natur." Ich frage ihn, wie sich das neue Selbstbild anfühlt, und er bezeichnet es als „Gut".

Dann bearbeiten wir noch die Situation, in der er sechs Jahre alt ist und es die Prügelei zwischen seinem Onkel und seinem Vater gibt. Gerhard hat in dieser Situation Todesangst empfunden. Ich lasse ihn den Schock und die Todesangst aus seinem System herausholen und auch dieses Innere Kind in Sicherheit bringen.

Gerhard kommt am nächsten Tag wieder und erzählt, dass es ihm gut geht. Wir bearbeiten eine Situation aus seiner Schulzeit. Er war überfordert mit dem Ruhigsitzen, und es fiel ihm schwer, sich zu konzentrieren. Ich mache ihm bewusst, dass „Ruhigsitzen" aus der pränatalen Phase mit „Sterben" verbunden ist – wenn er sich da nicht massiv bewegt hätte, wäre er womöglich gestorben. Er versteht, dass in dem Moment, in dem er stillsitzt, Todesangst hochkommt.

Seine Mutter vermittelte ihm immer wieder „Du bist so dumm" und „Du bist minderwertig". Sie sagte das auch zu seinem Vater. Dann gab es Streit zwischen den Eltern, und er war mitten in einer Atmosphäre, die er als „vernichtend" empfand.

Wir steigen mit dieser Kindheitssituation und dem Wort „Vernichtung" in ein vergangenes Leben ein, und er sieht als Erstes ein Feuer. Es brennt. Es gibt Hitze und Rauch, und er ist mittendrin. Er sagt: „Ich komme nicht weg." Er hört Stimmen und Geräusche von Tieren. Er ist im Stall und versucht, Luft zu bekommen.

Ich lasse ihn zurückgehen in der Zeit, bis zu einem Punkt, wo alles noch normal ist. Er sieht, dass er auf einem Bauernhof lebt und arbeitet. Es gibt Pferde und Schweine. Er ist Knecht und „immer mit irgendetwas beschäftigt". Er hat keine Frau.

Ich lasse ihn in die Kindheit dieses Lebens zurückgehen, und er sieht sich auf einem anderen Bauernhof mit seinen Eltern und Geschwistern. Er ist der Jüngste. Er hat einen älteren Bruder und eine ältere Schwester. Es gibt eine schlechte Ernte. Angestellte müssen entlassen werden. Gerhard wird weggeschickt zum Bruder seines Vaters. Er ist sechzehn Jahre alt. Auf dem Hof des Onkels hat er mehr Verantwortung, aber er muss auch körperlich mehr arbeiten. Er gewöhnt sich allmählich an die neue Situation und fühlt sich ihr zusehends gewachsen.

Dann kommt der Tag des Feuers. Es ist ein Sommertag, und es gibt viel zu tun. Nachmittags kommt ein Gewitter. Es gibt dicke Wolken und eine beklemmende Stimmung. Dann gibt es einen „irrsinnigen Krach", der ihm bis in die Knochen hinein fährt. Die Menschen sind wie gelähmt. Jemand schreit: „Es brennt." Gerhard versucht herauszukommen, aber er schafft es nicht. Er denkt: „Ich komme da nicht mehr weg." Er ist eingeschlossen – wie im Mutterleib.

Er versucht immer noch, Luft zu bekommen, aber es wird immer schwieriger. Er wird bewusstlos und stirbt im Feuer. Sein letzter Gedanke ist: „Ich halt' es nicht mehr aus." Sein letztes Gefühl ist Panik und sein letztes Körpergefühl ist Hitze und Atemnot. Ich lasse Gerhard mehrmals durch das Sterben hindurchgehen, damit er das Leben wirklich gut beenden kann.

Wenn jemand in der Bewusstlosigkeit gestorben ist, ist es sehr wichtig, dass der Therapeut ihn sich mit dem Teil verbinden lässt, der alles mitbekommt. Gerade wenn jemand ohnmächtig ist, gibt es keinen Abwehrfilter mehr, und alle Energie aus der Umgebung geht ungefiltert ins System des betreffenden Menschen. Er nimmt alles mit ins Zwischenleben und in die nächsten Inkarnationen. Es ist eminent wichtig, hier gründlich zu arbeiten, um alle Fremdenergie, die der Mensch unbewusst aufgenommen hat, aus seinem System herauszuholen.

Ich lasse Gerhard den verbrannten Körper anschauen und ihn spüren, dass der Körper von damals wirklich gestorben ist und der Körper von jetzt überlebt hat. Wir arbeiten den Zusammenhang zwischen dem traumatischen Sterben in dem bearbeiteten Leben und den Symptomen seiner Atmungsorgane im jetzigen Leben heraus. Gerhard ist klar, dass er den Husten und die Atemnot bis jetzt gebraucht hat, um zu spüren, dass er lebt, weil es in dem vergangenen Leben das letzte Körpergefühl war, an dem er bemerkte, dass er noch lebte. Er kann diese Verbindung nun trennen.

Auch ist ihm klar, dass dieses unbeendete Trauma durch seine Mutter in der pränatalen Phase aktualisiert wurde. In dem vergangenen Leben war es Rauch, im jetzigen Leben war es Seifenwasser, was ihm den Atem nahm. Auch die Tatsache, dass sein Geruchssinn immer wieder verschwand, hängt mit dem Sterben in jenem Leben zusammen.

Gerhard beerdigt den Körper aus dem vergangenen Leben und kommt dann wieder ganz in seinem jetzigen Körper und in seiner jetzigen Lebenssituation an. Ich frage ihn, was sich nach der Bearbeitung dieses Lebens in seinem jetzigen Leben ändern könnte, und er meint: „Ich könnte ganz gesund sein, ohne Husten, ohne Atemnot und ohne Geruchslosigkeit. Ich könnte durchatmen und riechen und spüren und mit allen Sinnen leben."

Gerhard kommt ein halbes Jahr später, um die Therapie fortzusetzen. Er erzählt mir, dass die Behandlung sehr gut für ihn war und eine

Menge in seinem Leben in Bewegung geraten ist. Er hat das Gefühl, viel mehr bei sich selbst zu sein, und es fällt ihm leichter, zu sich zu stehen. Gleichzeitig sind die Konflikte mit seiner Ehefrau größer geworden. Er glaubt, dass er für sie „zu selbstständig" wird. Wenn er sie besucht – beide wohnen in getrennten Wohnungen – fühlt er sich dort nicht willkommen.

Als er mir das erzählt, muss ich unwillkürlich an seine erste „Wohnung" denken – den Bauch seiner Mutter. Auch dort war er nicht willkommen. Gerhard erzählt, dass er in der Wohnung seiner Frau noch nicht einmal einen eigenen Schrank hat. Es kommt immer wieder zu Streitigkeiten. Was besonders schlimm für ihn ist, ist der Umstand, dass sie ihn vor Dritten beleidigt. Er erzählt, dass die Ehe nur noch platonisch ist – es gibt seit Jahren keine Sexualität mehr.

Im Beruf machte er Fortschritte. Er konnte gegenüber seinem Chef seine Position sichern. Mit seiner Mutter hat er momentan keinen Kontakt, aber auch kein Bedürfnis danach. Er hat das Gefühl, dass die Beziehung zu seiner Mutter langsam in Frieden kommt.

Gesundheitlich geht es ihm gut. Er berichtet, dass er seit unserer letzten Arbeit die Nasensprays, die er jahrelang gebraucht hatte, ganz weglassen kann. In Konfliktsituationen passiert es noch ab und zu, dass ihm die Luft wegbleibt, aber es ist nicht mehr lebensbedrohlich.

Wir sprechen über die Beziehung zu seiner Frau. Er glaubt, dass sie von ihm enttäuscht ist. Da ich weiß, dass Enttäuschungen in Beziehungen oft eine lange Geschichte haben und der Ursprung meist in den ersten Monaten der Beziehung zu finden ist, frage ich ihn nach der Anfangszeit mit seiner Frau. Er erzählt, dass er zu Anfang der Beziehung bei Konflikten auf der Seite seiner Mutter und nicht auf der Seite seiner Frau stand. Ich frage ihn, ob er sich schon einmal bei seiner Frau dafür entschuldigt hat. Er denkt kurz nach und sagt dann: „Nein, weil ich Angst habe, dass sie mich ganz abgräbt, wenn ich ihr sage, dass es mir leid tut." Er denkt, dass er sich schützen muss, weil es sonst „ganz eng" für ihn werden könnte. Seine Frau stellt ihn hin, als wäre er „der größte Versager" überhaupt. Es gibt kaum noch wirkliche Verständigung.

Ich frage ihn, was ihm an seiner Frau gefällt, und er sagt, dass er sie für ihr Stehvermögen bewundert. Dann sprechen wir darüber, wie sich die beiden kennen gelernt haben. Er arbeitete damals als Musiker. Sie war siebzehn Jahre alt und hatte große Probleme mit ihren Eltern. Ihre Mutter war von Polen nach Köln gereist und wollte nicht zurück. Marie wurde gezwungen, mit ihrer Mutter dort zu bleiben. Sie konnte kein Deutsch. Gerhard und Marie lernten sich Silvester in Bad Tölz kennen. Sie war dorthin gereist, und er spielte mit seiner Band dort. Sie fiel ihm als exotisch auf. Um Mitternacht küssten sie sich. Er sagt: „Es war wie eine Sternschnuppe, die aus dem Himmel fällt."

Er war damals viel unterwegs, reiste von Engagement zu Engagement. Dann ging alles schlagartig – sie gingen eine Beziehung ein, und Marie entschied sich, bei seinen Eltern in Tirol zu bleiben. Sie war staatenlos. Dann wurde sie schwanger. Zu diesem Zeitpunkt waren sie und Gerhard noch nicht verheiratet. Im Jahr 1966 wurde ihre erste und im Jahr 1968 ihre zweite Tochter geboren. Gerhard arbeitete danach noch zwei Jahre lang als Musiker und war kaum zu Hause. Wenn es Konflikte gab, „kippte er um" und fühlte sich so, als würde seine Existenz vernichtet. Als die Kinder älter wurden, studierte Marie Medizin. Sie hat dies jedoch beruflich bislang nicht umgesetzt.

Ich schlage ihm vor, die karmische Beziehung zwischen ihm und seiner Ehefrau zu bearbeiten. Wir steigen ein, und es kommt zuerst ein Bild hoch, auf dem ein Mann auf einem Pferd sitzt. Der Mann ist dunkel und sieht türkisch aus. Er ist Nomade und wild entschlossen, jemanden *zu vernichten*. Er fühlt sich kraftvoll und mit dem Pferd verbunden. Er genießt die Bewegung. Ich frage ihn, wen er vernichten will, und er sagt, es ist ein Mann, mit dem sich seine Frau eingelassen hat. Er erzählt, dass sich seine Frau von ihm abgewendet und mit einem anderen Mann eingelassen und verbündet habe.

Ich bitte ihn, mir zu erzählen, was für ein Leben er führt. Er sieht sich in einem orientalischen Haus. Er lebt dort mit seiner Frau und vier Kindern, drei Mädchen und einem Jungen. Er ist ein Fürst, hat große Verantwortung und ein gutes Lebensgefühl. Es gibt auch Feinde, die stehlen und Häuser niederbrennen. Er beschreibt sein Leben als gefährlich und brutal. Er sagt: „Es geht immer um Leben und Tod." Seine Ehe ist „wohlgeordnet". Es sei nicht die große Liebe, aber zweckmäßig. Es gibt gegenseitige Akzeptanz. Zu seinen Töchtern hat er ein liebevolles Verhältnis, zu seinem Sohn gibt es Distanz. Die Kultur ist patriarchal. Es gibt Männer, die mehrere Frauen haben. Er hat aber nur eine Frau.

Ich bitte ihn, da hinzugehen, wo sich etwas in seinem Leben verändert. Er sagt: „Etwas passiert mit meiner Frau". Sie distanziert sich von ihm, und er beginnt von ihrer Seite Missachtung und Verachtung zu spüren. Das ist schmerzlich für ihn. Ich frage ihn, ob sie über die Situation reden können. Er verneint. Er sagt: „Es gibt keine Verständigung." Das ist genau die Situation, die er momentan mit seiner Frau lebt – es gibt auch jetzt keine Verständigung und keine wirkliche Kommunikation. Er hat das Gefühl, dass sie ein Geheimnis hütet, zu dem er keinen Zugang hat.

Eines Tages erzählt ihm ein Vertrauter, dass seine Frau sich öfters mit einem anderen Mann trifft. Das ist ein Schock für Gerhard. Sein erster Gedanke lautet: „Dieser Mann muss vernichtet werden. Das kann nicht sein. Das muss Konsequenzen haben." Er steigt, ohne weiter nachzudenken, auf sein Pferd und reitet los. Es gibt einen Säbelkampf zwischen dem Mann und ihm. Es ist ein Kampf auf Leben und Tod. Gerhard sagt: „Er vernichtet mich." Der andere Mann durchbohrt ihn. Gerhard stirbt. Sein letzter Gedanke ist: „Ich habe es nicht geschafft." Seine letzten Wahrnehmungen sind Todesangst, Schuldgefühle und Versagen, und sein letztes Körpergefühl ist Starre und Gelähmtsein.

Als Gerhard am nächsten Tag wiederkommt, geht es ihm sehr gut. Er berichtet mir, dass er seit der gestrigen Sitzung noch besser riechen und atmen kann. Er hat über das Thema „Versagen" nachgedacht und im Zusammenhang damit über sein fehlendes Selbstvertrauen. Er will wissen, was mit ihm passiert ist und was dafür gesorgt hat, dass so viel von seinem Selbstvertrauen *vernichtet* wurde.

Wir arbeiten mit dem Thema „Vernichtung" weiter. Als Nächstes kommt ein Leben hoch, in dem Gerhard auf einem Segelschiff ist. Es ist stürmischer Seegang. Ein starkes Unwetter naht. Gerhard ist der Kapitän des Schiffes. Er gibt Anweisungen. Er sagt: „Ich habe die Verantwortung für das Schiff und die Mannschaft." Er fühlt sich hilflos und ist schockiert über die Kraft des Sturmes. Er wird immer stärker, und das Schiff beginnt trotz aller Anstrengungen zu sinken. Gerhard spürt, wie sich Erschöpfung in ihm ausbreitet. Er sieht die anderen nicht mehr. Er sagt: „Ich werde immer schwächer." Das Schiff sinkt. Gerhard versucht, sich an einer Planke festzuhalten. Er schluckt immer mehr Wasser. Er hustet. Er ist im Todeskampf. Schließlich ertrinkt er.

Interessant ist hier wieder die Parallele zur pränatalen Phase: Auch da schluckte er viel „Wasser", nämlich Seifenwasser, und auch da steckte er im Todeskampf und hatte Angst zu „ertrinken".

Ich lasse Gerhard an den Anfang der Geschichte gehen. Er sieht sich im Hafen vor einem wunderschönen Schiff. Es ist sein Schiff. Er ist stolz darauf. Er kann sich nicht vorstellen, dass irgendetwas nicht gut gehen könnte mit diesem Schiff. Das Schiff soll nach Amerika fahren. Gerhard hat keine Familie. Er ist vierzig Jahre alt. Er sagt: „Ich bin ständig unterwegs, und ich habe keine Wurzeln." Das macht ihm jedoch nichts aus. Er fühlt sich erfolgreich und erfüllt als Kapitän. Sein Schiff lädt Stoffe und Pfefferkörner. Er sagt, dass das eine wertvolle Ladung sei. Er hat große Verantwortung.

Das Schiff legt ab, und zuerst geht alles gut. Die erste Woche an Bord verläuft ruhig und ohne Zwischenfälle. Sie fahren durch tropisches Klima. Er hat das Gefühl, dass sein Schiff „unsinkbar" sei. Er bemerkt, dass der Seegang zunimmt, ist jedoch voller Zuversicht, dass nichts passieren wird. Dann wird es immer unangenehmer – er spürt die Gefahr. Er sagt: „Ich *rieche* die Gefahr." Das Wetter ändert sich innerhalb von einer Stunde. Er sagt: „Wir sind in großer Gefahr. Es passiert etwas Schreckliches." Zwei Männer gehen über Bord. Das Wasser dringt ins Schiff ein. Die Situation wird immer aussichtsloser. Er sagt: „Man bekommt kaum Luft. So viel Wasser." Er gibt seine Kommandos, merkt jedoch, dass er gegen den Sturm keine Chance hat. Es gibt einen Moment, an dem er resigniert. Er sagt: „Ich verliere mein Schiff." Er fühlt Hilflosigkeit, Panik und Verzweiflung. Er verliert alles. Er sieht das Schiff untergehen, bevor er selbst ertrinkt.

Ich lasse Gerhard mehrmals durch das Sterben hindurchgehen, damit er es gut beenden kann. Er hat das Gefühl, dass es ihn zerreißt. Er hat irrsinnige Schmerzen in der Lunge. Er fühlt Angst und Aussichtslosigkeit. Dann wird er bewusstlos. Kurz darauf stirbt er. Sein letztes Gefühl ist Panik; und sein letzter Gedanke lautet: „Ich habe meine Verantwortung nicht erfüllen können."

Gerhard versteht den Zusammenhang zwischen der chronischen Bronchitis und den Riechstörungen mit der Sterbesituation, die wir gerade bearbeitet haben. Ich lasse ihn mit seinem Körperbewusstsein in Kontakt gehen, und er übermittelt diesem, dass die Atemwegsorgane wieder normal funktionieren können. Er vermittelt dem Körperbewusstsein seiner Nase, dass es wieder ein normales Riechvermögen geben kann und „Riechen" nicht mehr verbunden sein muss mit *„Gefahr riechen"*, sondern mit *„Das Leben riechen"*. Ich frage ihn, ob er seine Definition von Leben trennen kann von „ständig unterwegs sein" und „keine Wurzeln haben" – und er bejaht. Auch in seinem jetzigen Leben ist er bislang ständig unterwegs und fühlt sich an keinem Ort wirklich zu Hause. Ich frage ihn, welche Energien er einladen möchte, und er nennt „Vertrauen, Lebensfreude, Zuversicht, Bewegung, Leichtigkeit, Elastizität, Kraft, Tanzen, Liebevoll sein, Freude und ein gutes Atemvolumen".

Gerhard kommt im Januar 2007 für die nächsten Sitzungen in meine Praxis. Er erzählt, dass es ihm nach unserer letzten Arbeit sehr gut ging – körperlich und seelisch. Er fühle sich wie „neu geboren". Es gab viel gute Energie in seinem Leben, und er konnte seine Aufgaben mit mehr Leichtigkeit in Angriff nehmen. Beruflich taten sich neue Projekte auf. Nach einigen Wochen jedoch gab es einen erneuten „Knick", ausgelöst durch ein familiäres Ereignis. Seine Enkeltochter Selma, die von seiner Frau aufgezogen wurde, teilte der Familie mit, dass sie einen zwanzig Jahre älteren Freund habe und mit ihm zusammenziehen möchte.

Es war ein Schock für die ganze Familie und löste erst einmal ein großes Durcheinander aus. Gerhard sagt, die „heile Welt" der Familie sei zusammengebrochen. Wir sprechen über seine Töchter und die Umstände ihrer Geburt und ihres Aufwachsens. Seine älteste Tochter Lissy ist die Mutter von Selma. Sie konnte sich nicht um ihre Tochter kümmern und lebt jetzt in Wien mit zwei jüngeren Söhnen. Gerhards jüngere Tochter Hermine lebt in Belgien. Die beiden Töchter verstehen sich nicht gut. Es gab immer schon Eifersucht zwischen ihnen. Gerhards Ehefrau und die Enkelin leben in Krakau, Gerhard selbst in Bern. Die ganze Familie ist also über halb Europa verstreut.

Ich lasse Gerhard die Familie malen. Er malt alle Kleingruppen – und sich selbst alleine. Er ist der Einzige der Familie, der alleine lebt. Es wird ihm bewusst, als er das Bild anschaut. Er sagt: „Und bei meiner Frau bin ich nicht willkommen." Es gibt keine Nähe, keine Innigkeit und Intimität zwischen beiden. Gespräche drehen sich meist um Äußerlichkeiten, und die Nähe fehlt Gerhard. Auch fällt ihm beim Betrachten des Bildes auf, dass der Zusammenhalt und die emotionale Bindung in der gesamten Familie fehlt – jede Kleinfamilie lebt in ihrer eigenen Welt.

Ich frage ihn, wie es sich anfühlt, wenn er sich selbst so alleine auf dem Bild sieht. Er sagt: „Ich bin immer wieder unterwegs." Jedoch hat er seit kurzem eine neue Wohnung. Es ist die erste Wohnung, in der er sich wirklich zu Hause fühlt. Es ist ihm bewusst, dass schon viele Verletzungen aus seiner ersten „Wohnung" in diesem Leben, dem Mutterleib, geheilt sind. Er hat keine Todesangst mehr und weiß, dass er aus seiner jetzigen Wohnung nicht mehr heraus muss. Er fühlt, dass er dort bleiben kann.

Gerhard hat Schuldgefühle seinen Töchtern gegenüber. Er glaubt, sich zu wenig um sie gekümmert zu haben; und er ist traurig über die verlorene Nähe und Intimität zu seiner Frau. Er hat sich von ihr oft zurückgewiesen gefühlt. Andererseits hat sie ihm aber auch vorgeworfen, dass er nicht für sie da sei. Ich lasse ihn sich gut mit dem Gefühl von Ablehnung und Zurückweisung verbinden. Er sagt, er fühlt sich „eklig", „unappetitlich" und „krank" – wie aussätzig. Ich lasse ihn ein paar Mal das Wort „aussätzig" wiederholen und bitte ihn, mir das erste Bild zu sagen, was hochkommt.

Er sieht sich in einem vergangenen Leben als Frau, die verwahrlost auf der Straße kauert. Die Frau ist schmutzig und stinkt. Sie ist eine „erbärmliche Gestalt". Ihre Haut ist zerfressen. Sie hat Lepra. An den Händen ist es besonders stark. Es ist warm. *Und es stinkt fürchterlich.* Ich lasse Gerhard den Satz mehrmals wiederholen, um ihm den Zusammenhang zwischen dem fürchterlichen Gestank und seiner immer wiederkehrenden Geruchsatrophie bewusst zu machen. Ich lasse ihn spüren, was er alles nicht mehr *riechen* will.

Sein Kopf tut weh, und er kann nicht mehr gut *atmen*. Gerhard sagt: „Ich habe keine Zukunft mehr. Ich kann das nicht überleben. Ich will von diesem irrsinnigen Gestank erlöst werden." Er fühlt Aussichtslosigkeit. Ich frage ihn, ob er diese Gefühle aus seinem jetzigen Leben kennt, und er bejaht.

Ich lasse ihn an den Anfang der Geschichte zurückgehen. Er sieht sich als junge Frau, die frisch verheiratet ist, sich aber ein wenig einsam fühlt. Sie kann keine Kinder bekommen. Je mehr Zeit vergeht, desto isolierter fühlt sie sich. Ihre Ehe wird immer schlechter. Der Ehemann wendet sich von ihr ab. Die Schwiegereltern akzeptieren sie nicht. Ab und zu, wenn es ganz unerträglich wird, trinkt sie und flüchtet sich in eine Phantasiewelt, die aus Puppen und Wein besteht. Mit der Zeit wird sie „eigenartig".

Eines Tages beschließt sie, von zu Hause wegzugehen. Sie geht in eine Hafenstadt, zieht dort durch die Kneipen und gibt kleinere Schauspiele zum Besten. So geht es eine Zeit lang. Sie trinkt ziemlich viel Alkohol und isst wenig. Sie schläft auf der Straße. Eines Tages bemerkt sie, dass ihr Körper sich krank anfühlt. Sie sieht, dass sie einen Ausschlag an den Händen und an den Füßen hat. Am Anfang vermittelt sie sich: „Das wird schon wieder gut." Sie versucht, den Ausschlag zu verbergen. Eine Weile gelingt ihr dies, dann jedoch gibt es einen Tag, an dem ein Wirt sie aus seiner Kneipe herauswirft. Er versetzt ihr einen Tritt und sagt: „Verschwinde und lass' dich hier nicht mehr sehen, du kranke Verbrecherin."

Sie fühlt sich erniedrigt und ist verzweifelt. Sie bekommt Existenzangst. Ich frage Gerhard, ob er das aus seinem jetzigen Leben kennt, und er bejaht. Die junge Frau denkt: „Ich bin verloren. Ich habe mein Leben zerstört." Sie bemerkt, dass die Menschen sie meiden, weil sie Angst vor ihrer Krankheit haben. Dann verschlechtert sich ihr Zustand rapide. Sie gibt sich auf. So geht es noch zwei Wochen, bis sie beschließt, ihrem Leben ein Ende zu machen, bevor sie elendig zugrunde geht. Mit letzter Kraft steht sie auf, geht zu einer in der Nähe gelegenen Stiege und stürzt sich hinunter. Ich lasse Gerhard genau beschreiben, was passiert. Er sagt: „Ich stürze die Stiege herunter – und dann knallt es. Es riecht fürchterlich. Mein Kopf knallt auf und es ist, als wenn es meine Lunge zerreißt." Er stirbt an seinen inneren Verletzungen.

Ich lasse Gerhard mehrmals durch das Sterben hindurchgehen. Sein letztes Körpergefühl ist Schmerz, und seine letzten Gedanken sind: „Ich habe versagt. Ich habe mich selbst zerstört. Ich bin durch und durch krank." Ich lasse ihn spüren, wie er diese Glaubenssätze ins Zwischenleben mitnimmt, auch in die Zellen seines jetzigen Körpers hinein, und wie sich diese Programme in seinem jetzigen Leben und Körper ausgewirkt haben. Ich frage ihn, ob er das jetzt beenden will. Er bejaht. Ich lasse ihn all diese Energie ausatmen und bitte ihn, sich mit seinem Lebensimpuls zu verbinden und seine eigene Lebensenergie einzuladen. Er lädt Vitalität, Lebensfreude, Genuss, Menschenwürde, Selbstachtung und Selbstvertrauen ein. Dann lasse ich ihn mit seinem Körperbewusstsein sprechen und diesem vermitteln, dass Krankheit, Nicht-Atmen-Können, Isolation, Entwürdigung und Ständig-Unterwegs-Sein jetzt vorbei sind.

Auch lasse ich ihn sich mit seinem Geruchssinn verbinden und „Riechen" trennen von „Sterben". Er vermittelt seinem Geruchssinn, dass Riechen jetzt nicht mehr mit Sterben, sondern mit Leben verbunden ist, und dass Riechen jetzt nicht mehr „Gestank einatmen" heißt, sondern alle Gerüche und Wohlgerüche, die es gibt. Gerhard lädt alle Farben und Düfte des Lebens ein. Er lädt Leichtigkeit, Elastizität, weiche, geschmeidige Bewegungen und genug Sauerstoff und Luft ein. Er sagt, es fühlt sich so an, als wenn das Sonnenlicht auf seinen Körper fällt. Dann lasse ich ihn noch mit der Frau von damals sprechen und ihr vermitteln, dass es jetzt wirklich vorbei ist.

Wir arbeiten weiter mit dem Thema „Verstoßen werden". Ich bitte Gerhard, ein paar Mal den Satz „Ich werde verstoßen" zu wiederholen und mir das erste Bild zu beschreiben, was auftaucht. Er sieht sich als ein kleiner Junge, der nur ein Bein hat. Er ist sieben Jahre alt, dünn und lebt auf einem Bauernhof. Er ist ein Einzelkind. Er hilft seinen Eltern bei der Arbeit. Es sind schwere Arbeiten, und er hat Probleme, diese Arbeiten mit nur einem Bein und den Krücken auszuführen. Ich frage ihn, was mit seinem Bein passiert ist. Er sagt „Unfall". Ich bitte ihn, dahin zurückzugehen, wo der Unfall passiert ist.

Er sieht, dass sein Vater und er mit einem Karren unterwegs sind. Der Karren fährt über einen großen Steinhöcker und kommt ins Schleudern. Gerhard fällt herunter, und ein Rad rollt über seinen Fuß. Der Fuß wird zerquetscht und fast vom Bein abgetrennt. Er hat irrsinnige Schmerzen. Es brennt wie Feuer.

Sein Vater bringt ihn nach Hause, und seine Mutter kümmert sich um ihn. Der Arzt wird gerufen. Er sagt: „Der Fuß ist nicht mehr zu retten." Gerhard fühlt Entsetzen. Er sagt: „Ich kann es nicht glauben." Dann fällt er in Ohnmacht. Er hat viel Blut verloren und schwebt in

Lebensgefahr. Dann bekommt er Fieber. Seine Mutter ist hilflos, und sein Vater ist entsetzt. Gerhard hat Fieberphantasien. Jemand sagt: „Er wird behindert und ein Krüppel bleiben."

Als Gerhard wieder aufstehen kann, ist sein Leben nicht mehr dasselbe. Er hat panische Angst davor, von seinen Eltern *verstoßen* zu werden. Er denkt, dass er *keine Zukunft* hat. Als er acht Jahre alt ist, passiert das, wovor er am meisten Angst hatte. Seine Eltern geben ihn zum Weber des Ortes. Gerhard sagt: *„Ich habe kein Zuhause mehr.* Ich habe keine Eltern mehr."

In der Familie des Webers ist Gerhard nur geduldet, nicht akzeptiert. Er sagt: *„Ich bin ein Ausgestoßener."* So lebt er einige Jahre, bis er erwachsen ist. Als er Mitte Zwanzig ist, bekommt er eine Krankheit. Zuerst tut ihm der Hals weh, dann bekommt er Fieber, welches nicht weggeht. Er beginnt wieder zu phantasieren. Er hört, wie jemand sagt: „Entweder das Fieber geht weg oder er wird sterben." Es wird nicht besser. Er ist durstig. Er phantasiert von einem Wasserfall. Es wird immer heißer und immer trockener. Sein Hals wird immer dicker, und es hämmert in seinem Kopf. Er spürt in den klaren Momenten Todesangst und Verzweiflung. Sein Körper verkrampft sich. Sein letzter Gedanke ist: „Ich schaffe es nicht mehr." Dann ist es so, als würde ihn ein Blitz durchfahren. Er stirbt.

Ich lasse Gerhard sich mit all den mitgenommenen Energien malen und bitte ihn dann, alle Energien, die er verabschieden will, jetzt aus sich herauszumalen. Er tut dies. Dann lasse ich ihn ein Heilungsbild malen. Ich bitte ihn, alles, was er braucht, um glücklich zu sein, in sich und um sich herum zu malen.

In der Abschlussbesprechung frage ich Gerhard, ob Leben immer noch bedeuten muss, alleine, isoliert und abgelehnt zu sein. Er verneint. Er sagt: „Leben heißt Gemeinschaft und Austausch." Ich bin gespannt, wie sich in den nächsten Monaten sein Leben und seine Beziehungen entwickeln.

Gerhard hat aus vergangenen Leben „Todesprogrammierungen" mitgebracht, Programmierungen, die besagen, dass sein Körper stirbt. Diese unbeendeten Programmierungen haben sich in der pränatalen Phase präzise aktualisiert, als Gerhard im Bauch einer Mutter landete, die immer wieder versuchte, ihn abzutreiben. Die „Todesprogrammierung" war viele Jahre lang latent in Gerhards Zellbewusstsein vorhanden. Dann wurde sie durch ein Lebensereignis aktiviert – bei Gerhard war es die Erinnerung an den Tod seines Vaters, der im selben Lebensalter starb, als bei Gerhard die Krankheit ausbrach.

Wir sehen hier, zu welch unterschiedlichen Zeitpunkten sich im Zellbewusstsein vorhandene pathogene Energie aktivieren kann – und wir begreifen, dass es natürlich auch Menschen geben kann, deren Zellbewusstsein ebenfalls pathogene Energie enthält, die jedoch zu keinem Zeitpunkt aktiviert wird, weil ein entsprechendes, als Katalysator wirkendes Lebensereignis fehlt – oder weil die Person bereits viele Inhalte aus ihrem Unterbewusstsein therapeutisch bearbeitet und beendet hat. Bei Gerhard gab es die Aktivierung – sein Körper kam ab seinem 54. Lebensjahr immer wieder dramatisch in die Nähe des Todes. Das in der DNS enthaltene Programm besagte: „Der Körper muss sterben." In seinem Bewusstsein jedoch dachte Gerhard: „Ich will leben."

Hier erkennen wir deutlich, wie die unbewussten Programmierungen den bewussten Gedanken diametral entgegengesetzt stehen können und wie sich ein regelrechter Kampf entwickeln kann, der auf dem Schlachtfeld „Körper" ausgetragen wird, obwohl es eigentlich ein Kampf von einander entgegengesetzten Gedanken und Überzeugungen ist. Jedoch waren Gerhard diese Gedanken und Überzeugungen nicht bewusst. Wir mussten auf die Ebene des Unterbewusstseins gehen, um sie ins Bewusstsein zu holen und dort zu transformieren. Diese transformierte Information hat sich dann auf der körperlichen Ebene wieder mit seinem Zellbewusstsein verbunden und dafür gesorgt, dass Gerhards Atemwegsorgane wieder angefangen haben, normal zu arbeiten.

Wenn ich das Ergebnis dieser intensiven und faszinierenden therapeutischen Arbeit sehe, bin ich jedes Mal beeindruckt von deren Wirksamkeit. Gleichzeitig wird mir dann klar, dass wir die diesen Heilungsprozessen zugrundeliegenden Vorgänge nur verstehen können, wenn wir die Erkenntnisse der Quantenphysik anwenden, die besagen, dass Information sich jederzeit von ihrem Träger lösen und sich mit einem anderen Träger verbinden kann, und dass sie auch unabhängig von Trägern existieren kann. Die trägerfreie Quanteninformation existiert nicht auf einen Ort begrenzt, sondern in einem nicht-lokalen Zustand.

Das ist genau das, was beim Sterben passiert – die Informationen des Zellgedächtnisses verlassen die materielle DNS und gehen als nicht-lokale Information ins Zwischenleben, bis es die nächste Zeugung gibt. Dann sorgen diese Informationen dafür, dass die unbeendeten Geschichten fortgesetzt werden, bis wir sie ins Bewusstsein holen, bearbeiten und umschreiben und damit das Heilungspotenzial unseres Körpers aktivieren.

5.4 Akne – Elisenda

Elisenda ist eine junge Frau Mitte Dreißig. Sie kommt zu mir in die Therapie, weil sie ein sehr schwieriges Verhältnis zu ihrer Mutter hat und seit Jahren an Akne leidet. Elisenda erzählt, dass das Verhältnis zu ihrer Mutter einfach nicht besser wird und „alle ihre Bemühungen fehlgeschlagen seien". Sie fühlt sich enttäuscht und frustriert.

Am letzten Muttertag hatte sie für ihre Mutter Blumen gekauft und wollte ihr diese bringen. Sie wusste, dass ihre Mutter zu Hause war, doch diese öffnete ihr nicht die Tür. Elisenda ging völlig enttäuscht wieder nach Hause und rief die Mutter an. Diese ging nicht ans Telefon.

Elisenda hat eine 15-jährige Tochter, die bei Elisendas Mutter lebt. Das Verhältnis gestaltet sich äußerst kompliziert, denn die Tochter steht unter dem Einfluss ihrer Oma und wird gegen ihre Mutter aufgehetzt. Elisenda sagt, dass sie überhaupt keine Autorität mehr über ihre Tochter hat. Sie sagt: „Ich finde keinen Weg."

Ich schlage vor, ihre Zeugung und die pränatale Phase zu bearbeiten und lasse sie erst einmal ein bisschen über diese Zeit erzählen. Sie berichtet, dass ihre Eltern jahrelang versucht hatten, ein Baby zu bekommen. Es hatte jedoch nicht geklappt. Beide Eltern hatten sich ärztlich untersuchen lassen, und es wurde ihrem Vater die Diagnose „zeugungsunfähig" gestellt. Ihre Mutter war damals sehr enttäuscht, und die Ehe der Eltern verschlechterte sich ab dem Zeitpunkt. Die Familie lebte in der ehemaligen DDR.

Schließlich entschlossen sich ihre Eltern, ein Kind zu adoptieren. Es war bereits alles vorbereitet, sie hatten das Kind schon mehrmals besucht und ihre Mutter hatte bereits eine Bindung zu ihm entwickelt, da entdeckte sie plötzlich ungläubig, dass sie schwanger war. Es war ein Schock für sie, sie konnte sich nicht mehr freuen, und ihr Mann glaubte nicht, der Vater des Kindes zu sein, denn er hielt sich ja für zeugungsunfähig. Es folgte eine Phase großer Verwirrung. Bei einer Untersuchung sagte die Ärztin, das Baby befinde sich in einer doppelten Fruchtblase, es sei eine Risikoschwangerschaft und sie rate zur Abtreibung. Wörtlich sagte sie Elisendas Mutter: „Einer von ihnen beiden geht drauf." Diese entschloss sich jedoch, das Kind zu behalten. Dafür verzichtete sie auf die Adoption des anderen Kindes.

Wir beginnen mit der Rückführung in die pränatale Phase, und ich bitte Elisenda, zum ersten Moment im Mutterleib zu gehen und mir das Erste zu sagen, was hochkommt. Elisenda sagt: „Es ist unangenehm."

Wir gehen in die Zeugungssituation hinein, und ich lasse sie den Satz „es ist unangenehm" wiederholen. Ich frage sie, wem dieser Satz gehört, und sie sagt „meiner Mutter". Ihrer Mutter ist die ganze Situation unangenehm, sie hat überhaupt keine Lust, mit ihrem Mann zu schlafen. Sie hat Erwartungen an ihn, die er nicht erfüllen kann. Die Nähe ist ihr zuwider. Ihr Körper ist verkrampft, und sie ekelt sich vor seinem Sperma. Elisendas Vater ist während der Zeugung am meisten verbunden mit „Ich schaff' es nicht" und „Es geht nicht". Er fühlt Leistungsdruck, dem er nicht gewachsen ist. Er denkt: „Ich schaff' es nicht, ein Kind zu zeugen."

Er fühlt sich nicht geliebt von seiner Frau. Er denkt, dass die Heirat ein Fehler war. Über sich selbst denkt er: „Ich bin ein Versager." Die Atmosphäre während der gesamten Zeugungssituation ist verkrampft. Am Ende der Zeugung herrscht eine Stimmung von Fremdheit zwischen den Eltern. Sie reden nicht miteinander und tauschen keine Zärtlichkeiten aus. Jeder ist in seiner Welt und mit seinen eigenen Gedanken beschäftigt.

Ich lasse Elisenda zurückgehen in den nicht-inkarnierten Zustand. Sie fühlt sich ganz leicht und schwebt umher. Es geht ihr gut. Dann kommt sie an eine Station, in der sich die Seelen anschauen dürfen, wo sie hinkommen können. Es gibt verschiedene Möglichkeiten, und sie muss sich für eine der Möglichkeiten und für eine neue Aufgabe entscheiden.

Sie sagt: „Das wird schwierig. Ich muss es erleben, um zu reifen." Sie fühlt Unsicherheit und Angst. Am liebsten würde sie flüchten. Sie muss noch ein bisschen warten. Sie sagt: „Ich muss dahin, weil ich die Erfahrung brauche." Es fühlt sich total unfreiwillig an. Ich lasse sie sich mit der Energie ihrer Mutter verbinden und frage sie, was sie zu dieser Mutter hinzieht. Elisenda sagt: „Ich will ihr helfen, weil sie sich etwas vormacht und innerlich zerrüttet ist. Ich will ihr helfen, ihre Schwierigkeiten zu lösen. Ich kenne sie."

Sie verbindet sich mit der Energie ihres Vaters, und das Erste, was hochkommt, ist Mitleid. Sie will ihm „den richtigen Weg zeigen".

Wir gehen zu dem Moment, in dem ihre Mutter bemerkt, dass sie schwanger ist. Die Mutter denkt: „Du lieber Gott." Sie bekommt einen Riesenschreck und fragt sich: „Was machen wir jetzt. Ist es nicht zu spät für eine Schwangerschaft." Sie denkt an das andere Kind, das sie adoptieren wollen, und fühlt sich im Zwiespalt. „Das hätte jetzt nicht mehr sein müssen", denkt sie über die Schwangerschaft. „Wie ungelegen." Sie fühlt mehr Verbindung zu dem Adoptivkind als zu dem Baby in ihrem Bauch.

Dann erzählt sie ihrem Mann von der Schwangerschaft: „Stell' Dir vor, jetzt bin ich schwanger." Der Vater fühlt sich völlig überrumpelt, und sein erster Gedanke ist: „Wer ist der Vater von dem Kind? Ich bin doch zeugungsunfähig." Er traut sich nicht, sich zu freuen, und fühlt sich sehr unsicher. Er denkt: „Das gibt's doch nicht." Die Mutter sagt: „Was machen wir mit dem anderen Kind?" Die Situation endet in Unschlüssigkeit.

Einige Tage später ist die Mutter bei ihrer Frauenärztin. Der Besuch ist ihr unangenehm, weil sie sich völlig entblößen muss. Die Ärztin untersucht sie und stellt fest, dass das Baby in einer doppelten Fruchtblase liegt. Sie sagt: „Die Schwangerschaft ist eine große Gefahr." Sie rät zur Abtreibung – der nächste Schock für Elisendas Mutter. Die Ärztin sagt: „Das Baby oder Sie könnten bei der Geburt sterben."

Die Mutter geht nach Hause und ist verzweifelt. Sie denkt: „Das hätte man auch einfacher haben können."

Ich frage Elisenda, wie sie sich im Mutterleib fühlt, und sie sagt: „Ich fühle mich fehl am Platz. Ich würde am liebsten wieder zurück." Sie versucht, eine Fehlgeburt zu werden, indem sie ihren Körper anspannt und versucht, sich aus dem Mutterleib herauszuboxen. Dann bemerkt sie, dass sie es nicht schafft.

Im fünften Monat der Schwangerschaft fühlt sich ihre Mutter sehr unangenehm. Man sieht den Bauch schon, und das ist ihr peinlich, genau so peinlich wie Elisenda jetzt ihre Pickel sind – die sieht man auch. Ihre Mutter versucht mit allen Mitteln, den Bauch zu verstecken. Sie fühlt sich beschmutzt und ist besorgt darüber, was die Leute denken könnten, dass sie in dem Alter noch Sex hat und schwanger ist. Genau so besorgt ist Elisenda darüber, was die Leute denken könnten, dass sie mit Mitte Dreißig noch Akne hat.

Die Leute schauen Elisendas Mutter an – sie bemerken, dass sie schwanger ist. Sie fühlt sich, als sei ihre Zukunft verbaut. Sie denkt sehr viel an das andere Kind und fühlt sich mehr mit ihm verbunden als mit Elisenda. Im Laufe der Schwangerschaft distanzieren sich ihre Eltern immer mehr voneinander. Es gibt viel Unausgesprochenes zwischen ihnen. Der Vater hat Zweifel, ob er der Vater des Babys ist, aber er traut sich nicht, mit seiner Frau darüber zu sprechen. Sie denkt an das andere Kind, traut sich aber auch nicht, mit ihm darüber zu sprechen. So sind beide allein, und Elisenda im Mutterleib ist auch allein. Sie übernimmt alle Scham- und Ekelgefühle ihrer Mutter. Wir arbeiten heraus, dass diese in ihre Haut hineingehen, wo sie sich heute als Akne zeigen.

Der Vater flüchtet sich in die Arbeit, die Mutter hat sich „abgefunden". Dann kommt der 8. Schwangerschaftsmonat. Die Mutter ist unterwegs und fällt hin. Es ist ein Schock für das Baby. Elisenda hat mehrere Momente lang Todesangst. Sie klammert sich fest.

Im 9. Monat der Schwangerschaft fühlt sich ihre Mutter sehr dick und unattraktiv. Auch diese Gefühle, über die sie mit niemandem reden kann, gehen in Elisenda hinein – genau so unattraktiv fühlt sich Elisenda, wenn sie ihre Pickel sieht.

Ich lasse sie zum Abschluss der Sitzung alle Fremdenergie nach außen bringen. Wir arbeiten in der Nachbesprechung heraus, dass ihre Mutter nun doch noch zu dem „anderen Kind" gekommen ist – es ist Elisendas Tochter, die bei ihr lebt. Das ist das Kind, das ihr näher steht, das Kind, das sie aufziehen will, das Kind, das sie nicht selbst in ihrem Bauch tragen und gebären musste.

Bei diesem Fall können wir die Frage stellen, warum sich die Gefühle von Elisenadas Mutter, die Elisenda in der pränatalen Phase verinnerlicht hat, in ihrem Hautbild als Akne zeigen. Theoretisch kann in der pränatalen Phase verinnerlichte Energie der Eltern an jedem Körperteil oder Organ anhaften. Ob diese Energie nun an der Haut oder an einem inneren Organ oder an Zähnen oder Knochen „anhaftet" und Symptome verursacht, hängt von verschiedenen Faktoren ab. Zum einen natürlich von den aus vergangenen Leben mitgebrachten „Schwachstellen" im Körper. Solche sind Körperbereiche oder Organe, die in vergangenen Leben entweder abgelehnt oder geschädigt wurden. So kann es beispielsweise sein, dass Elisenda in einem vergangenen Leben ihre Hautfarbe abgelehnt hat; oder das betreffende Organ wurde in einem vergangenen Leben in einer traumatischen Situation, insbesondere in der Sterbesituation, geschädigt und seine Zellen sind in den Schockzustand gegangen.

Bei Elisenda ist es wahrscheinlich so, dass es bereits in vergangenen Leben Schädigungen der Haut gegeben hat, die bestimmte Programmierungen im Zellbewusstsein der Hautzellen hinterlassen haben, die nun in der pränatalen Phase aktualisiert werden.

Außerdem ist es so, dass es in der pränatalen Phase für jedes Organ eine kritische Entwicklungsphase gibt. Wenn es während dieser Phase Schockerlebnisse gibt, kann das betreffende Organ geschädigt werden. Alle Organe bilden sich aus drei Keimblättern, dem Endoderm, dem Ektoderm und dem Mesoderm. Diese drei Keimblätter differenzieren sich in den ersten Monaten der Schwangerschaft zu den unterschiedlichen Körperorganen und Bestandteilen. Die Haut, so wie auch das Zentrale Nervensystem, die Haare, Nägel, Hornhaut und Gesichtsmuskeln, entwickeln sich aus dem Ektoderm. Die kritische Entwicklungsphase der Haut ist die 8.-9. Schwangerschaftswoche. Genau in dieser Zeit entdecken Frauen oft, dass sie schwanger sind.

Wir können also davon ausgehen, dass auch Elisendas Mutter wahrscheinlich um diesen Zeitpunkt herum ihre Schwangerschaft bemerkte und in den Schockzustand ging. Dieser Schock fiel also genau mit der Herausbildung von Elisendas Haut zusammen. Die Schockenergie der Mutter setzte sich in ihren sich entwickelnden Hautzellen fest. Diese fremde Energie, die in ihre Hautzellen hineinkam, führte in der Pubertät, die immer eine Lebenskrise ist, in der unbeendete Themen aus der Vergangenheit aktualisiert werden, zur Entwicklung des Symptoms Akne. Dieses Symptom verschwindet normalerweise nach der Pubertät wieder – nicht so bei Elisenda, da hier, wie gezeigt wurde, die Ursachen tiefer liegen. Wahrscheinlich kann das Symptom erst verschwinden, wenn sie zum einen alle Energie ihrer Mutter aus ihrem System externalisiert hat und wenn sie zum anderen ihrer Mutter und ihrer Tochter gegenüber klare Verhältnisse schafft.

5.5 Essstörungen

5.5.1 Amy

Amy ist eine junge Frau Mitte Dreißig. Sie kommt zu mir, weil sie seit Jahren unter massiven Essstörungen leidet. Sie weiß, dass sie bestimmte Lebensmittel, wie etwa Süßigkeiten, nicht gut verträgt, aber gerade diese Dinge, die sie nicht verträgt, isst sie. Sie sagt, es ist, als wolle sie sich selbst bestrafen. Sie hat Darm- und Verdauungsbeschwerden, wie Durchfall, Blähungen und Verstopfung. Bei einer kürzlich durchgeführten Untersuchung wurde festgestellt, dass sie sogar bereits Löcher in der Darmwand hat. Trotzdem konnte sie ihr destruktives Verhalten bislang nicht ändern.

Wir bearbeiten Zeugung, pränatale Phase und ihre Geburt. Es geht Amy besser. Als sie nach ein paar Wochen wieder zu mir kommt, sehe ich, dass sie sich verändert hat. Sie trägt ein wunderschönes, sehr weibliches Kleid und strahlt. Außerdem erzählt sie, dass sie sich in die Behandlung eines Heilpraktikers begeben habe, um auch auf der körperlichen Ebene etwas für sich zu tun.

Nach unserer letzten Sitzung hat sie viel geträumt, und es sind Gefühle von Wut und Angst hochgekommen. Die Träume waren zum Teil eklig. In einem Traum biss jemand in ihren Bauch hinein. Sie sah viel Blut.

Sie hat einen Mann kennen gelernt, mit dem sie vorhat, eine Beziehung einzugehen. Sie sagt, dass der Mann ihr gut tue. Er ist Amerikaner. Ich freue mich sehr für sie, denn ihre letzte Beziehung ist schon Jahre her.

Sie beschäftigte sich mit ihrer Kindheit. Es kam viel Trauer hoch und auch Erinnerungen an eine Zeit als Kind, in der sie sich wohlfühlte. Sie empfindet sich in der Stadt, in der sie momentan lebt, nicht als zu Hause, und sie sagt: „Ich will endlich wissen, wo ich hingehöre."

Sie hat momentan Ärger mit der Firma, für die sie als freie Mitarbeiterin arbeitet. Es gab einen Vorfall bei einem Kunden, wo die Firma ganz und gar nicht hinter ihr stand, sondern sich im Gegenteil von ihr distanzierte, obwohl eine Kollegin und nicht sie einen Fehler begangen hatte. Amy fühlte sich im Stich gelassen, ungerecht behandelt und nicht gesehen. Sie hatte viel Einsatz gebracht und sah diesen überhaupt nicht gewürdigt. Sie fühlt sich in der Sündenbockrolle und ärgert sich sehr. Sie erzählt, dass es auch in ihrer Schulzeit Vorfälle gegeben habe, wo sie sich seitens der Lehrer nicht gesehen und nicht anerkannt gefühlt hatte.

Wir steigen mit dem Satz ein: „Ich werde nicht gesehen." Zu dem Satz gehört Ärger und Druck im Nackenbereich und ein Gefühl, als werde ihr Kopf zurückgezogen.

Sie sieht zuerst eine alte Frau mit weißen Haaren. Das Gesicht der Frau ist zerfressen, zerstört und hohl. Es ist eingefallen. Die Frau befindet sich in einer Art Höhle. Amy ist die Frau. Sie sagt: „Ich fühle mich wie ein Geist." Es ist ein Verlies. Sie denkt: „Ich komm' hier nie wieder raus."

Wir gehen an den Anfang der Geschichte, und Amy sieht, dass sie ein gutes Leben hat. Sie lebt fürstlich in einem Schloss und hat schöne Kleider. Sie ist verheiratet; ihr Mann ist ihr jedoch fremd. Sie weiß, dass er grässliche Dinge tut. Er opfert Menschen. Er köpft diese. Sie darf eigentlich gar nichts davon wissen, aber sie weiß es, weil es ihr ein Diener sagt, der ihr nahe steht.

Wir gehen in die Situation hinein, in der sie von den Machenschaften ihres Mannes erfährt. Sie sieht, dass der Diener ihr seine Liebe gesteht. Dann sagt er: „Majestät, ich will Sie nicht beunruhigen." Schon in dem Moment geht Amy in den Schock. Er erzählt ihr, dass ihr Mann, der König, Menschen opfert. Es handelt sich um Soldaten und um andere Menschen, die ihm nicht gehorchen.

Amy ist ihrem Mann völlig unterstellt. Frauen müssen in der Kultur, in der sie lebt, schön sein, gehorchen und viele Kinder gebären. Sie hat fünf Kinder und ist schwanger mit dem sechsten Kind. Sie erlebt immer wieder die Herrschsucht ihres Mannes. Er sagt: „Wenn Du nicht gehorchst, dann schließe ich Dich ein." Wenn er betrunken ist, fällt er über sie her und vergewaltigt sie. Sie ist unglücklich und wütend darüber, dass sie diese Ehe eingegangen ist.

Es war ihr Vater, der wollte, dass sie diesen Mann heiratete. Er hat ihn für sie ausgesucht, und sie wusste, dass sie gehorchen musste. Wenn sie das nicht getan hätte, wäre sie aus der Familie ausgestoßen worden – eine undenkbare Konsequenz.

In ihrer Kultur sollen Frauen dienen und fruchtbar sein. Sie sollen nicht klug sein. Männer sollen einen hohen Rang haben, für Ordnung sogen und herrschen, auch mit Gewalt. Sie sollen: „Siegen und zeugen, Geld und Macht haben, damit andere zu ihnen aufschauen können."

In der ersten Zeit ihrer Ehe ist Amy oft verschreckt. Ihr Mann fügt ihr körperlich und seelisch Schmerz zu. Sie weiß nicht, wie sie damit umgehen soll, denn sich zu wehren ist für Frauen verboten. Ihr Mann will dauernd Sex, und sie weiß, dass er auch andere Frauen hat. Sie sagt: „Je klüger ich werde, desto mehr straft er mich." Wenn sie sich wehrt oder sich ihm entzieht, gibt er ihr *nichts zu essen.*

Es gibt heftige Szenen zwischen beiden, wenn er Sex will und sie sich wehrt. Er schlägt sie, sie beißt ihn, dann bindet er sie fest, sperrt sie ein und lässt sie einige Tage hungern. Es ist ein Machtspiel. In den Tagen, in denen sie eingesperrt und festgebunden ist, wünscht sie sich zu sterben. Jedes Mal in diesen qualvollen Tagen stirbt ein Teil von ihr. Wenn die Qual unerträglich wird, geht sie aus ihrem Körper heraus. Sie spürt dann den Hunger, den Durst und den Druck im Darmbereich nicht mehr.

Nach ein paar Tagen Qual lässt ihr Mann sie wieder heraus. Sie muss sich dann noch ein paar Tage erholen, und die Dienerinnen erhalten Anweisung, alles zu tun, um ihre Schönheit wiederherzustellen. Sie darf ihre Kinder in der ganzen Zeit nicht sehen. Sie leidet sehr darunter. Den Kindern wird erzählt, dass sie krank sei. Ihre Zofe vermittelt ihr: „Seien Sie stark für Ihre Kinder. Die Kinder brauchen sie."

Aber Amy ist nicht mehr stark. Im Gegenteil, bei jedem Vorfall dieser Art wird sie schwächer. Dann denkt sie wieder: „Ich habe so herzensgute Kinder. Ich muss weitermachen." Wenn ihr Mann kommt, ist sie stumm. Er tut so, als wäre nichts gewesen.

Dann bemerkt sie, dass sie wieder schwanger ist. Sie ist verzweifelt und denkt: „Ich will nicht noch ein Kind." Der Diener, der in sie verliebt ist, schlägt ihr vor, ihren Mann zu vergiften. Amy stimmt zu.

Der Plan misslingt. Ihr Mann findet heraus, dass Gift im Essen ist, und es wird ihm vermittelt, dass das Gift auf den Befehl seiner Frau ins Essen getan wurde. Er kommt zu ihr und sagt: „Ich werde Dir das Schlimmste antun." Amy ist völlig verzweifelt. Sie verliert die Kontrolle über sich, schreit und weint. Sie versucht sich zu töten, es klappt aber nicht.

Er lässt sie in das Verlies bringen und dort ohne Essen und Trinken und ohne menschlichen Beistand dahinvegetieren. Sie wünscht sich die ganze Zeit zu sterben. Kurze Zeit später wird ihr die Leiche des Dieners gezeigt. Ihr Mann hat ihn umbringen lassen. Sie fühlt sich schuldig und denkt: „Alle, die ich geliebt habe, werden geopfert."

Einige Zeit später sieht sie ihre Kinder vor dem Fenster. Diese sehen sie jedoch nicht. Manchmal bekommt sie Reste zu essen. Sie erblindet. Sie isst Verwestes und Ekliges. Sie bekommt dröhnende Kopfschmerzen und eitrige Geschwüre überall am Körper. Sie kann nicht mehr ausscheiden. Ihr Bauch drückt und zieht. Nach Jahren der Qual in dem Verlies stirbt sie elendig. Ihr Körper ist unterhalb der Taille taub. Der Bauch ist aufgebläht, das Blut ist vergiftet und zirkuliert nicht mehr. Ihr letzter Gedanke ist: „Es ist vollbracht." Ihre letzten Gefühle sind Ekel und Selbsthass.

Amy versteht den Zusammenhang zwischen dem bearbeiteten Leben und ihren Essstörungen. Sie empfindet ihre Essstörung wie einen Zwang, minderwertiges Essen zu essen, obwohl sie weiß, dass es ihr nicht gut tut – genau wie sie in dem Verlies gezwungen war, Verwestes und Ekliges zu essen, um überhaupt überleben zu können. Sie wurde von ihrem Mann geopfert, und jetzt ist sie auf dem besten Wege, sich wieder zu opfern. Aber sie will es nicht mehr. Der Teil in ihr, der leben will, wird immer stärker. Ich frage sie, ob sie die Entscheidung, sterben zu wollen, noch länger aufrechterhalten will, und sie verneint. Sie sagt: „Ich will leben."

Es ist immer wieder faszinierend und erschreckend zugleich zu sehen, wie unser Körper unseren Gedanken folgt, wie er das ausführt, was wir denken oder uns unbewusst wünschen. Wenn Menschen unbewusste Zell-Programmierungen haben, sterben zu wollen, entwickeln die Körper oft Krankheiten, die zum Tode führen. Meist ist es so, dass der Körper erst wieder dauerhaft gesunden kann, wenn das Programm gelöscht ist.

Ich frage Amy, ob sie ihren Darm wieder zerstören will, und sie verneint es. Ich frage sie, was das für ihr Essverhalten bedeuten könnte, und sie sagt: „Ich könnte Dinge essen, die mir gut tun."

Ich habe in meiner Arbeit mit essgestörten Menschen oft festgestellt, dass sie brutale Verhungerungsgeschichten in vergangenen Leben erlebt haben, die im jetzigen Leben durch eine schwierige Mutterbeziehung aktualisiert werden. Die Mutter ist ja normalerweise die erste Person, von der ein Baby etwas zu essen bekommt. Amy hat von ihrer Mutter nicht die Brust bekommen, sondern von Anfang an Fläschchen. Es war problematisch, da ihre Mutter kein Gefühl dafür hatte, wann Amy satt war. Sie stopfte und stopfte, bis Amy wieder Bauchschmerzen und Ekelgefühle hatte und sich manchmal auch übergab.

Jetzt hat sie endlich die Chance, die schrecklichen Trauma bezüglich des Essens zu beenden und zu einem normalen Essverhalten zu finden, das ihrem Körper gut tut. Wenn sie Essen von „Gift" und „Vergiftetwerden" trennen kann, kann sie es mit Lebensenergie, Genuss und Freude verbinden.

5.5.2 Sarah

Sarah ist Mitte Vierzig, als sie zum Erstgespräch in meine Praxis kommt. Als ich sie sehe, ist mein erster Gedanke: „Sie sieht aus wie jemand aus einem Konzentrationslager." Sie wiegt 45 kg bei einer Größe von 1,70 m. Sie erzählt, dass sie seit ihrer Pubertät massive Essstörungen hat. Es fing als Anorexie an und ging dann in Bulimie über. Sarah hat schon die verschiedensten Methoden ausprobiert und war auch bereits in einigen Kliniken für Essgestörte, doch bislang konnte keine Behandlung durchschlagenden Erfolg bringen. Mir fällt auf, dass Sarah ein sehr negatives Selbstbild und starke Selbstbestrafungstendenzen hat. Wir bearbeiten einige Szenen aus ihrem jetzigen Leben. Dann erzählt sie mir, dass sie das Gefühl hat, während der

Nazi-Zeit in einem KZ als Opfer gewesen zu sein. Sie will dieses Leben bearbeiten.

Wir steigen ein. Sarah sieht einen Operationssaal, Ärzte in weißen Kitteln, Erwachsene und Kinder. Ich frage sie, wo sie ist, und sie weiß es zuerst nicht genau. Dann sagt sie: „Es ist ein Konzentrationslager." Ich bitte sie, genau zu spüren, in welchem Körper sie sich befindet, und sie sagt: „Ich bin Arzt." Ich frage sie, was in dem Raum, in dem sie sich befindet, getan wird, und sie erzählt, dass an den Erwachsenen und Kindern Operationen vorgenommen werden. Ich frage sie, um welche Art von Operationen es sich handelt. Sie sagt: „Es sind Experimente." Die Kinder und die Erwachsenen, an denen die Experimente vorgenommen werden, sind halbverhungert. Sie sehen so aus wie Sarah jetzt. Sarah beschreibt, wie die Menschen teilweise ohne Narkose operiert werden. Es werden ihnen Organe entnommen und Knochen gebrochen. Es gibt Momente, in denen sie die Schreie der Menschen hört und am liebsten aufhören möchte.

Ich frage Sarah, wie sie in das Konzentrationslager hineingekommen ist. Sie sieht, dass sie vorher eine eigene Praxis hatte. Ein Mann kommt zu ihr und sagt ihr, dass es eine wichtige Aufgabe für sie gebe. Sie müsse ihre Praxis aufgeben und mitkommen in „eine Klinik". Er sagt ihr nicht genau, worum es geht, aber er macht ihr deutlich, dass, falls sie sich weigert, ihre Existenz auf dem Spiel stehen würde. Sarah spürt einen Widerstand in sich, aber sie traut sich nicht, diesen zu äußern. Sie geht in das Lager. Am Anfang ist ihr noch nicht genau klar, was sich dort abspielt.

Immer, wenn Zweifel in ihr hochkommen, gibt es jemanden, der ihr vermittelt, dass die Experimente, die dort stattfinden, von äußerster Wichtigkeit sind und wichtige Aufschlüsse über den menschlichen Körper liefern. Dies wird dabei helfen, Menschenleben zu retten. Ein Teil von Sarah glaubt diese Äußerungen nicht, ein anderer Teil will sie glauben. Sie beginnt, an den Experimenten teilzunehmen. Immer, wenn ihr das Leid der Menschen dort nahe geht, vermittelt sie sich selbst, dass sie an wichtigen wissenschaftlichen Experimenten teilnimmt, die helfen werden, Menschenleben zu retten.

Sarah ist einige Monate dort – dann wird das Lager befreit. Sie wird umgebracht. Im letzten Moment, bevor sie stirbt, fühlt sie massive Schuldgefühle über das, was sie getan hat. Sie spürt in dem Moment, dass es nicht stimmt, was ihr vermittelt wurde, Menschenleben wurden nicht gerettet, sondern viele Menschen auf grausame Art und Weise gequält und getötet. Ich lasse sie mehrmals durch das Sterben hindurchgehen, bis sie gut fühlen kann, was sie alles aus dem Leben mitgenommen hat. Sie erkennt den Zusammenhang zwischen ihren jetzigen Essstörungen und dem, was in dem vergangenen Leben passiert ist. Sie spürt auch, wie viel Energie sie von den Opfern übernommen hat. Ich lasse sie mit den Seelen in Kontakt gehen und alles aussprechen, was sie sagen will. Sie weint und sagt, wie leid es ihr tut.

Ich lasse sie sich wieder ganz verbinden mit ihrem jetzigen Körper und frage sie, ob sie es nach dreißig Jahren Essstörungen immer noch braucht, dass sich ihr Körper so anfühlt wie die Körper der Menschen, die sie gequält hat, oder ob es auch einmal vorbei sein kann. Ich frage sie, ob sie es immer noch will, dass ihr Körper kurz vor dem Sterben steht, so wie die Körper der Menschen damals, oder ob sie diese Körpergefühle jetzt beenden kann. Sie zögert, dann sagt sie, dass sie sich wünscht, es möge endlich vorbei sein.

In der Nachbesprechung merke ich, dass Sarah Probleme hat, mir in die Augen zu schauen. Ich kann mir denken warum. Sie hat diese Rückführung ja gemacht, weil sie der Überzeugung war, Opfer in einem Konzentrationslager – und nicht Täter – gewesen zu sein. Wenn sie die Vermutung gehabt hätte, Täter gewesen zu sein, hätte sie die Sitzung vielleicht nicht begonnen. Diese Sitzung zeigt mir wieder einmal, wie sehr die Rollen durcheinander gehen, wenn wir Geschichten aus der Nazi-Zeit bearbeiten. Es gibt dort so viele Schichten von Täter- und Opfersituationen, dass es manchmal schwierig sein kann, diese zu trennen. Dies soll niemandem seine Verantwortung wegnehmen oder gar entschuldigen, es zeigt nur, wie komplex und vielschichtig die Thematik ist. Ich habe es schon oft in Rückführungen in diese Zeit erlebt, dass Täterleben als Opferleben abgespeichert wurden und umgekehrt. Erst dann, wenn Therapeut und Klient in der Rückführung herausgefunden haben, was wirklich geschehen ist, können die Geschichten abgeschlossen werden und die Seelen vermögen Frieden zu finden.

Es ist sicher kein Zufall, dass wir in den letzten Jahren eine erhebliche Zunahme an Essstörungen verzeichnen. Aus meiner langjährigen therapeutischen Arbeit kann ich sagen, dass Fälle wie Sarah kein Einzelfall sind. Viele Essgestörte haben solche oder ähnliche Geschichten – in Täter- oder Opferrollen – in Konzentrationslagern oder ähnlichen Situationen der Geschichte erlebt.

Wir sehen hier, wie die unbeendeten traumatischen Situationen, die oft stark mit Entsetzen, Verdrängung, bestimmten sich wiederholenden Parolen oder Befehlen und Schuldgefühlen verbunden sind, in den Körpern der betroffenen Personen weitergehen. Auch wenn die Situationen schon längst beendet sind, im Körperbewusstsein des Menschen sind sie noch nicht beendet. Der Schock, der Horror, das Entsetzen und das Leiden gehen weiter.

In dem vergangenen Leben von Sarah war es so, dass ihre Umgebung immer wieder, wenn bei ihr Zweifel hochkamen über das, was sie tat, vermittelte, die Experimente seien „von äußerster Wichtigkeit". Wir kennen diese Strategie nicht nur aus dem Nationalsozialismus, sondern auch von Sekten und totalitären Regimen jeder Art. Menschen lernen durch Wiederholung. Wenn Botschaften immer wieder vermittelt werden, insbesondere in Schock- oder anderen Extremsituationen, werden sie vom Unterbewusstsein des Menschen verinnerlicht.

Sarah hat in ihrem Zellbewusstsein sowohl die Energie der Befehlshaber als auch die Energie der Opfer gespeichert. Auf der Zellebene gehen die „Experimente" weiter – Sarahs Körper ist sozusagen der Operationssaal, in dem diese durchgeführt werden. Erst, wenn sie alle

Energie sowohl der Opfer als auch der Täter aus ihrem Zellbewusstsein externalisiert hat, wird sich das Verhältnis zu ihrem Körper und nachfolgend auch ihr Essverhalten normalisieren können. Wenn sie begreift, woher die Befehle gekommen sind, kann sie diese beenden, und wenn sie begreift, wem das unbeschreibliche Leid gehört – nämlich den Kindern und Erwachsenen, an denen Experimente vorgenommen wurden, kann das Leid in ihrem Körper endlich aufhören. Dazu gehört allerdings auch, dass sie sich selbst erlaubt, die Schuld zu beenden. Das kann bei solch schwerwiegenden Umständen ein Prozess sein, der Zeit erfordert und bei dem Heilung nicht von heute auf morgen geschieht. Es braucht Geduld, um solche Erlebnisse zu integrieren.

Ein solcher Integrationsprozess vollzieht sich oft in Etappen. Beispielsweise kann es sein, dass nach der therapeutischen Bearbeitung zuerst starke Gefühle hochkommen. Wenn Schuldgefühle erfolgreich therapeutisch bearbeitet werden und diese anfangen, sich zu lösen, kommen oft starke Wut und Trauer hoch – das ist gut, denn der Betroffene muss durch all diese Gefühle hindurch, um die alte Geschichte beenden zu können. Wenn der Mensch durch den emotionalen Verarbeitungsprozess hindurchgegangen ist, können sich die Glaubenssätze auf der mentalen Ebene verändern. Im Fall Sarah bedeutet dies, dass sie vom Zwang der Befehle, der sich jetzt als Zwang zu essen und zu erbrechen zeigt, wegkommen und wieder in eine freie Wahl hineinkommen kann. Das heißt, sie kann wieder anfangen zu entscheiden, was und wieviel sie wann isst. Wenn sie ihre Autonomie in Bezug auf Essen wiedergewonnen hat, kann sich ihr Essverhalten ändern und infolgedessen kann ihr Körper gesunden.

Solch eine Gesundung ist natürlich nach dreißig Jahren Essstörungen nichts, was sich von heute auf morgen vollzieht. Es braucht Geduld und viel Disziplin sowie ein stetiges Einüben der neuen Glaubenssätze und der aus ihnen resultierenden Verhaltensmuster. Aber es lohnt sich – Gesundheit und eine völlig neues Körperbewusstsein warten auf diejenigen, die durch diesen Prozess hindurchgehen. Wenn sie ein Körperbewusstsein entwickelt, das mit Akzeptanz, Freude und Gesundheit verbunden ist, statt mit Schuld, Schmerz, Leid und Ablehnung, dann ist das alte Drama auf allen Bewusstseinsebenen – emotional, mental, spirituell und körperlich – vorbei.

5.6 Chronische Blutungen – Andrea

Andrea ist eine Frau Mitte Dreißig, die seit einiger Zeit an chronischen Blutungen leidet. Sie hat einen sehr unregelmäßigen Menstruationszyklus mit heftigen Zwischenblutungen, der auch ihr Sexualleben stark beeinträchtigt. Außerdem leidet sie an einem Myom. Beim Erstgespräch erzählt sie, dass sie ein ungeplantes Kind war. Sie hat einen älteren Bruder, und ihre Mutter war vierzig Jahre alt, als Andrea geboren wurde. Ihre Mutter starb fast bei ihrer Geburt, denn auch ihre Mutter hatte ein Myom, das dem Baby den natürlichen Weg in die Welt versperrte und einen Kaiserschnitt notwendig machte.

Andrea erzählt weiter, dass sie *sich selbst im Wege steht*, wenn sie etwas für sich tun will. Ich höre ihr zu und denke mir, dass das kein Wunder ist. Das ist genau ihre Geburtserfahrung, die sich ständig in ihrem Leben wiederholt. Das Myom stand ihr im Weg. Jetzt steht sie selbst sich im Weg. Sie kann nur für andere etwas tun, nicht aber für sich selbst. Ihr Handeln ist blockiert. Sie denkt über sich selbst: „Ich bin es nicht wert" und „Ich darf nicht". Andrea hat keine eigenen Kinder. Sie hat die beiden Kinder ihres Lebensgefährten mit aufgezogen.

Andreas Mutter ist bereits gestorben. Über das Verhältnis zu ihrer Mutter sagt sie: „Es gab kein Verhältnis. Es herrschte Sprachlosigkeit." Ihre Mutter konnte sich nicht öffnen und nahm eine vorwurfsvolle Grundhaltung ein, so dass Andrea immer das Gefühl hatte, etwas falsch gemacht zu haben. Die Mutter starb an Brustkrebs. Sie war erst sehr spät zum Arzt gegangen. Die Ehe der Eltern war eher eine Kameradschaft als eine Liebesbeziehung. Es gab keine Herzlichkeit, und schwierige Themen wurden einfach „totgeschwiegen". Andrea fühlte sich oft hilflos und ohne Orientierung. Sie sagt: „Ich wusste nicht, worum es eigentlich geht."

Ihr Vater war in russischer Kriegsgefangenschaft gewesen und kehrte erst zehn Jahre nach Kriegsende nach Hause zurück. Zum Thema Sexualität befragt, antwortet sie: „Das gab es nicht." Auch an ihre erste Regelblutung hat sie keine Erinnerung. Sie fühlt sich oft „schwammig" – sowohl körperlich als auch seelisch – und ich habe den Eindruck, dass sie nicht ganz in ihrem Körper anwesend ist.

Wir bearbeiten zunächst die Zeugung, pränatale Phase und Geburt und befreien dann die Eltern- und Umgebungsenergie aus ihrem System. In dieser Zeit sagt sie über ihre Körpergefühle: „Ich fühle mich müde, habe ein bohrendes Gefühl im Unterleib und fühle mich wie schwanger. Ich habe unglaubliche Blutungen. Es kommt, wann es will, und es bleibt, so lange es will. Meine letzte Regel kam bereits vierzehn Tage nach der vorherigen Monatsblutung." Sie sagt „Es reicht mir jetzt. Ich will jetzt endlich wissen, wo das herkommt."

Ich frage sie, welches Gefühl und welcher Gedanke zuerst hochkommen, wenn sie sich mit dem Thema verbindet. Sie sagt: „Angst" und „Ich will das nicht". Wir steigen mit diesen Elementen in ein vergangenes Leben ein. Das Erste, was sie wahrnimmt, ist Dunkelheit und Steinmauern. Sie ist eine junge Frau, zwanzig Jahre alt, und es ist feucht und kalt. Es gibt einen Lehmboden mit Stroh. Dieser Boden gehört zu einer Schänke, in der sie arbeitet.

Eines Tages sind Männer dort zu Besuch, die sie beobachten. Sie spürt die lüsternen Blicke und denkt: „Ihr kriegt mich nicht." Die Männer bemerken ihre abweisende Haltung, und einer sagt zu ihr: „Ich werde es Dir schon zeigen." Andrea hat Angst und spürt die Adrenalinschübe in ihrem Körper. Sie versucht, ihren Körper abzuschalten, ihn zu ignorieren. Als ihre Arbeitszeit beendet ist, will sie über den dunklen Hof zu ihrer Kammer gehen. Die Männer haben ihr im Hof aufgelauert. Einer von ihnen schnappt sie und hält sie fest. Andrea wehrt sich nicht, sie geht sofort aus ihrem Körper heraus. Die Männer schleppen sie auf den Lehmboden. Andrea schaltet ihren Körper noch mehr ab, bis sich ihre weiblichen Körperteile wie tot anfühlen. Sie wird vergewaltigt.

Danach fühlt sich ihr Körper schmutzig an. Sie versucht, die Gefühle auszublenden und vermittelt sich selbst, dass ihr Unterleib nicht mehr existiert. Es ist so, als würden ihre weiblichen Teile nicht mehr existieren, als wären sie gestorben. Sie lebt noch ein paar Jahre, dann stirbt sie.

Ich lasse Andrea alle Energie von den Männern, die in ihre weiblichen Organe hineingekommen ist, ausatmen – allen Schmutz und allen Schock. Dann bitte ich sie, mit ihren weiblichen Organen zu sprechen und ihnen zu vermitteln, dass das traumatische Erlebnis von damals jetzt beendet ist. Ich bitte sie, diese Organe jetzt ganz bewusst wieder zu spüren und mit ihrer eigenen Lebensenergie zu füllen. Sie tut dies.

Nach dieser Arbeit geht es ihr ein paar Wochen lang besser. Dann hat sie wieder eine sehr starke Blutung. Es ist so massiv, dass sie das Gefühl hat, zu verbluten. Sie erzählt mir, dass sie das Gefühl hat, sie blute „wie zwei Frauen". Als ich das höre, fällt mir spontan der Unfall ein, den Andrea vor fast zwanzig Jahren erlitt. Es war ein Autounfall, bei dem eine Frau und ein Mann, mit denen sie im Auto saß, starben. Andrea saß auf dem Rücksitz auf der Beifahrerseite und wurde verletzt. Es könnte sein, dass Energie von der Frau, die bei dem Unfall gestorben ist, bei Andrea angeklebt ist und es hier einen Zusammenhang zu den starken Blutungen gibt. Ich schlage Andrea vor, den Unfall zu bearbeiten.

Das erste, was in der Rückführung hochkommt, ist der Zusammenprall und das Gefühl: „Mir bleibt die Luft weg" und *„Alles ist blutig"*. Andrea fühlt einen starken Stoß, und Sekundenbruchteile später fühlt sich ihr ganzer Körper schwer und blutig an. Die andere Frau stirbt im Schock, unmittelbar nach dem Aufprall. Alles passiert fast gleichzeitig – der Aufprall, der Schock, die Verletzung von Andrea und das Sterben der anderen Frau. Auch Andrea ist im Schock, und Teile der anderen Frau kleben bei Andrea an. Ich lasse Andrea dies gut spüren, lasse sie mehrmals durch die Aufprallsituation hindurchgehen, damit sie jetzt all das bewusst spüren kann, was bei der tatsächlichen Unfallsituation zu schnell passiert ist, als dass sie es bewusst hätte registrieren können. Erst als ihr klar geworden ist, was in der Situation passierte, lasse ich sie all die Energie der anderen Frau gut loslassen. Dann bitte ich sie, mit allen an dem Unfall beteiligten Seelen in Kontakt zu gehen, alles Unausgesprochene zu sagen, alle noch angeklebten Energieteile auszutauschen und sich dann gut zu verabschieden.

In der nächsten Stunde geht es weiter. Andrea erzählt, es habe nach unserer letzten Sitzung sehr in ihr gearbeitet. Seit ein paar Tagen hat sie ein Ziehen im Bauch und ein bohrendes Gefühl in den Eierstöcken. Ihre Brüste fühlen sich geschwollen an, wie in einer Schwangerschaft. Wir beginnen zu arbeiten, und Andrea kommt in ein Leben, in dem sie eine Ordensschwester ist. Sie ist eine junge Novizin, die noch nicht dem Orden beigetreten ist. Eigentlich gefällt es ihr gut in dem Kloster, in dem sie lebt, doch ihr fehlt menschliche Wärme, da alles nach strengen Regeln abläuft – so wie in der Kindheit ihres jetzigen Lebens – da gab es auch keine Herzlichkeit oder Nähe.

Zwischen dem Kloster und einem Gut in der Umgebung werden Waren getauscht, und so kommt des öfteren der Sohn des Gutsbesitzers zu ihnen. Eines Tages gesteht er Andrea seine Liebe. Er bittet sie, den Orden zu verlassen und sie zu heiraten. Andrea ist hin- und her gerissen, denn auch sie hat sich in ihn verliebt. Gleichzeitig hat sie den großen Wunsch, in den Orden einzutreten und Gott zu dienen. Trotz ihrer Angst, ihrer Abwehr und der strengen Regeln des Klosters treffen sie sich und kommen sich näher. Diese Zeit ist eine Qual für sie, denn sie weiß, dass sie sich entscheiden muss zwischen ihrem Wunsch, Gott zu dienen, und ihrem Wunsch nach menschlicher Nähe. Eines Tages werden sie intim, und kurze Zeit darauf bemerkt sie, dass sie schwanger ist.

Als sie dies bemerkt, ist sie verzweifelt und voller Angst. Sie weiß, dass sie den Orden verlassen muss, wenn ihre Schwangerschaft bekannt wird. Dann müsste sie ihren größten Wunsch für immer begraben! Beim nächsten Treffen mit ihrem Geliebten teilt sie ihm mit, dass alles vorbei ist. Sie schickt ihn für immer fort, ohne ihm von der Schwangerschaft zu erzählen.

Innerlich voller Panik sucht sie nach einem Ausweg, denn lange wird sich ihr Zustand selbst unter der Schwesterntracht nicht mehr verbergen lassen. Da sie im Garten des Klosters arbeitet, kennt sie die verschiedenen Kräuter und ihre Wirkung. Sie besorgt sich heimlich die entsprechenden Essenzen für einen Trank, der den Fötus abgehen lässt. Sie begibt sich zu einem leerstehenden Gebäude in der Nähe des Klosters und trinkt die Kräuter. Der Abgang vollzieht sich unter qualvollen Schmerzen. Er ist verbunden mit Todesangst, Verzweiflung, Hoffnungslosigkeit und *viel Blut*. Durch die starken Schmerzen wird sie ohnmächtig. Als sie wieder erwacht, liegt sie immer noch dort in einer Blutlache. Mit letzter Kraft schleppt sie sich nach draußen und begräbt ihr Kind. Zusammen mit dem Kind begräbt sie auch ihre Lebensfreude, ihre Weiblichkeit, ihre Sexualität und ihren Wunsch nach menschlicher Nähe und Liebe. Sie denkt: „*Ich will nie mehr so etwas erleben.*" Diese Botschaft wird von ihrem Zellbewusstsein verinnerlicht als: „*Nie mehr Schwangerschaft.*"

Stark geschwächt und mit Fieber erreicht sie wieder das Kloster und spielt den Schwestern eine starke Grippe vor. Sie pflegen sie, und niemand merkt etwas. Als sie sich vollständig erholt hat, beendet sie ihre Zeit als Novizin und wird Ordensschwester. Sie lebt ihren großen Wunsch, Gott zu dienen und anderen zu helfen, aber wirklich glücklich ist sie nicht. Dies wird ihr aber erst bewusst, als sie im hohen Alter stirbt. Im Augenblick ihres Todes betrauert sie ihre verlorene Liebe und ihr verlorenes Kind. Erst in der Sterbesituation wird ihr klar, dass es den Preis nicht wert war, diesen Teil in ihr damals sterben zu lassen, um für andere da zu sein.

Ich frage Andrea, ob sie ihre Entscheidung, ihre Weiblichkeit zu begraben, nie mehr ein Kind zu haben und ihr Leben ganz Gott zu widmen, weiterhin aufrechterhalten will. Sie verneint und sagt, dass sie endlich ihre Weiblichkeit und auch ihre Sexualität wieder leben und ihren Körper wieder spüren will. Ich bitte sie, die Teile, die sie in dem vergangenen Leben verloren hat, jetzt wieder zurückzuholen. Dann spricht sie mit der Seele des gestorbenen Kindes und mit ihrem Liebhaber – und verabschiedet sich von ihnen.

Andrea versteht den Zusammenhang zwischen dem bearbeiteten Leben und den Körpersymptomen in ihrem jetzigen Leben. Die starken Blutungen, der unregelmäßige Regelzyklus, das Myom und das Gefühl, schwanger zu sein, haben das unbeendete Trauma wieder hochgeholt, damit sie es endlich bearbeiten und beenden konnte. In ihrem jetzigen Körper wächst kein Kind, sondern ein Myom. Ihr Körper erzählt mit seinen Symptomen die Geschichte, die sie vergessen hatte.

Nach der Bearbeitung dieses Lebens normalisiert sich Andreas Regelzyklus. Sie hat keine überstarken Regelblutungen und keine Zwischenblutungen mehr – und sie nimmt ab. Das aufgeschwemmte, „schwangere" Gefühl geht weg, und ihr Körpergefühl in den weiblichen Organen – Unterleib und Brüste – normalisiert sich. Auch ihr Sexualleben verbessert sich. Sie unterzieht sich einer Operation, bei der das Myom entfernt wird.

Kein Zufall, dass Andrea in ihrem jetzigen Leben keine eigenen Kinder hat. Sie hat in dem Leben als Ordensschwester die Entscheidung getroffen: „Nie mehr so etwas zu erleben." Diese Entscheidung wurde im Schock getroffen und auf einer tiefen, unbewussten (Zell-) Ebene verinnerlicht als: „Nie mehr ein Kind." Entscheidungen, die im Schockzustand oder unbewusst getroffen werden, haben nicht etwa weniger Auswirkungen als Entscheidungen, die in vollem Bewusstsein getroffen werden – das Gegenteil ist der Fall.

Unbewusst getroffene Entscheidungen können unter Umständen noch stärker wirken als bewusst getroffene, weil wir nicht mehr wissen, dass wir jemals eine solche Entscheidung getroffen haben. Diese Entscheidungen werden von einem Leben in die nächsten Leben mitgenommen. Sie sind in der DNS gespeichert. Wenn sich beim Sterben die seelische Matrix, auf der alle körperlichen, emotionalen und mentalen Muster, Glaubenssätze und Entscheidungen einprogrammiert sind, vom Körper trennt, geht sie ins Zwischenleben, wo sie sich mit der Seele des Menschen verbindet.

Die DNS ist die Brücke zwischen der materiellen und der Quantenwelt. In der DNS sind alle Programmierungen gespeichert über das, was wir in einem Leben erlebt haben. Die DNS ist gleichzeitig Makromolekül und von quantenmechanischer Beschaffenheit. Beim Sterben verwandelt sie sich vom Makromolekül in die quantenmechanische Beschaffenheit – aus Materie wird Energie. Diese Energie geht ins Zwischenleben und verbindet sich dort mit der Gesamtseele des Menschen. Im nächsten Leben inkarniert diese Energie im Moment der Zeugung und transformiert sich wiederum von dem energetischen in den materiellen Zustand – aus Energie wird wieder das Makromolekül DNS – alle Informationen der vergangenen Inkarnationen sind hier gespeichert und bleiben also erhalten.

In einem Leben inkarnieren meist nur Teile der Gesamtseele eines Menschen, die sogenannten Persönlichkeiten. Wer in seinem jetzigen Leben die Persönlichkeit Uwe ist, war vielleicht in seinem letzten Leben die Persönlichkeit Anke, im vorletzten die Persönlichkeit Gisela und in einem noch davor liegenden Leben die Persönlichkeit Hans. Diese jeweiligen Persönlichkeiten sind Teile der Gesamtseele, die sich im Zwischenleben befindet. Je besser die Verbindung zwischen der jeweils inkarnierten Persönlichkeit und der Gesamtseele eines Menschen ist, desto besser ist seine spirituelle Anbindung und desto besser kann er Herausforderungen bewältigen.

In Andreas Fall war in der Matrix, die sich beim Sterben vom Körper getrennt hat, die Entscheidung enthalten „kein Kind". Diese Entscheidung hat sie in ihr jetziges Leben mitgebracht. Das ist einer der Gründe, warum sie im jetzigen Leben keine eigenen Kinder hat; und es ist auch einer der Gründe, warum sie mit einem Mann zusammenlebt, der zwei Kinder hat, die sie mit großgezogen hat. Ihre Seele hat so einen Kompromiss gefunden zwischen der Entscheidung „keine Kinder" und dem in den meisten Frauen angelegten Wunsch, Mutter zu sein. Indem sie sich um zwei nicht eigene Kinder gekümmert hat, konnte sie zumindest einen Teil ihrer Mütterlichkeit leben – einen relativ „ungefährlichen", denn die von ihr in dem vergangenen Leben als „gefährlich" erlebte Zeit der Schwangerschaft und Geburt musste sie nicht durchleben.

Wenn man die unbewussten Entscheidungen, die von einem Leben ins nächste mitgenommen werden, verändern will, so muss man sie im ersten Schritt bewusst machen, indem man in einer Rückführung in das entsprechende Leben herausfindet, wie, wann und unter welchen Umständen die betreffende Entscheidung getroffen wurde. In dem Moment, in dem wir die Umstände und Gründe einer solchen Entscheidung begreifen, können wir sie ändern und somit das Programm verändern. Wenn das Programm verändert ist, so zeigen sich die Auswirkungen sowohl im aktuellen Leben als auch in den nachfolgenden Leben.

Das ist der Grund, warum es immer hilfreich ist, Themen reinkarnationstherapeutisch zu bearbeiten, auch wenn der Klient unheilbar an Kebs erkrankt und es ersichtlich ist, dass die Krankheit in seinem jetzigen Leben nicht mehr reversibel ist und der Mensch sterben wird. Wenn der Mensch die Ursache der Krankheit reinkarnationstherapeutisch bearbeitet, dann wird das zugrundeliegende Programm transformiert. Er nimmt es beim Sterben nicht mehr mit, und er kann in seinem nächsten Leben einen gesunden Körper aufbauen.

Andrea hat beim Sterben in dem vergangenen Leben folgende Matrix mitgenommen: Auf der mentalen Ebene die unbewusste Entscheidung „keine Kinder", auf der somatischen Ebene „Blutungen und schwangerschaftsähnliches Körpergefühl" und auf der emotionalen Ebene Hilflosigkeit. Alle drei Ebenen haben in Andreas jetzigem Leben ihre Wirkung gezeigt.

Wie oben erläutert, ist die Matrix mit den körperlichen, emotionalen und mentalen Programmierungen im physischen Körper in der DNS verankert. In einer guten Rückführung wird diese Matrix verändert. Die Zell-Information „starke, unregelmäßige Blutungen" wird geändert in „normale, regelmäßige Blutungen", die Information auf der mentalen Ebene „kein Kind" wird geändert in „Kinder möglich" und die Information auf der emotionalen Ebene „Hilflosigkeit in Verbindung mit Weiblichkeit und den weiblichen Geschlechtsorganen" wird verändert in „Freude und gute Verbindung mit Weiblichkeit und den weiblichen Geschlechtsorganen".

Nicht zu vernachlässigen ist natürlich auch die spirituelle Ebene. Die Information auf der spirituellen Ebene „Sexualität verboten aus religiösen Gründen" wird verändert in „Sexualität erlaubt".

Andrea selbst beschreibt die Auswirkungen unserer gemeinsamen Arbeit auf ihr Leben wie folgt:
„Meine aktuellen Beschwerden sind wesentlich geringer als vor der Therapie. Mir ist bewusst geworden, dass ich mich überfordere, wenn ich mich in Lebenssituationen befinde, in denen ich mich nicht um mein persönliches Wohl kümmere und denke, mich für eine bestimmte Sache regelrecht 'aufgeben' zu müssen – also wieder das lebe, was ich in dem vergangenen Leben gelebt habe. Jetzt sorge wieder mehr für mich und versuche, die verschiedenen Teile meines Lebens besser in Einklang zu bekommen."

5.7 Infertilität – Henriette

Henriette kommt Anfang 2004 zum Erstgespräch in meine Praxis. Sie erzählt, sie habe einen intensiven Kinderwunsch, der sich bislang nicht erfüllt hat. Körperlich ist bei ihr alles in Ordnung. Sie hat schon viel versucht, sowohl durch Methoden, die auf der seelischen Ebene wirken, als auch durch solche, die auf den Körper wirken, doch nichts hat bislang genutzt. Es wurden acht Inseminationen gemacht, alle ohne das gewünschte Ergebnis. Henriette ist seit zehn Jahren mit einem Mann verheiratet, der sterilisiert war und sich refertilisieren ließ. Henriette begann durch die Thematik einen spirituellen Weg zu gehen, denn sie wollte die tiefen Hintergründe ihrer Unfruchtbarkeit verstehen.

Henriette ist sechsundvierzig Jahre alt. Sie erzählt, dass sie bis zu ihrem dreißigsten Lebensjahr keine Beziehung hatte. Dann lernte sie ihren jetzigen Mann kennen. Die Ehe beschreibt sie als gut. Allerdings entstand durch die Kinderthematik und den sich nicht einstellenden Erfolg Druck in der Ehe, der sich belastend auswirkte, auch auf die Sexualität. Ihr Mann hat ein Kind aus seiner ersten Ehe. Sein Wunsch nach einem Kind ist bei weitem nicht so ausgeprägt wie Henriettes Wunsch. Sie erzählt, die Beziehung zu ihrem Mann sei eher eine Bruder-Schwester-Beziehung als eine Mann-Frau-Beziehung. Der Ehemann entzieht sich ihr sexuell. Er hat Erektionsstörungen, die sexuelle Handlungen erschweren. Sie können nicht darüber reden. Henriette sagt: „Wenn wir darüber reden, geht etwas kaputt."

Nach ihrer Kindheit und den Umständen ihrer Zeugung und Geburt gefragt, berichtet sie, ihre Mutter hätte nach Henriettes Geburt drei Abgänge gehabt. Danach sagte der Arzt zu ihrer Mutter, sie dürfe keine Kinder mehr bekommen. Wir arbeiten heraus, dass Henriette den Satz, den der Arzt zu ihrer Mutter sagte: *„Sie dürfen keine Kinder mehr bekommen."* übernommen hat. In der Bearbeitung befreien wir die von der Mutter übernommene Energie. Henriette versteht die Zusammenhänge sehr gut. Sie sagt, dass sie oft in ihrem Leben das Gefühl hatte, die Tränen ihrer Mutter zu weinen. Für die Mutter hätte es Lebensgefahr bedeutet, noch ein Kind zu bekommen. Henriette hatte verinnerlicht *„Schwangerschaft bedeutet Lebensgefahr"*.

Dann gehen wir weiter zurück. Henriette kommt in ein Leben, in dem sie als junge Frau alleine lebt. Sie ist Waise. Sie lebt zurückgezogen in einer kleinen Hütte am Waldrand und ernährt sich von den Pflanzen und Früchten des Waldes. Sie hat zwar relativ wenig Kontakt zu anderen Menschen, doch sie ist nicht unglücklich.

Eines Tages verändert sich ihr Leben auf einen Schlag – ein Mann taucht auf, der sie vergewaltigt. Sie ist zu diesem Zeitpunkt siebzehn

Jahre alt. Sie wehrt sich nicht, weil sie wie erstarrt ist. Henriette hat kurze Zeit vor unserer Sitzung Knie-, Kreuz- und Ischias-Schmerzen bekommen, und ihr Hals fühlt sich verschoben an. Ihr Körper ist also schon regrediert, hat sozusagen schon mit der Bearbeitung des Traumas aus dem vergangenen Leben angefangen.

Henriette fühlt sich nach der Vergewaltigung wie zerstört. Sie vermittelt sich selbst die Botschaft: „Das ist nicht wahr." Sie schämt sich und hat das Gefühl völliger Hilflosigkeit. Nach einiger Zeit bemerkt sie, dass sie schwanger ist. Ihr erster Gedanke ist: „Am besten, ich bekomme es überhaupt nicht." Sie hat den Gedanken, ihren Bauch irgendwo anzustoßen, um das Baby zu verletzen. Sie macht dies immer wieder, bis schließlich ganz viel Blut aus ihr herauskommt und das Baby abgeht. Henriette überlebt den Abgang nicht. Sie verblutet. Im Sterben denkt sie: „So etwas passiert mir niemals wieder. *Das lasse ich nie mehr geschehen. Niemals mehr darf ein Mann in mich eindringen."*

Diese Sätze sind Abschlussbefehle. Abschlussbefehle sind die letzten Gedanken, die ein Mensch im Sterben hat, kurz bevor das Bewusstsein den Körper verlässt. Abschlussbefehle sind Entscheidungen, die in die Zell-Matrix hineingehen, die den Körper verlässt und im nächsten Leben wieder inkarniert. Henriette ist im Schock gestorben, sie hat all diese Abschlussbefehle mitgenommen, und diese sind in ihrem jetzigen Körper wieder inkarniert. Wenn ich den Satz betrachte: „Niemals mehr darf ein Mann in mich eindringen", dann kann ich gut verstehen, dass Henriette bis zu ihrem dreißigsten Lebensjahr überhaupt keine Beziehung und Sexualität gelebt hat.

Dann hat sich der natürliche Lebensimpuls über die Traumatisierung hinweggesetzt und dafür gesorgt, dass sie doch geheiratet hat. Aber ihr Mann hat Erektionsstörungen – das heißt, er kann nicht in sie eindringen, entspricht also auf der seelischen Ebene ihren unbewussten Wünschen, auch wenn sie sich jetzt bewusst etwas anderes wünscht. Es gibt wenig Sexualität, und ihr Mann ist sterilisiert. Es wirkt paradox, dass Henriette trotz ihres starken Kinderwunsches einen sterilisierten Mann geheiratet hat, ist es aber nicht, wenn man das Leben kennt, in dem Schwangerschaft für sie mit Gewalt und Sterben verbunden war. Ihr Unterbewusstsein, in dem diese energetische Verbindung gespeichert ist, will keine erneute Schwangerschaft. Ihr Bewusstsein will dies. So liegen diese beiden Teile im Konflikt miteinander und finden eine Kompromisslösung, nämlich einen sterilisierten Mann zu heiraten. Henriette erfüllt, ohne es zu wissen, sowohl die Wünsche ihres Bewusstseins als auch ihres Unterbewusstseins, wobei das Unterbewusstsein sichtlich mehr Macht hat.

Henriette versteht die Zusammenhänge und fragt mich: „Warum war ich nicht schon vor zehn Jahren bei Dir in Behandlung und habe das bearbeitet?" Ich sage ihr, dass sie die traumatische Geschichte des vergangenen Lebens vor zehn Jahren wahrscheinlich nicht ausgehalten hätte und vielleicht nicht gut hätte integrieren können, deshalb kommt es erst jetzt hoch. Selbst wenn sie in diesem Leben keine eigenen Kinder mehr bekommen kann, so ist doch das der Kinderlosigkeit zugrundeliegende Programm gelöscht, und sie kann in ihrem nächsten Leben Mutter werden. Es ist ja hinsichtlich ihres Ehemannes und seiner Sterilisierung sowieso fraglich, ob es in diesem Leben klappen würde.

Henriettes Zellen hatten den Schock des vergangenen Lebens noch nicht vergessen. Die Erinnerung war noch präsent und hat zu ihrer physisch nicht erklärbaren Unfruchtbarkeit in ihrem jetzigen Leben geführt. Auch wenn sie in ihrem jetzigen Leben nicht mehr schwanger wird, so bedeutet die therapeutische Bearbeitung und Umprogrammierung ihres Zellbewusstseins, dass sie im nächsten Leben wieder einen Körper haben kann, in dessen Zellbewusstsein programmiert ist, dass es erlaubt ist, schwanger zu werden. Somit ist die Bearbeitung in jedem Fall wichtig und hilfreich für Henriette. Auch ist es möglich, dass sich durch ihre nach der Bearbeitung zu erwartende veränderte Einstellung ihrem weiblichen Körper und Sexualität gegenüber das Sexualleben in ihrer Ehe positiv verändert.

Wir sehen hier sehr deutlich, dass die Zellprogrammierungen, die in Schocksituationen stattfinden, sich auf einer tiefen Ebene im Körperbewusstsein befinden, so dass sie auch zahlreichen schul- und alternativmedizinischen Behandlungen widerstanden haben. Wir erkennen, wie machtvoll die Ebene des Unterbewusstseins ist und wie überdauernd seine Programmierungen sind, solange wir sie nicht ins Bewusstsein holen. Wir sehen, wie ganze Lebenssituationen – hier Henriettes Ehe mit dem sterilisierten Ehemann mit Erektionsstörungen – vom Unterbewusstsein sozusagen konfiguriert werden, ohne unser bewusstes Zutun oder Wollen. Wir sehen nur die Auswirkungen davon – in diesem Fall, dass keine Zeugung möglich ist. Aber die Hintergründe erkennen wir auf den ersten Blick nicht. Erst wenn wir uns auf die Ebene des Unterbewusstseins begeben, erkennen wir die unsichtbare Welt – die Quantenwelt – die hinter unserer sichtbaren Welt wirkt und diese bestimmt. Hier – auf der Ebene der Quantenwelt – können wir die Umprogrammierungen vornehmen, die sich dann auch in der sichtbaren Welt, in unserem Körper und in unserem alltäglichen Leben, zeigen.

5.8 Zeugungsunfähigkeit – Leo

Leo ist Anfang Vierzig. Er und seine Frau wünschen sich schon lange Kinder, aber es hat bislang noch nicht geklappt. Die Sexualität gestaltet sich kompliziert, erzählt er mir. Er hat sexuelle Funktionsstörungen und oft „klappt es nicht richtig". Das ist frustrierend für ihn und für seine Frau. Er wünscht sich eine normale Sexualität und eine eigene Familie. Nachdem wir schon viele Situationen aus seinem jetzigen und aus vergangenen Leben bearbeitet haben, kommt er nach einer längeren Pause wieder zu mir zur Behandlung.

Er erzählt, dass sich das Thema Sexualität immer noch nicht substanziell verändert hat – und es tickt natürlich auch die biologische Uhr, da seine Frau zweiundvierzig Jahre alt ist. Er hat in sexuellen Situationen immer noch den plötzlichen Drang sich zurückzuziehen.

Er fühlt Ablehnung, und wenn es zur Ejakulation kommt, dann findet diese statt, bevor er in seine Frau eindringt, so dass keine Zeugung stattfinden kann. Er ist sehr enttäuscht über sich selbst und fühlt gleichzeitig Wut auf seine Ursprungsfamilie, insbesondere seine Mutter. Auch die Ursprungsfamilie seiner Frau löst unangenehme Gefühle in ihm aus. Er sagt, dass es schwierig für ihn zu sehen ist, wie in der Familie mit Kindern umgegangen wird. Diese werden schlecht behandelt.

Ich lasse ihn genau beschreiben, was in den sexuellen Situationen mit seiner Frau passiert. Er erzählt, dass er sich unfrei und unnatürlich fühlt. Er fühlt Wut, und es ist so, als ob sich in seinem Unterleib ein Brett befindet. Sein ganzer Körper fühlt sich verspannt und steif an. Der Gedanke, der zu den Gefühlen gehört, ist: *„Lass' mich los."*

Ich schlage Leo vor, in ein vergangenes Leben hineinzugehen, dahin, wo diese Gefühle und Gedanken hingehören. Es kommt ein Bild hoch, in dem er als Mann eine junge Frau festhält. Sie schreit: *„Lass' mich los"* und versucht, sich von ihm loszureißen. Ich bitte ihn, die Szene von außen anzuschauen. Er sieht sich selbst als Mann mit einem aufgequollenen Gesicht, dazu die junge Frau.

Ich frage ihn, in welchem Verhältnis er zu der jungen Frau steht, und er sagt: „Ich bin ihr Vater." Er ist wütend und sagt: „Ich will Sex mit ihr." Seine Tochter ist vierzehn Jahre alt. Zuerst wehrt sie sich noch, dann schlägt er sie und sie gibt auf. Er sagt zu ihr: „Es ist doch nicht so schlimm." Er zieht sie aus. Sie ist willenlos. Er fühlt Triumph. Er sagt: „Ich habe es geschafft, dass ich der Stärkere bin." Ich frage ihn, auf wen er so wütend ist. Er sagt: „Auf meine Frau."

Seine Frau hat eine Affäre mit einem anderen Mann und befindet sich gerade bei diesem. Leo reagiert die Wut auf seine Frau an seiner Tochter ab. Die Vergewaltigung vollzieht sich *extrem schnell* und lautlos. Als er ejakuliert, schreit er. Er sieht Bilder, wie seine Frau ihn verhöhnt und abweist. Er fühlt in dem Moment all die Wut und Enttäuschung über seine Frau. Er sagt: „Ich gebe diese Gefühle an meine

Tochter weiter." Ich bitte ihn, sich die Szene von außen anzuschauen. Er sagt: „Ich kann nicht hinschauen."

Ich bitte ihn, ein Stück in der Zeit zurückzugehen, dahin, wo seine Frau ihn verhöhnt. Er sieht eine Szene, in der sie kurz davor ist, zu ihrem Liebhaber zu gehen. Leo will sie nicht gehen lassen. Sie aber sagt zu ihm: „Schlappschwanz. Scheusal. Im Bett bist Du eine Niete." Er hält es kaum aus. Das Gefühl, wieder und wieder betrogen zu werden, ist überwältigend schlimm für ihn. Schließlich lässt er sie gehen. Seine Wut implodiert.

Ich lasse ihn noch weiter zurückgehen in der Zeit und bitte ihn, da hinzugehen, wo noch alles normal ist, und mir zu sagen, was für ein Leben er führt. Er sieht, dass er in einem großen feudalen Haus in England lebt. Das Haus steht auf dem Land. Er lebt dort mit seiner Frau und seiner Tochter. Er ist ein angesehener Anwalt. Er sagt: „Es geht uns gut."

Eines Abends gibt er eine Feier in seinem Haus. Es ist auch sein Cousin anwesend. Dieser flirtet offen mit Leos Frau, und diese flirtet zurück. Leo fühlt sich schlecht – er spürt, dass er handeln müsste, fühlt sich aber unfähig dazu. Er ist wie gelähmt. Er gerät immer tiefer in einen Schockzustand hinein. Die ursprüngliche Freude über den schönen Abend wandelt sich langsam in Wut. Am meisten wütend ist er auf sich selbst, darauf, dass er nicht handeln und die Situation beenden kann. Er macht weiter gute Miene zum bösen Spiel, obwohl es innerlich in ihm kocht. Als der Abend beendet ist, geht er mit seiner Frau ins Bett. Er will mit ihr schlafen, aber sie verweigert sich. Wieder fühlt er ohnmächtige Wut. Er würde gerne etwas sagen, aber er kann nicht. Er fühlt sich wie gelähmt vor Angst. Kurz darauf findet die Szene statt, in der seine Frau ihn verhöhnt und dann zu ihrem Liebhaber geht.

Ich lasse Leo wieder in die Missbrauchssituation mit seiner Tochter gehen. Ihm ist zum Heulen zumute. Er fühlt nach dem Missbrauch immer noch Wut auf seine Frau, aber dann richten sich alle Gefühle gegen ihn selbst. Er fühlt sich schuldig und schmutzig. Seine Tochter weint leise. Er kann nicht hinschauen. Er wendet sich ab und geht weg. Als er sich im Nebenraum befindet, überkommt ihn eine Art Anfall. Es drückt ihn zu Boden, und er übergibt sich. Er hustet und denkt: „Ich will nur weg." Er sieht, wie seine Tochter sich verängstigt in eine Ecke drückt. Er will die Treppe hinuntergehen, hat aber keine Kontrolle mehr über seinen Körper. Er fühlt sich benommen und kann sich nicht mehr gut bewegen. Er fällt die Treppe herunter. Sein Körper schlägt am unteren Ende der Treppe auf, und er bricht sich das Genick. Nach wenigen Minuten stirbt er.

Ich lasse ihn mehrmals bewusst durch das Sterben hindurchgehen, damit er all das Unbeendete aus jenem Leben abschließen kann. Er spürt, wie es im Genick kracht, als er die Treppe hinunterfällt, und wie etwas bricht. Sein Kopf schlägt auf. Er hat das Gefühl, immer tiefer zu fallen, bis es dunkel wird. Sein letztes Körpergefühl ist ein Riss im Nacken, sein letzter Gedanke: „Was habe ich meinem Kind angetan." Seine letzten Gefühle sind Wut und Verzweiflung.

Leo versteht, dass das genau die Gefühle sind, die er in den sexuellen Situationen mit seiner Frau in seinem jetzigen Leben immer wieder erlebt. Immer wieder spürt er diese Mischung zwischen Wut, Ablehnung, Lähmung und Verzweiflung; und immer wieder erlebt er total schnelle Ejakulationen – genau wie bei der Vergewaltigung seiner Tochter in dem vergangenen Leben. Auch da ging es total schnell. Hinzu kommt, dass er in seinem jetzigen Leben keine Tochter zeugen kann, wenn es total schnell geht und er außerhalb des Körpers seiner Frau ejakuliert. Sein Körper sorgt also dafür, dass sich der Missbrauch aus dem vergangenen Leben nicht wiederholen kann. Indem er ejakuliert, bevor es zur Penetration kommt, stellt sein Körper sicher, dass kein neues Leben gezeugt werden kann.

Ich lasse Leo spüren, welche unbewussten Überzeugungen er über sich selbst aus dem vergangenen Leben mitgenommen hat und wie diese sich in seinem jetzigen Leben auswirken. Er spürt, dass er das Verbot mitgenommen hat, Mann zu sein, denn Mann zu sein bedeutet gleichzeitig, Vergewaltiger zu sein. Ich lasse ihn diese Verbindung trennen und dann mit der Seele seiner Tochter in Verbindung treten. Er sagt ihr, dass er entsetzt und fassungslos ist über das, was er ihr angetan hat. Er vermittelt ihr, wie leid es ihm tut. Dann geht er in Kontakt mit der Seele seiner Frau und spricht alles aus, was zwischen ihnen beiden unausgesprochen geblieben war, all das, was er ihr in dem vergangenen Leben nicht sagen konnte.

Leo ist nach der Sitzung erschüttert. Ich vermittele ihm, dass es sehr viel Mut erfordert, eine solche Geschichte an die Oberfläche kommen zu lassen, dazu noch in der Praxis einer weiblichen Therapeutin. Das bearbeitete Leben ist ein tiefer Schatten. Ich kann verstehen, wenn Menschen so eine Geschichte für immer im Unterbewusstsein ruhen lassen wollen, auch wenn sie einen hohen Preis dafür bezahlen.

Wenn bei einem Klienten solche massiven Täter-Erfahrungen an die Oberfläche kommen, weiß der Therapeut in der Regel, dass der betreffende Mensch schon ziemlich stabil ist und das Material wirklich integrieren und zu seinen Gunsten umsetzen kann. Er weiß auch, dass seine Seele weiter will, dass sie sich entwickeln und aus dem „alltäglichen Leid" heraus möchte. Wenn ein Mensch solche tiefen Täter-Erfahrungen bearbeitet, will er endlich glücklich sein. Er will endlich die Auswirkungen seiner Tat beenden und inneren Frieden erlangen.

Als Leo in die nächste Stunde kommt, erzählt er, dass unsere Arbeit massiv in seinem Körper nachgewirkt hat. Sein Kreuzbein und seine Lendenwirbelsäule machten sich durch Schmerzen bemerkbar. Auch ist ihm klargeworden, dass es, so wie in dem vergangenen Leben, auch in seinem jetzigen Leben ein Dreieck gibt – er, seine Frau und seine Mutter. Er erzählt, dass sich seine Frau und seine Mutter in seinem Unterbewusstsein oft vermischen. Ich frage ihn, was die Ähnlichkeit zwischen beiden ist, und er sagt: „Es sind die Erwartungen." Seine Mutter hatte und hat hohe Erwartungen an ihn – er soll „der Gute Mann" sein, der ihr Ehemann nicht sein konnte oder wollte. Leo fühlte sich damit immer schon völlig überfordert, und es ist ihm klar, dass diese Situation einen emotionalen Missbrauch seitens seiner Mutter darstellt.

In den sexuellen Situationen mit seiner Frau kommt dieses Gefühl der Überforderung wieder hoch – er fühlt ihre Erwartung, dass sie beide eine erfüllende Sexualität leben und ein Kind zeugen – beides war bislang nicht möglich. Ich wünsche Leo, dass er ein „guter Mann für sich selbst" sein kann, unabhängig von den Erwartungen anderer.

Leo hat vor dieser Stunde schon einige Themen aus dem jetzigen und aus vergangenen Leben bearbeitet. Es ging ihm auch insgesamt besser, nur an seinem Kernthema – Sexualität – hatte sich noch nichts Entscheidendes geändert. Wir können also davon ausgehen, dass in Leos Zellbewusstsein durch die therapeutische Arbeit bereits Veränderungen stattgefunden hatten, die aber noch nicht zur Veränderung seines Kernthemas oder „Kerntraumas" führten. Diese sogenannten „Kerntraumata" sind manchmal erst lösbar, wenn man an den Anfang zurückgeht, also in das Leben, wo etwas passiert ist, das die Kette der traumatischen Ereignisse in Gang gesetzt hat. Diesen Anfang finden wir oft in tief verdrängten Täterleben, aus denen die betroffene Person die unbewusste Überzeugung mitgenommen hat, dass sie kein glückliches Leben verdient.

Leo hatte aus dem vergangenen Leben die Überzeugung mitgenommen, dass er kein „guter Mann" war. Wir sehen anhand dieses Falles, dass es so etwas wie ein „Universelles Ethisches Bewusstsein" in Menschen geben muss, das sie genau wissen lässt, welche Dinge man nicht tun sollte – beispielsweise seine eigenen Kinder missbrauchen. Diese Universelle Ethik scheint es auf einer Ebene zu geben, die unabhängig von Religion, Kultur oder sozialer Herkunft existiert. Wir finden hier also wieder eine Quantenebene, die unabhängig von kulturellen Prägungen und unabhängig von Körpern existiert, ein nicht-lokales Quantenfeld, mit dem sich unsere Seele nach dem Sterben verbindet. In diesem Quantenfeld einer universellen Ethik sind wir alle miteinander verbunden. Hier ist die Trennung zwischen Religionen, Kulturen und sozialen Schichten aufgehoben. Hier sind wir

„alle eins", was wir auf der Alltagsebene oft nicht verstehen können, da auf dieser Ebene viel mehr die Unterschiede als die Gemeinsamkeiten zwischen Menschen sichtbar werden.

Auf der Ebene dieser universellen Ethik könnte es möglich sein, dass Leo entschieden hat, dass er erst einmal einige Leben benötigte, in denen er den Missbrauch an seiner Tochter abbüßen oder wiedergutmachen wollte. In seinem jetzigen Leben könnte es sein, dass er entschieden hat, die Auswirkungen von damals endlich abzuschließen. Wie im Fall von Henriette wissen wir nicht genau, ob Leo und seine Frau in diesem Leben noch ein Kind zeugen werden. Aber es ist wahrscheinlich, dass sich ihre Ehe und ihre sexuelle Beziehung durch die therapeutische Arbeit verändert.

Leo hat sich in seiner Kindheit immer wieder bemüht, der „Gute Mann" für seine Mutter zu sein, was er natürlich nicht schaffen konnte, weil er ein Kind war und kein Mann. Er hat sich dann auch in seiner Ehe immer wieder bemüht, der „Gute Mann" für seine Frau zu sein – und hat es bislang auch nicht geschafft, jedenfalls nicht auf der sexuellen Ebene. Sein Kerntrauma wurde also im jetzigen Leben erst einmal durch seine Mutter aktualisiert, die Erwartungen an ihn hatte, die eigentlich ihrem Ehemann galten. Es hat wieder ein Missbrauch stattgefunden, diesmal auf der emotionalen Ebene. Auch seine Ehefrau hat Erwartungen an Leo und seine Erektions- und Zeugungsfähigkeit. Durch diese Aktualisierung des Themas in seiner Kindheit und in seiner Ehe konnte Leo an sein Kerntrauma herankommen und es bearbeiten.

Jetzt kann er es vielleicht schaffen, ein „Guter Mann" für sich selbst zu sein, unabhängig von den Erwartungen anderer.

6. Krieg und Chronische Krankheiten

6.1 Ellen

Ellen hat seit ihrer Kindheit massive psychovegetative Störungen, die sich im Laufe der letzten Jahre immer mehr verschlimmert haben. Sie war bereits mehrmals in psychiatrischen und psychosomatischen Kliniken, ohne dass sich ihr Zustand jedoch dauerhaft gebessert hätte. Sie leidet unter Schwäche-, Angst- und Erschöpfungszuständen, Zittern, Kopfschmerzen sowie Schmerzen im ganzen Körper. Sie ist auch sehr geräuschempfindlich. Sie leidet unter Herzrhythmusstörungen sowie Störungen des Verdauungsapparates. Es gibt immer wieder Tage, an denen sie nicht essen kann.

Sie hat einige Operationen hinter sich. Als sie in meine Praxis kommt, ist sie in einem Zustand, in dem sie glaubt, es nicht mehr zu schaffen. Sie ist achtundsechzig Jahre alt und erzählt mir, dass sich ihr Zustand seit den Wechseljahren permanent verschlechtert habe. Sie sagt: „Ich schaffe es nicht mehr." Sie hat Angst, dass die Schwäche-, Angst- und Erschöpfungszustände wiederkommen. Auch hat sie große Angst vor Krankheiten. Sie nimmt Antidepressiva, die sie momentan langsam abzusetzen versucht. Sie verträgt Medikamente nicht gut.

Sie erzählt, dass es Tage gibt, an denen sie völlig von Angst überflutet ist. Sie sagt: „Ich will da raus." Als ich diesen Satz höre, habe ich den Eindruck, dass er in die pränatale Phase kurz vor ihrer Geburt gehört. Ellen hat einige Jahre in Norddeutschland gelebt. Im Juli 2005 ist sie wieder in ihre Heimatstadt nach Westdeutschland gezogen. Sie hatte das Gefühl, den Umzug nicht zu schaffen, weil niemand für sie da war.

Wir sprechen über ihre körperlichen Symptome. Anfang der Achtziger Jahre litt sie an einem Erschöpfungszustand, der mit einem zu starken Schilddrüsenmedikament behandelt wurde. Sie zeigt nach der Einnahme dieses Mittels extreme Situationen. Ihr Hormonhaushalt kam völlig aus dem Gleichgewicht und ihre Wechseljahre setzten ein. Ellen erzählt, sie habe „schlimme Zahngeschichten" gehabt, und im Mund sei alles kaputt gewesen. Ihr Kiefer sei „aufgefressen gewesen". Sie habe „viele falsche Behandlungen" erlitten. Vor zwei Jahren starb ihre Mutter, kurz darauf ihre „Vizemutter" – eine Freundin, mit der sie sehr eng verbunden war, und dann ihr „Vizevater". Es sei zu viel für sie gewesen.

Von Beruf ist sie Kindergärtnerin. Sie hat diese Tätigkeit über vierzig Jahre ausgeübt, und ihr Beruf hat ihr Freude bereitet.

Ich frage sie nach ihrer Kindheit, und das Erste, was sie sagt, ist „Krieg". Ellen ist 1937 in Marienbad geboren. Als sie sieben Jahre alt war, musste die Familie flüchten. Ihre Mutter war eine distanzierte Frau, die wenig Nähe und Wärme vermittelte. Das Verhältnis zu ihrem Vater war herzlicher. Ellen war ein „dünnes und kribbeliges" Kind, das immer wieder Schwächeanfälle durchlebte. Als sie im ersten Schuljahr einen solchen erlitt, wurde sie aus der Schule herausgenommen. Es wurde gesagt, sie sei „zu schwach" für die Schule.

Sie ist das älteste von drei Geschwistern. Sie hat noch zwei jüngere Brüder. Einer wurde 1940 geboren und ist bereits gestorben. Der zweite Bruder war ein Nachzügler. Er wurde 1957 geboren. Ellen war kein Wunschkind. Ihre Eltern waren zum Zeitpunkt ihrer Zeugung nicht verheiratet. Die Eltern der Mutter waren gegen die Verbindung, weil sie ihren späteren Schwiegersohn nicht standesgemäß fanden. Ellen mutmaßt, dass ihre Mutter schwanger werden wollte, um ihren Eltern gegenüber einen Grund zu haben, ihren Partner zu heiraten. Sie heirateten vier Monate vor Ellens Geburt. Ihre Mutter machte Ellen später immer ein Jahr jünger.

Zwei Jahre später wurde ihr erster Bruder geboren. Er war ein „Mama-Söhnchen". Er starb vor zwei Jahren plötzlich. Er fiel einfach um und war tot. Für ihren zweiten, spät geborenen Bruder übernahm Ellen die Mutterrolle. Sie sagt: „Ich habe ihn großgezogen."

Ihre Mutter hatte ebenfalls psychovegetative Störungen. Sie war hypernervös und ließ dies an der Familie aus. Auf die Frage nach der Ehe ihrer Eltern sagt sie, ihr Vater habe es „ausgehalten". Ihre Mutter habe immer nur gejammert, und ihr Vater sei manchmal explodiert.

Als wir anfangen, über die Flucht zu sprechen, merke ich, dass Ellen am ganzen Körper zittert. Sie fängt an zu reden. Es ist recht wirr, und ich merke, dass sie Schwierigkeiten hat, sich zu konzentrieren. Sie flüchtete mit ihrer Mutter und ihrem Bruder. Ihr Vater war im Krieg. Sie erzählt: „Wir fuhren tagelang durch Ostpreußen. Wir wollten auf ein Schiff. Dann gab es Bombenalarm. Alle flogen durch die Luft. Dann waren wir im Bunker. Immer, wenn wir aus dem Bunker heraus wollten, flogen Granaten durch die Luft, und wir mussten wieder zurück."

Ellen sagt, es sei so schlimm gewesen, dass sie sterben wollte. Sie lag im Bunker auf einer Matratze und war in einem Schwächezustand. Sie erinnert sich noch, dass viele Menschen um sie herum standen. Als sie schließlich aus dem Bunker herauskamen, konnten sie auf ein Schiff. Es war Januar 1945, und es herrschte Chaos. Ein Soldat stellte seinen Koffer auf ihren Rucksack, den sie auf dem Rücken trug. Sie wäre fast nach hinten und ins Wasser gefallen. Dann schlug eine Bombe ein. Ihr Bruder wurde von einem Franzosen weggebracht, der ihn retten wollte. Es gab Menschen, die ins Wasser geworfen wurden, und Beschuss durch die Russen.

Sie sagt, ihre ganze Familie habe einen Schutzengel gehabt. Alle überlebten die katastrophale Situation. Sie fuhren auf dem Schiff nach Rostock. Sie sah zerlumpte Menschen, die mit einer Peitsche angetrieben wurden. Es waren Juden. Sie blieben eine kurze Zeit in Rostock in einem Lager. Nach einiger Zeit tauchte ihr Vater dort auf. Sie erzählt, dass es Puppen gab, in denen Munition war. Die Kinder wurden gedrillt, auf keinen Fall solche Puppen anzufassen. Auch wurde ihnen eingeschärft, unter keinen Umständen mit fremden Soldaten zu sprechen. Ellen erzählt von einer Szene nach Kriegsende, in der ein russischer Soldat ihr etwas schenken wollte. Sie lief schreiend weg.

Einmal war Bombenalarm, und ihre Mutter schickte sie Milch holen. Ellen war halb tot vor Angst. Als ich sie frage, wie sie diese Situation mit ihrem heutigen Bewusstsein sieht, sagt sie, sie habe den Eindruck, dass ihre Mutter so viel Angst hatte, dass sie lieber ihre Tochter geschickt habe, als selbst die Milch zu holen.

Die Familie wollte dann später in den Westen. Es ging nicht mehr, weil die Brücke, über die sie fahren wollten, kurz vorher geschlossen wurde. Ellen erzählt, dass ihr Auto das Erste gewesen sei, das nicht mehr über die Brücke durfte. Ihr Vater besorgte sich einen russischen Pass. Deshalb kam die Familie dann doch in den Westen.

Die Familie wurde auf einem Viehwagen von Rostock nach Hamburg gebracht. Ellen war wie in Trance und völlig erschöpft. Sie sah Hamburg in Trümmern. Sie kamen in eine „Rottenbude". Ihr Vater war Eisenbahner, und Ellen erzählt mir, dass die Bahnarbeiter in diesen „Rottenbuden" lebten. Es war sehr beengt. Sie kam in die Schule in die zweite Klasse, konnte aber noch nicht lesen. Der Lehrer schimpfte sie oft aus. Ihr Vater bekam TBC. Zu ihrer Mutter hatte sie keine Beziehung. Diese war völlig mit sich selbst beschäftigt. In den seltenen Momenten, in denen es körperliche Nähe gab, hatte Ellen das Gefühl, das diese unecht war. Ihre Mutter konnte sie nicht trösten und ihr in den schrecklichen Situationen keinen Halt geben. Das Verhältnis drehte sich um. Ellen versuchte, ihre Mutter zu trösten. Dann bekam sie Diphtherie. Jedes Mal, wenn Tiefflieger kamen, warf sie sich sofort auf den Boden. Sie machte das auch noch nach Kriegsende und erzählt, dass es ihr peinlich war, wenn andere Menschen sie dann komisch anschauten.

Sie zogen nach Münster. Dort lebten sie, bis Ellen von zu Hause auszog. Als sie neunzehn Jahre alt war, wurde ihr jüngster Bruder geboren. Er war kein Wunschkind. Die Mutter übergab Ellen einen großen Teil der Verantwortung für das Kind. Ellen unterbrach ihre Ausbildung als Kindergärtnerin und kümmerte sich ein Jahr lang ausschließlich um ihren Bruder. Es gab immer wieder Streit zwischen ihrer Mutter und ihr über das Kind. Ihr Vater hatte viele Jahre lang TBC. Als er älter wurde, verbesserte sich sein Zustand. Er wurde dann aber taub. Er fiel kurz vor seinem 81. Geburtstag einfach um und starb.

Ellen glaubt, dass er das Gejammer seiner Frau einfach nicht mehr hören konnte. Ellen zog mit zweiundzwanzig Jahren von zu Hause aus. Sie ging zunächst nach München, wo sie eine Zeit lang in einem Behindertenheim arbeitete. Sie beschreibt das Arbeitsverhältnis als sehr schwierig. Die Behinderten wurden festgebunden und auf eine Art und Weise behandelt, unter der Ellen litt. Sie wechselte mehrmals die Arbeitsstelle. Ihre Mutter vermittelte ihr, sie solle doch nach Hause zurückkommen, um sich um ihren Bruder zu kümmern.

Mit vierundzwanzig Jahren wurde sie am Bein operiert. Sie hatte angeblich ein „Überbein" – was sich im Nachhinein als falsch herausstellte. In Wirklichkeit hatte sie eine Thrombose, die aber nicht als solche erkannte wurde. Ihr Bein war nach der Operation einige Zeit offen, und es ging ihr nicht gut. Sie zog dann nach Hamburg. Dort gingen die psychovegetativen Störungen erst richtig los. Dann zog sie nochmals um nach Berlin. Dort verbesserte sich ihr Zustand. Die nächsten achtundzwanzig Jahre war sie relativ stabil.

Wir sprechen über ihre Beziehungen, und sie erzählt mir, dass dieser Bereich für sie sehr schwierig war. Sie hatte mehrmals Partner, für die sie die Therapeutenrolle übernahm. Ihre letzte Beziehung war eine Romanze während eines Kuraufenthaltes Ende der Achtziger Jahre. Der Mann war verheiratet, und beide wussten, dass die Beziehung keine Zukunft hatte. Sie erzählt, dass sie mit ihm eine wunderschöne Zeit verlebt habe. Seitdem hat sie keine Beziehung mehr gehabt.

Ihre Beziehung zu ihrem jüngsten Bruder beschreibt sie als wechselhaft. Sie hat den Eindruck, dass sie ihm nichts recht machen konnte. Er machte ihr des öfteren Vorwürfe, gegen die sie sich nicht wehren konnte. Bis zum jetzigen Zeitpunkt hat es keine wirkliche Aussprache zwischen ihnen beiden gegeben.

Auf die Frage nach dem Ziel der Therapie antwortet Ellen, sie wolle sich endlich einmal richtig wohl und vital fühlen, sie wolle wissen, wer sie sei und was zu ihr gehöre, und sie wolle herausfinden, was sie in ihrem letzten Lebensabschnitt beruflich tun könne.

Dieses Gespräch – unser Erstgespräch – findet an einem August-Tag statt. Es ist nicht extrem heiß, aber doch sommerlich. Trotzdem ist Ellen eiskalt. Sie sagt, sie habe „ganz kalte Füße". Auch ich merke, dass ich eiskalte Füße bekomme. Ich muss mir dicke Socken und Winterpantoffeln anziehen und drehe die Heizung auf. Dann steigen wir ein mit ihrer Zeugung.

Als ich sie zum ersten Moment im Mutterleib gehen lasse, ist das Erste, was hochkommt: „Kalte Füße." Dann folgt ein Durcheinander und der Satz: „Ich kann es nicht überblicken." Das ist das, was ihre Mutter im Zeugungsmoment denkt. Sie denkt: „Ich kann mein Leben nicht überblicken" und hat große Angst, was aus ihrem Leben wird. Sie und ihr Partner sind noch nicht verheiratet, und sie befürchtet, dass ihre Eltern einer Heirat nicht zustimmen werden. Die Vorstellung, doch zu heiraten, ist belastet mit der Angst, ob die Ehe halten wird und ob ihr Mann sie wirklich liebt. Ich lasse Ellen spüren, wie all die Ängste und Befürchtungen ihrer Mutter im Zeugungsmoment in ihr Energiesystem hineinkommen. Ellens Vater ist während der Zeugung mit liebevollen und beschützenden Gedanken seiner Partnerin gegenüber verbunden.

Als Ellens Mutter bemerkt, dass sie schwanger ist, bekommt sie wiederum große Angst. Sie denkt: „Was werden meine Eltern sagen? Die schmeißen mich raus." Auch hat sie große Angst vor der Geburt und möglichen Komplikationen. Als sie ihrem Partner von der

Schwangerschaft erzählt, sagt dieser sofort: „Ich heirate Dich." Ellens Mutter reagiert mit Unsicherheit auf diese Bemerkung. Ich lasse Ellen spüren, wie viel Angst sie auch in dieser Situation von ihrer Mutter übernimmt.

Diese erzählt ihren Eltern kurze Zeit später, dass sie heiraten will. Die Eltern sagen: „Nein." Daraufhin erzählt sie ihnen, dass sie schwanger ist. Sie ist dabei sehr *aufgeregt und ängstlich*. Die Eltern sagen ihr, dass sie sich beraten wollen und lassen Ellens Mutter alleine zurück. Nach einer Weile kommen sie wieder und sagen zu ihrer Tochter: „Dann bleibt uns nichts anderes übrig, als die Schande zu vertuschen."

Ein Kind im Mutterleib verinnerlicht alle Gedanken und Gefühle der Bezugspersonen so, als ob sie sich direkt auf das Baby selbst beziehen. Ellen verinnerlicht also in dem Moment, *dass sie eine Schande ist*. Es ist nicht schwer, sich vorzustellen, was das für ihr Selbstwertgefühl bedeutet. Ellen weint und sagt: „Ich bin ganz etwas Schlimmes." Sie versucht, ganz brav zu sein. Ihr Körper im Mutterleib zieht sich zusammen, und sie fühlt sich angestrengt und eingeengt, behindert und gebremst.

In der Mitte der Schwangerschaft entspannt sich die Situation etwas. Die Eltern heiraten. Am Tag der Hochzeit fühlt sich ihre Mutter wiederum unsicher. Sie hat dauernd Angst, dass etwas passieren könnte. Im 5. Monat passiert dann tatsächlich etwas. Die Eltern haben einen Autounfall. Es gibt einen Stoß, und die Mutter und Ellen bekommen einen Schock. Im 6. Monat beginnt die Mutter, sich auf ihr Kind zu freuen. Ihre Freude ist jedoch immer wieder getrübt von der Angst vor der Geburt. Sie befürchtet, vorher krank zu werden oder die Geburt nicht zu überleben.

Ellen spürt in der Rückführung, woher ihre ständige Angst, krank zu werden, kommt, nämlich von ihrer Mutter. Diese Angst hat sie bereits im Mutterleib übernommen. Auch in Bezug auf ihren Mann hat Ellens Mutter große Ängste. „Wenn er mich verlässt" und „Wenn er verunglückt", sind ihre immer wiederkehrenden Gedanken. Ellen hält es im Bauch ihrer Mutter fast nicht mehr aus. Sie denkt: „Ich will raus." Ich mache ihr bewusst, dass auch dieser Gedanke ihrer Mutter gehört. Ellen ist zwei Wochen zu früh und in Steißlage geboren. Sie versteht, dass ihre frühe Geburt mit dem Gefühl „Ich will raus" zusammenhängt.

In der Nachbesprechung erzählt sie mir, dass sie ihr ganzes Leben lang immer „raus wollte". Sie hält es oft in Räumen nicht aus und möchte hinaus ins Freie. Wenn sie sich eingesperrt fühlt, bekommt sie Panik. Sie versteht nun die Zusammenhänge. Auch erzählt sie, dass sie ihr ganzes bisheriges Leben lang eine „unendliche Müdigkeit" sowie Kreislaufmigräne verspürt habe. Sie hat das Gefühl, immer alles alleine gemacht zu haben. Ich höre ihr zu und spüre, dass sie von ihrer Geburt erzählt und alle diese Elemente zu dieser dazugehören.

Wir beginnen mit der Bearbeitung ihrer Geburt. Ellens Mutter ist im Krankenhaus. Sie ist total aufgeregt. Der Arzt gibt ihr eine Beruhigungsspritze, die sie in einen Dämmerschlaf versetzt. Auch Ellens Körper im Geburtskanal wird durch die Spritze in einen Betäubungszustand versetzt. Die Mutter ist völlig weg aus ihrem Körper, und auch Ellen geht weg. Arzt und Hebamme bemerken, dass das Baby falsch herum liegt. Der Arzt sagt: „Das wird eine schwere Geburt." Nach anstrengenden Stunden zieht er das Baby endlich aus dem Mutterleib heraus. Die Hebamme nabelt Ellen ab und kümmert sich liebevoll um sie. Die Mutter ist immer noch völlig weg. Ellen fühlt sich schlapp und schwach – diesen Zustand kennt sie ebenfalls aus vielen Situationen ihres Lebens. Sie weiß nicht, wo sie ist.

Als ihre Mutter sie zum ersten Mal in den Arm nimmt, ist sie immer noch abwesend. Ellen wird gestillt. Sie sagt: „Ich fühle mich leer, aber wenigstens satt." Ihr Vater freut sich, als er sie zum ersten Mal sieht. Er denkt: „Meine kleine Tochter." Ellen weint, als sie das sagt. Ich lasse sie alle Betäubungsenergie und die Übernahmen von ihrer Mutter ausatmen und bitte sie, sich mit ihrer eigenen Lebensenergie zu verbinden.

Wir arbeiten weiter in ihrer Kindheit. Ich lasse Ellen in der Rückführung zu dem Zeitpunkt gehen, als die Flucht beginnt. Als ich sie das Wort „Flucht" wiederholen lasse, zittert ihr ganzer Körper. Sie sieht eine Szene, in der sie kurz davor sind, ihre Heimat zu verlassen. Sie klammert sich an ihren Teddy und fühlt sich völlig alleine. Ihre Mutter kann ihr nicht beistehen. Sie ist mit sich selbst beschäftigt. Ich bitte Ellen, mit ihrem erwachsenen Teil in die Situation hineinzugehen, mit dem verängstigten Kind in Kontakt zu treten und es dann in Sicherheit zu bringen.

Die zweite Szene, die hochkommt, ist der Bauzug, mit dem die Familie weggebracht wird. Ellen ist sieben Jahre alt und hat große Angst. Sie sagt: *„Ich muss immer aufpassen."* Ich bitte sie, den Satz mehrmals zu wiederholen, und lasse sie spüren, wie sich ihr Körper anfühlt, wenn sie diesen Satz sagt. Sie spürt, wie ihr Herz rast und sich der ganze Körper verkrampft. Ellen versteht, dass sie den Satz *„Ich muss immer aufpassen"* so verinnerlicht hat, dass ihr Körper immer noch in diesem Modus läuft – er ist ständig in Fluchtbereitschaft. Sie versteht den Zusammenhang zwischen dieser Situation und ihren psychovegetativen Störungen.

Als Nächstes bearbeiten wir die Situation im Bunker. Ellen ist völlig erschlagen. Sie liegt auf dem Boden und denkt: „Ich will sterben. Ich will nicht mehr. Ich kann nicht mehr." Ich lasse sie spüren, woher diese Gedanken kommen. Sie kommen von ihrer Mutter und anderen völlig entkräfteten Menschen im Bunker. Ellens Körper ist völlig kraftlos. Ich lasse sie aus ihrer Erwachsenenposition auch mit diesem Kind in Kontakt treten und alle Kraftlosigkeit und Resignation – die eigene und die, die sie von den anderen Menschen übernommen hat, ausatmen. Es kommen starke Gefühle hoch. Ellen weint, und es ist gut, dass sie endlich die Trauer spüren kann. Als Therapeutin weiß ich, dass ein Klient aus dem Schockzustand herauskommt, wenn er wieder weinen kann. Dann kann die Heilung von dem erlittenen Trauma beginnen.

Ich frage Ellen, ob sie die Entscheidung, sterben zu wollen, immer noch aufrechterhalten möchte. Sie verneint. Sie sagt: „Ich will leben." Ich lasse sie den Satz mehrmals wiederholen und alle Gefühle spüren, die dazugehören. Ihr erwachsener Teil geht in die Situation hinein, holt das Kind heraus und bringt es in Sicherheit. Ellen sagt, dass sie sich ganz ruhig fühlt. Ich merke, dass sie die Angst gut externalisiert hat und mit ihrer natürlichen Lebensenergie verbunden ist.

Als Nächstes bearbeiten wir die Situation auf dem Schiff. Ellen sagt: „So viele Menschen." Sie sieht Menschen, die erfroren sind, und solche, die dabei sind, zu erfrieren. Es ist Januar 1945. Es gibt Schnee und Eis. Sie bemerkt erst nicht, dass die Menschen, die sie sieht, erfroren sind. Als sie es wahrnimmt, erleidet sie einen Schock. Ich lasse sie auch dieses traumatisierte Kind in Sicherheit bringen.

Zuletzt bearbeiten wir die Situation aus dem Lager in Rostock. Ellen erlebt, wie ihre Mutter sie Milch holen schickt, weil sie selber Angst hat. Ellen ist halbtot vor Angst, aber sie führt die Anweisung ihrer Mutter aus. Ihr wird bewusst, dass das Verhältnis zu ihrer Mutter umgedreht war – so wie sie auch im Mutterleib schon umgedreht war. Eigentlich hätte ihre Mutter sie beschützen und die Milch für ihr Kind holen sollen. Stattdessen ging sie selbst in die Kindrolle und schob ihrer Tochter die Mutterrolle zu.

Am Ende unserer Arbeit fühlt Ellen ihren Mittelpunkt. Sie spürt, dass sie eine andere Person als ihre Mutter ist. Sie hat die Energien gut getrennt. Sie sagt: „Was ich tun will, schaff' ich auch." Ich frage sie, ob es erlaubt ist, dass sie ihren eigenen Weg geht und ihr eigenes Leben führt, auch wenn ihre Mutter das nicht getan hat – und Ellen bejaht. Ich frage sie, ob das, was sie in der frühen Kindheit erlebt hat, jetzt wirklich vorbei sein kann. Sie sagt: „Ja, ich will jetzt richtig leben."

Ellens Geschichte ist kein Einzelschicksal, und sie macht betroffen. Wenn man bedenkt, dass in Deutschland Millionen von Kindern solche und ähnliche Tragödien erlebt haben, spürt man eine Welle von

Trauer und Mitgefühl. Unglaublich, *was* diese Kinder überlebt haben, und unglaublich, *wie* sie es überlebt haben. Sie sind alle Überlebenskünstler, vor denen man seinen Hut ziehen sollte – tief. Was für eine Kraft müssen diese Menschen haben, um solche Traumatisierungen zu überleben.

Wenn ich mit Klienten solche Erlebnisse bearbeite, komme ich aber auch in Berührung mit der Kraft des Lebens an sich. Ich spüre, wie der Lebenswille von Menschen trotz schlimmster Verletzungen immer wieder einen Weg des Überlebens und der Heilung findet. Ich habe Hochachtung vor jedem Menschen, der den Mut hat, solche Erlebnisse in der Therapie zu bearbeiten und nochmals durch den Schrecken hindurchzugehen, diesmal allerdings zum Zweck der Heilung, der Erkenntnis und der Verwandlung.

7. Anklebungen

Warum klebt Fremdenergie an?

Die meisten Menschen haben wahrscheinlich vorübergehend mit Anklebungen von Fremdenergie zu tun. Die vielleicht alltäglichste Art von „Anklebung" kennt wohl jeder von uns: Wenn wir einen bestimmten Menschen bewundern, fangen wir an, ihn nachzuahmen. Wir beginnen so zu reden und uns so zu bewegen wie er, wir imitieren seine Frisur und Kleidung – wir übernehmen Angewohnheiten und Verhaltensweisen dieses Menschen, weil wir ihm ähnlich sein wollen. Dies können wir gut bei unseren Kindern beobachten. Wenn sie ein Idol haben, tun sie alles, um diesem ähnlich zu sein. Wenn die Phase der Bewunderung wieder abebbt, hören die Kinder auch wieder auf, sich in der Sprache, Gestik und Kleidung des betreffenden Menschen auszudrücken.

Bei Anklebungen handelt es sich um jede Art von Fremdenergie, die zu einem bestimmten Zeitpunkt in das System eines Menschen hineingekommen ist. Ich habe in den vorigen Kapiteln viel über die Pränatale Phase geschrieben, so dass die Leser sich bereits einen Eindruck verschaffen konnten, wie viel Mutter- und Vaterenergie in dieser Phase bei dem Ungeborenen anklebt. Wir nennen die Geschehnisse während der pränatalen Phase jedoch nicht Anklebungen, sondern Energie-Übernahmen. Der Mechanismus ist ähnlich, aber nicht identisch. Mit „Anklebungen" meinen wir konkret andere Seelen oder Seelenanteile, die in einem bestimmten Moment in das System eines Menschen hineingekommen sind. Dies können Kriegskameraden sein, die auf dem Schlachtfeld in Anwesenheit des betreffenden Menschen gestorben sind und im Schock bei ihm „angeklebt" sind, es können verirrte, ängstliche Seelen sein, die im Schock gestorben sind und nicht mitbekommen haben, dass sie bereits tot sind, oder Ahnen, die gestorben sind und etwas Unerledigtes oder Unausgesprochenes zurückgelassen haben und deshalb bei einem Familienmitglied „ankleben".

In unserer Welt schwirren unsichtbar viele Seelen und Teile von Seelen herum. Warum kleben diese an dem einen Menschen an und an dem anderen nicht? Der Unterschied liegt in der Resonanz. Damit eine Seele ankleben kann, muss es eine Resonanz geben, eine ähnliche emotionale Schwingung, wie beispielsweise Angst, Trauer, Wut oder Schmerz, oder eine emotionale Bindung, wie bei Liebespaaren, Familienangehörigen oder Kriegskameraden. Nur wenn diese Bindung oder „gleiche Wellenlänge" gegeben ist, kann es zur Anklebung kommen.

Lynne Mc Taggart beschreibt in ihrem Buch „Intention" die sogenannte „Love Study". In dieser Studie wurde mit Paaren gearbeitet, die sich kannten, nahe standen oder gemeinsam meditiert hatten. Diese wurden in getrennten Räumen untergebracht. Im Raum des Senders stand ein Bildschirm mit dem Foto des Empfängers. In bestimmten Abständen sollte der Sender das Bild des Empfängers anstarren. Dieser sollte sich einfach nur entspannen. Gemessen wurde, ob das autonome Nervensystem des Empfängers in den Momenten reagierte, in denen er angestarrt wurde, und zwar seine Gehirnwellen- und seine Herzfrequenz. Das Ergebnis der Studie war signifikant. Jedes Mal, wenn der Sender dem Empfänger anstarrte, veränderte sich dessen Gehirn- und Herzfrequenz. Somit konnte gezeigt werden, dass die Intention des Senders den Empfänger körperlich beeinflusst, obwohl sich dieser physisch an einem anderen, elektromagnetisch abgeschirmten Ort befand und nichts von den Aktivitäten des Senders wusste.

In einer Abwandlung der Studie wurde der Sender mit einem schwachen Elektroschock stimuliert. Es wurde gemessen, ob die Gehirnwellen des Empfängers die des Senders im Moment der Stimulation spiegelten. Wieder war das Ergebnis signifikant. Die Gehirnwellen des Empfängers veränderten sich in ähnlicher Weise wie die des Senders im Moment des Elektroschocks, so als ob der Empfänger selbst den Schock bekommen hätte. Weitere Studien zu diesem Thema zeigten, dass der Reiz beim Empfänger an genau der gleichen Stelle im Gehirn auftritt wie beim Sender. Das heißt, das Gehirn des Empfängers reagierte, als ob er den gleichen Reiz zur gleichen Zeit bekäme.

Die Forscher wollten wissen, wie sich eine starke emotionale Beteiligung auf den Ferneinfluss auswirkt. Sie wollten wissen, ob sich die Gehirnwellen von Partnern mit einer emotionalen Verbindung mehr synchronisierten als diejenigen von Partnern ohne eine solche. Sie fanden heraus, dass es eine Verbindung geben musste, um die Synchronisierung zu bewirken. Bei Paaren, die sich noch niemals gesehen hatten, trat keine Synchronisierung auf.

Diese Ergebnisse bestätigen die quantenphysikalische Annahme, dass Systeme, die einmal eine energetische Verbindung eingegangen sind, diese lange und dauerhaft aufrechterhalten. In der Quantenphysik spricht man von „Verschränkung", wenn zwei Quanten eine stabile Verbindung eingegangen sind. Das Phänomen der Verschränkung scheint es nicht nur auf Quanten-, sondern auch auf Systemebene zu geben. Die Menschen, die uns nahe stehen, nehmen offensichtlich unsere emotionalen Reaktionen ständig auf und spiegeln sie wider. In allen oben beschriebenen Untersuchungen haben sich die Körperzustände der Paare aneinander angeglichen oder „verschränkt"; die Empfänger sahen oder fühlten in Echtzeit, was ihre aussendenden Partner ebenfalls sahen oder fühlten.

Zurück zu den „Anklebungen": Wenn wir diese spektakulären Forschungsergebnisse auf uns wirken lassen, können wir gut verstehen, was neurophysiologisch während einer „Anklebung" passiert. Es gibt eine starke Resonanz zwischen zwei Personen aufgrund eines Schocks und einer gleichen emotionalen Frequenz, zum Beispiel Angst. Sender und Empfänger befinden sich in räumlicher Nähe, etwa auf einem Schlachtfeld oder in einem Raum, in dem gerade jemand gestorben ist. Die zwischen Sender und Empfänger bereits bestehende emotionale Bindung geht mit synchronen Gehirnwellen einher, im Moment des Schocks synchronisieren sich diese noch mehr – und die Fremdenergie kann im System des Empfängers „ankleben".

Ich gebe in den folgenden Abschnitten Beispiele für solche „Anklebungen", die dem Leser zeigen können, wie man reinkarnationstherapeutisch damit arbeiten kann.

7.1 Gerit

Gerit war Schülerin in einer meiner Ausbildungsgruppen. Sie entschloss sich vor einiger Zeit, einen Teil der Prüfung abzulegen. Es handelte sich um den Prüfungsteil „Supervision", den sie im Kurs vor der Gruppe absolvierte. Die Arbeit lief nicht gut. Ich hatte den Eindruck, dass Gerit nicht richtig präsent war und das Thema, welches bearbeitet werden sollte, nur an der Oberfläche streifte. Sie war mir regelrecht fremd, als ich sie arbeiten sah, so als wäre sie nicht sie selbst. Nach einiger Zeit des Zuschauens bat ich sie, die Klientin das Thema verpacken zu lassen und die Sitzung zu beenden. Gerit hatte selbst gemerkt, dass es nicht gut lief. Wir begannen, die Sitzung zu besprechen. Ich sah, dass sie bedrückt und traurig war.

In der Besprechung sagte ich ihr, sie sei mir während der Übung vorgekommen, als sei sie nicht sie selbst, so als ob sie Anklebungen von Fremdenergie in ihrem System habe. Ich fragte sie, was ihr dazu einfalle, und sie sagte, ihr falle die Ausbildung in „Systemischer Familientherapie" ein, die sie vor einiger Zeit absolviert hatte, insbesondere eine komplizierte Familienaufstellung, die in dieser Ausbildung durchgeführt worden war. Wir vereinbarten, dies in unserer nächsten therapeutischen Sitzung zu bearbeiten.

Gerit kommt in die nächste Stunde und erzählt mir, wie die besagte Familienaufstellung vonstatten ging. Aufgestellt wurde die Familie von Gerits damaligem Lebensgefährten Walter. Walters Vater hatte sich umgebracht. Die Ausbilderin stellte seinen Vater, seine Mutter und seinen Onkel auf. Auch der Onkel war bereits verstorben. Sie fragte Walter, ob er sich zu den Toten legen wolle. Er tat dies. In dem Moment passierte etwas mit Gerit. Sie fing an zu weinen und sich elend zu fühlen. Durch die Gruppe ging ein Aufschrei, als sich Walter zu den Toten legte. Gerit erzählt, dass im Raum eine Atmosphäre von Gewalt, Angst, Schuld und Schwere herrschte. Sie selbst stand völlig unter Schock, und einige der anderen Gruppenmitglieder auch. Die Aufstellung ging auch in dieser Atmosphäre zu Ende. Gerit hatte nicht das Gefühl, dass sich irgendetwas gelöst hatte.

Wir beginnen, das Ereignis zu bearbeiten und finden, dass sie ab dem Moment, in dem sie in den Schock ging, Energieteile von den Toten in der Aufstellung, also von Walters Vater und Onkel, übernommen hat. Auch von seiner Mutter, die noch lebt, hat Gerit Teile übernommen. Ich lasse sie alle Fremdenergie ablösen und ihre eigenen Teile, die in der Situation abgespalten wurden, zurückholen.

Ich bin betroffen über das, was wir da herausgearbeitet haben. Die Atmosphäre von Gewalt, Angst, Schock, Schuld und Schwere, die Gerit beschrieben hat, erinnert mich sehr an die Zeit des Dritten Reichs. Ich weiß zwar nicht genau, warum das so ist, aber der Eindruck ist sehr deutlich. Ich sage Gerit dies, und sie erzählt mir, dass sie während der Ausbildung manchmal den Eindruck hatte, dass die Ausbilderin unbearbeitete Themen aus dieser Zeit hatte. Sie wurde Anfang der Dreißiger Jahre geboren, hatte also das Dritte Reich als Kind und den Krieg als Jugendliche miterlebt.

Unbearbeitete Traumata von Therapeuten können sich in die Arbeit mit Klienten einmischen und diese energetisch verschmutzen. Dieses Beispiel zeigte mir wieder einmal, wie sehr wir Therapeuten aufgerufen sind, unsere eigenen Themen zu bearbeiten und genau hinzuschauen, wo sich unsere eigene Geschichte mit der von Klienten vermischt. Sicher können und müssen wir es nicht in Perfektion schaffen, aber das Bemühen um Klarheit und saubere Abgrenzung sollte beständig vorhanden sein.

Gerit stellt sich viele Fragen im Zusammenhang mit dieser Aufstellung. Sie sagt, dass ihr das Ganze vorkommt wie ein Riesendurcheinander von angerissenen Themen der Ausbilderin, Walters, ihrer eigenen und anderen Mitgliedern der Gruppe, die miteinander in Resonanz gingen. Sie fragt sich, was bei der Arbeit gelöst wurde oder ob nur traumatisches Material an die Oberfläche geholt und etwas anders zusammengemischt wurde. In diesem Zusammenhang müssen wir uns die Frage stellen, wie viel Integrationsarbeit bei Familienaufstellungen tatsächlich geleistet wird oder nicht. Es ist ja nicht schwer, ein Trauma an die Oberfläche zu holen, aber der Erfolg jeder diesbezüglichen therapeutischen Arbeit steht und fällt mit der Integration.

Diese Aufstellung zeigt mir sehr deutlich die Problematik von Familienaufstellungen. Es gibt ein Thema, es gibt jemanden, der aufstellt, es gibt Stellvertreter und es gibt den Therapeuten. Die Stellvertreter gehen in die Rollen hinein, und sofern sie eine eigene Resonanz zu dem Thema haben, mischen sich möglicherweise ihre persönlichen Traumata mit der Stellvertreterrolle. Wenn sie nicht wieder richtig gut aus den Rollen herausgehen, was schwierig ist, wenn sich eigene Themen mit den Themen der Aufstellung vermischen, dann kann es geschehen, dass Energie der aufgestellten Person in das System des Stellvertreters hineinkommt und dort anklebt. Dieser geht nach Hause und fühlt sich irgendwie seltsam. Er weiß den Grund nicht, aber er merkt, dass er sich nicht besser, sondern schlechter fühlt als vor der Aufstellung.

Besonders problematisch wird es, wenn man bereits Gestorbene aufstellt. Dann kann es passieren, dass Teile der Seele des Gestorbenen tatsächlich in die Aufstellung hineinkommen. Sie wissen nur danach nicht mehr wohin, da sie in einem verwirrten Zustand sein können, und so kleben sie bei einem der Stellvertreter oder bei anderen im Raum befindlichen Personen an. Wenn eine Person in den Schock geht, so kollabiert ihr seelisches Immunsystem. Fremdenergie kann dann ungefiltert in das System der betreffenden Person hineinkommen. Sie hat keine Abwehrmechanismen mehr.

Man kann sich vorstellen, zu welch einem Durcheinander die geschilderten Umstände führen können. Gerit nahm Energieteile der gestorbenen und lebenden Personen der Aufstellung mit, weil sie das, was vor ihren Augen passierte, nicht aushalten konnte und ihr System in den Schock ging. Walter war ja ihr Lebenspartner, und sie liebte ihn.

Die Energie, die Gerit mitgenommen hatte, wurde wieder aktiviert, als sie vor meiner Ausbildungsgruppe die Prüfung ablegen sollte. Es war wieder eine Gruppensituation, es gab wieder eine Ausbilderin, Gruppenmitglieder, ein Thema und eine Klientin. Nur dass Gerit diesmal in der Rolle der Therapeutin war und ich als Ausbilderin in der Rolle der Zuschauerin. Sie konnte die Sitzung nicht durchführen, weil die Fremdenergien in dieser Situation stärker wurden als sie selbst.

Ich möchte an dieser Stelle ganz klar sagen, dass ich Familienaufstellungen nicht generell für problematisch halte. Im Gegenteil, ich bin der Meinung, dass diese Methode ein sehr probates diagnostisches Mittel ist und in den Händen eines fähigen und integeren Therapeuten durchaus heilsame Wirkungen haben kann. Was mir zu denken gibt, ist, dass in den letzten Jahren sogenannte „Familiensteller" wie Pilze aus dem Boden geschossen sind. Jeder zweite Therapeut macht plötzlich Familienaufstellungen. Teilweise nennen sich Menschen „Familienaufsteller", die einen Wochenendkurs in diesem Thema absolviert haben. Das wirft natürlich viele Fragen auf.

Familienstellen ist eine Methode, die schnelle Heilung von tiefen seelischen Verletzungen verspricht. Man macht eine Aufstellung, und das Thema soll gelöst sein. Das zieht natürlich Menschen an, die schnell viel haben möchten – aber die Realität sieht anders aus. Wie soll es auch möglich sein, in einer halben Stunde seit vielen Jahren, Jahrzehnten oder Jahrhunderten bestehende seelische Verletzungen zu heilen? Wie sollte ein Mensch im Schnellverfahren seelische Prozesse verdauen können? Seelische Heilungs- und Transformationsprozesse vollziehen sich langsam, sie haben ihren eigenen Rhythmus und laufen deshalb manchmal konträr zu unserer schnelllebigen Zeit. Ich kann die Hoffnung von Menschen verstehen, durch eine Aufstellung ein schwieriges Thema zu lösen, aber meist ist mehr therapeutische Arbeit erforderlich.

Gerit hat ein massives Thema mit Grenzen. Es fällt ihr sehr schwer, ihre Grenzen einzuhalten und das auch nach außen zu vertreten. In der beschriebenen Aufstellung hielten, in Verbindung mit dem Schock, ihre sowieso schon nicht sehr starken Grenzen der Energie der toten Mitglieder von Walters Familie nicht stand. Diese Energie drang in ihr System ein. Das Gute ist, dass man kaputte Grenzen reparieren und alle Fremdenergie, die man unter welchen Umständen auch immer aufgenommen hat, auch wieder loswerden kann.

Oft sind Menschen für die geschilderte Art von Anklebungen anfällig, wenn sie „autoritätsgläubig" sind, das heißt, wenn sie das, was ihnen von außen – insbesondere von Autoritätspersonen – vermittelt wird, ernster nehmen als ihre eigenen Gefühle und Gedanken.

Auf der Zellebene bedeutet dies, dass das Immunsystem des betreffenden Menschen ständig geöffnet ist für Befehle, Anweisungen und Ge- und Verbote von außen. Meist werden diese Programmierungen aus vergangenen Leben mitgebracht, und sie werden in der Kindheit durch strenge oder grenzüberschreitende Eltern aktualisiert. Dies war auch bei Gerit der Fall. In ihrer Kindheit hatte es auf allen Ebenen Grenzüberschreitungen gegeben. Ihr Immunsystem war also bereits angegriffen, als sie sich dann bezeichnenderweise in ihrem Erwachsenenleben eine Ausbilderin suchte, durch die diese Beziehungsdynamik aktualisiert wurde, wo es also wieder Grenzüberschreitungen gab.

Wenn ich mit Menschen wie Gerit Zellarbeit mache und sie die eingedrungene Fremdenergie visualisieren lasse, finde ich oft dunkle oder schwarze Energie, durch die sich die Form der Zelle verändert hat. Gesunde Zellen werden von Klienten oft als rund, klar begrenzt und mit klaren, leuchtenden Farben visualisiert. Die Zellen mit Fremdenergie haben meist keine runde Form mehr, sondern eine „zerfledderte", und sind an den Stellen, wo die Fremdenergie eingedrungen ist, offen. Wenn ich dann die Fremdenergie externalisieren, also ausatmen, ausschütteln, herausmalen oder verbal externalisieren lasse, verändert sich die Form und Farbe der Zelle rasch. Oft nimmt sie wieder ihre ursprüngliche gesunde Form und Farbe an. Ich lasse die Klienten dann meist noch einen Schutz um die Zelle herum machen und bitte sie, der Zelle mitzuteilen, dass sie nicht mehr jede Art von Fremdenergie in ihr System hineinlassen muss, sondern dass sie genau auswählen kann und darf.

Es ist möglich, mit dem Zellbewusstsein zu sprechen, so wie man mit einem Menschen spricht. Wenn ein Klient dem Zellbewusstsein vermittelt, dass es sich nicht mehr für beliebige Fremdenergie öffnen muss, geschehen oft auf allen Ebenen – also der mentalen, emotionalen und körperlichen Ebene – Veränderungen. Auch bei Gerit war dies so. Sie entwickelte viel bessere Grenzen und fühlte sich nicht mehr zu autoritären Therapeuten hingezogen. Sie fing an, Aussagen von anderen Menschen zu überprüfen, statt diese ungefiltert zu übernehmen und sich abzugrenzen, wenn sich etwas für sie nicht gut anfühlte.

7.2 Violetta

Meine Klientin Violetta kenne ich seit sechs Jahren. Als ich Violetta das letzte Mal sah, ging es ihr recht gut. Einige Monate später ruft sie mich an und ist am Telefon völlig aufgelöst. Sie erzählt, dass es ihr schlecht geht, sie sich selbst nicht mehr kennt und nicht mehr weiß, wer sie ist. Sie denkt daran, sich umzubringen. Ich höre ihr zu, und es kommt mir so fremd vor, was sie sagt, so als wenn es nicht wirklich zu ihr gehört.

Als Violetta in meine Praxis kommt, bin ich erschrocken über ihr Aussehen. Ich erkenne sie kaum wieder. Sie sieht aus wie ein Schatten ihrer selbst, grau im Gesicht und mit einem Gesichtsausdruck, den ich noch nie an ihr gesehen habe. Ich frage sie, was sie in der letzten Zeit gemacht hat. Sie erzählt dieses und jenes, und dann berichtet sie, sie habe vor kurzer Zeit an einem Familienaufstellungs-Wochenende teilgenommen. Ich frage sie, was da genau bearbeitet wurde.

Sie erzählt, es seien die „Schatten" der Teilnehmer aufgestellt worden. Ich bin irritiert und frage genauer nach, was mit Schatten gemeint sei. Welcher Schatten wurde aufgestellt? Der Schatten aus einem vergangenen Leben? Oder aus dem jetzigen? Sie weiß es nicht mehr genau, aber ich ahne schon im Vorgespräch, dass da einiges durcheinander gegangen ist und sie Energien von anderen Teilnehmern übernommen hat.

Wir beginnen die Aufstellung zu bearbeiten, und ich stelle tatsächlich fest, dass Violetta Energieteile von anderen Teilnehmern und deren aufgestellten Anteilen übernommen hat. Wir lösen das alles gründlich auf. Als Violetta meine Praxis verlässt, wirkt sie erschöpft, aber erleichtert. Nach ein paar Tagen ruft sie mich an. Es geht ihr gut, und sie ist wieder sie selbst.

Das Problematische an dieser Art von Familienaufstellungen ist, dass alles Mögliche geweckt und aktiviert wird, was dann nicht gründlich integriert wird. Wenn ich in einer Familienaufstellung „Schatten" aufstelle, kann ich mir vorstellen, dass alle möglichen „Schattenenergien", wie Persönlichkeiten der Stellvertreter aus ihren vergangenen Leben, Persönlichkeiten der aufstellenden Personen, gestorbene Seelen der Familie und andere Arten von Anklebungen aktiviert werden. Sie schwirren sozusagen alle im Raum herum und suchen nun wieder einen anderen Menschen, wo sie landen können, wenn sie nicht richtig bearbeitet und integriert werden. Sie werden sozusagen nur „umgeschichtet", aber nicht dahin geschickt, wo sie hingehören.

Es ist nichts Schlechtes daran, Energie zu aktivieren, nur muss man dann auch wissen, wie man damit umgeht. Sonst hat der Klient wenig oder gar nichts davon; oder im schlimmsten Fall geschieht das, was bei Violetta passiert war.

Wenn wir diesen Fall auf der Quantenebene betrachten, sieht es so aus, als hätte es eine Synchronisierung zwischen der „herbeigerufenen" und bereits in der Aufstellung anwesenden Schattenenergie gegeben, also sozusagen zwischen der in körperlicher Form und der in nicht-körperlicher Form vorhandenen „Schattenenergie". Wenn nun Violetta an dem Tag auch eher mit ihrer Schatten- als mit ihrer Lichtenergie verbunden war, wenn sie einfach körperlich oder seelisch ein bisschen angeschlagen, oder einfach nur sehr geöffnet war, was ja in einer therapeutischen Situation normalerweise notwendig ist, so können wir uns gut vorstellen, dass die aktivierten Schattenteile der anderen Teilnehmer einen leichten Zugang in ihr Energiesystem fanden.

Deshalb ging es Violetta nach der Aufstellung nicht besser, sondern schlechter. Sie erlebte nicht Integration und Heilung, sondern chaotische Gefühle. Das nennen wir Retraumatisierung. Als Therapeutin sehe ich hier zweierlei: Erstens, dass für eine gute therapeutische Arbeit ein gründliches Durcharbeiten des traumatischen Materials und eine gute Integration desselben notwendig ist, damit der Klient wirklich von der Arbeit profitiert. Zweitens sehe ich, dass es einfach bestimmte traumatische Erlebnisse gibt, die erst einmal in eine Einzeltherapie, also in einen geschützten Raum, hineingehören und dort bearbeitet werden sollten, und nicht auf einer „Bühne", auf der die Gefahr von erneuten Vermischungen besteht.

Wir sehen hier auch eine Bestätigung für die bahnbrechenden Erkenntnisse der Quantenphysik, die aussagen, dass es eine Verbundenheit zwischen lebendigen Wesen und dem Universum und einen ständigen, auf nicht-lokaler Quantenebene beobachtbaren Informationsaustausch zwischen Individuen gibt. Dieser Informationsaustausch findet unabhängig von Ort und Zeit statt, und er ist nicht an einen Träger, wie einen physischen Körper, gebunden. Die Information kann den Träger wechseln, ohne dass Teile von ihr verlorengehen. Im Gegenteil, sie bleibt vollständig erhalten, so wie wir uns beispielsweise in unserem Gehirn einen Text ausdenken, diesen in den Computer eintippen, ausdrucken, per Fax versenden, bis unser Empfänger diesen Text liest und die Information in sein Gehirn hineingeht. Auch hier wechselt die Information mehrmals den Träger, aber sie bleibt vollständig erhalten. So scheint es auch beim Sterben zu sein – die seelische Information wechselt lediglich den Träger – sie geht von der physischen in die nicht-physische Dimension, um sich dann bei der nächsten Zeugung wieder vollständig mit der Materie zu verbinden.

Nur wenn wir diese Erkenntnisse zugrundelegen, können wir uns wissenschaftlich erklären, was in solchen Situationen, wie bei der oben geschilderten Aufstellung, auf der unsichtbaren Ebene passiert, weil wir dann verstehen, dass es für den Energie- und Informationsaustausch nicht so wichtig ist, ob sich eine Seele im Diesseits oder im Jenseits befindet. Wir verstehen dann, dass es keine durchgehende Grenze zwischen diesen beiden Welten gibt, sondern dass es Situationen geben kann – wie die oben geschilderte – in denen sich die Grenzen zwischen den Welten aufheben und Informationsaustausch von der einen auf die andere Seite stattfindet. Dies sollte uns keine Angst machen, wir sollten es einfach wissen, weil wir dann verantwortungsvoll damit umgehen und Heilung statt Retraumatisierung erreichen können.

7.3 Amanda

Amanda ist bereits seit einiger Zeit bei mir in Therapie. Sie hat immer wieder Zustände, in denen sie ihren Körper verlässt und das Gefühl hat, überhaupt nicht mehr anwesend zu sein. Morgens, nach dem Aufwachen, ist es manchmal besonders schlimm. Sie weiß dann nicht mehr genau, wer und wo sie ist. Ich frage sie, welche Gedanken und Gefühle zu diesen Zuständen gehören, und sie sagt, es seien Gefühle von Verwirrung. Sie denkt dann: „Ich kenn' mich nicht mehr aus."

Sie fühlt sich in diesen Zuständen „zerlegt", so als ob sie von weither komme, aber nicht genau wisse, woher. Sie hat das Gefühl, dass ihr der Halt fehlt und sie ihre Grenzen nicht mehr spürt. Es ist sehr bedrohlich für sie. Gleichzeitig gehört die Angst dazu, erkannt bzw. erwischt und verspottet zu werden.

Während ich Amanda zuhöre, habe ich den Eindruck, dass es Fremdenergie in ihrem System gibt. Ich schlage ihr vor, damit zu arbeiten und zu schauen, ob wir etwas lösen können. Sie ist einverstanden.

Ich bitte die Energie, die sich bei ihr befindet und die sich sehr verwirrt und bedroht anfühlt, mit mir zu sprechen. Ich frage sie, was sie im System von Amanda macht. Als Erstes kommt die Antwort: „Ich will nicht" und „Ich will nicht das machen, was ihr alle wollt." Ich frage die Seele, wo sie sich befindet, wenn es diese Gedanken gibt. Sie erzählt, dass sie ein 12-jähriger Junge ist, der sich an einem Kai befindet. Es gibt viele Leute dort und ein Schiff. Der Junge ist wütend auf alles. Er fühlt sich, als ob er keine Rechte hätte, als ob er ein Ding wäre und ein Fußabtreter für alle. Er ist Schiffsjunge. Er denkt: „Ich bin nichts wert. Ich werde nur benutzt." Er sagt: „Ich bin niemand. Es gibt keinen Ausweg."

Es gibt einen Mann, der ihm eine Anweisung erteilt. Der Junge weigert sich, die Anweisung auszuführen. Der Mann geht auf ihn zu und schlägt ihn. Er steigert sich in eine regelrechte Raserei hinein. Er schlägt so lange auf den Jungen ein, bis er tot ist. Er schlägt seinen Körper regelrecht zu Brei. Die Seele verlässt im Schock den Körper. In der Nähe steht ein kleines Mädchen, dass sich einsam und verwirrt fühlt – es ist Amanda. Die Seele des Jungen hängt sich an das Mädchen. Die Resonanz ist hier das Gefühl der Verwirrung.

Ich vermittle der Seele des Jungen, dass sie sich in einem Körper befindet, der nicht ihr eigener ist, und dass sie gehen muss. Die Seele hat große Angst und steht immer noch unter Schock. Ich rede noch eine Weile mit ihr, bis sie bereit ist zu gehen. Sie lässt sich von einem geistigen Führer abholen, der sie ins Zwischenleben begleitet.

Dann frage ich Amanda, wie es ihr geht. Sie ist auf der einen Seite erleichtert, auf der anderen Seite empfindet sie die Stelle in ihrem Körper, wo die Anklebung war, wie ein Loch. Ich bitte sie, die Stelle mit ihrer eigenen Energie zu füllen.

Ich kenne Amanda schon eine geraume Zeit, und die Themen „Nichts wert sein", „Erwischtwerden" und „Ich bin niemand" haben wir immer wieder in der Therapie behandelt. Wir können anhand dieses Falles erkennen, wie komplex sich die seelischen Themen gestalten und auf wie vielen Ebenen wir sie finden. Das ist das, was wir in der RT „holographisch" nennen.

Wir erkennen hier auch eine Bestätigung für die Erkenntnis aus der Quantenphysik, dass das Unterbewusstsein quantisch organisiert ist. Das bedeutet, es kennt nicht Raum oder Zeit, es kennt keine Kausalität, es kennt keine diskursive Logik, es kennt kein „Nein" und es ist ambivalent. In all diesen Eigenschaften entspricht es den Eigenschaften von Quanten. Auch diese können in nicht-lokalen Zuständen existieren, auch bei diesen gibt es keine klassische Kausalität – und es gibt Ambivalenz. Es scheint also eine enge Verbindung zwischen dem Unterbewusstsein und der Quantenwelt zu existieren.

Wie sonst sollen wir uns erklären, dass eine seelische Energie, die vor vielen Jahrhunderten in Amandas Energiesystem angeklebt ist, ihre vergangenen Leben und ihre Stadien im Zwischenleben sozusagen „überlebt" hat und immer noch in Amandas System aktiv ist. Wir können es uns nur erklären, wenn wir die quantenphysikalische Annahme zugrundelegen, dass es auf der Ebene, auf der diese Anklebungen geschehen, keine chronologische Zeit gibt.

Ich werde manchmal gefragt, wie es sein könne, dass Anklebungen von Fremdenergie bei Menschen existieren, ohne dass diese es bemerken, und woher es komme, dass es dann plötzlich Zeitpunkte gibt, an denen sich diese Anklebungen durch seelische oder körperliche Symptome bemerkbar machen. Ich habe in meiner therapeutischen Arbeit herausgefunden, dass es oft auslösende Lebensereignisse gibt, durch die diese Energien wieder aktiviert werden. Diese Lebensereignisse können teilweise ähnliche Ereignisse sein wie dasjenige, bei dem die seelische Energie angeklebt ist. Oft gibt es ähnliche Gefühle, z.B. Angst oder Wut, durch welche die Anklebung aktiviert wird.

Im Grunde genommen ist so eine Aktivierung ja auch positiv, denn nur wenn dies geschieht, können die Anklebungen bearbeitet und ins Zwischenleben geschickt werden. Hier ist ein behutsames, verantwortungsbewusstes und kompetentes Herangehen seitens der Therapeuten erforderlich.

7.4 Luise

Luise ist seit einiger Zeit bei mir in Behandlung. Die Zusammenarbeit gestaltet sich sehr produktiv. Luise ist äußerst motiviert und setzt die in der Therapie gewonnenen Erkenntnisse und Heilungsimpulse gut um.

Eigentlich sollte es ihr besser gehen, tut es aber nicht. Sie erzählt, dass es eine Welle nach oben gab, der ein Einbruch folgte. Sie fühlt sich momentan völlig lethargisch und unfähig, ihre Pläne und Projekte nach vorne zu bringen. Sie isst viel und trinkt viel Alkohol. Essen und Alkohol gehören zu Luises Themen, aber nicht in dem Ausmaß, in dem sie es momentan erlebt. Sie fühlt sich gelangweilt und erschöpft und hat wenig Interesse an den Dingen des Lebens.

Ich frage sie, ob sich diese Energie anfühlt wie ihre eigene oder wie Fremdenergie. Sie überlegt kurz und sagt dann: „Es fühlt sich an wie Fremdenergie." Ich frage sie, wann dieses Gefühl angefangen hat, und sie sagt, dass es im Januar 2005 gewesen sei, kurz nach ihrem Umzug in eine neue Wohnung, die sie gekauft habe. Ich frage sie, wer vorher in der Wohnung gewohnt hat, und sie erzählt mir, dass diese lange leergestanden habe. Vorher hatte ein alter Mann dort gewohnt. Er ist letztes Jahr gestorben. Der Mann war lange Zeit bettlägerig gewesen. Seine Verwandten hatten ihn in ein Heim gebracht, als er nicht mehr alleine leben konnte. Er hatte Altersdemenz und war schwerhörig. Er und seine Frau hatten lange Jahre in der Wohnung gelebt. Seine Frau war vor zehn Jahren gestorben.

Dann erzählt sie mir noch ein interessantes Detail: Der alte Mann hatte ein *verbrieftes Wohnrecht* in der Wohnung, das erst erlosch, als Luise die Wohnung gekauft hatte. Er bekam diese Änderung bewusst jedoch nicht mehr mit, da er zu dem Zeitpunkt bereits dement war.

Ich frage Luise, wie sich die Fremdenergie in ihrem System anfühlt, und sie sagt: „Wie ein Pflock in einer Blume." Auf meine Frage, wie sie sich gefühlt habe, als sie die Wohnung zum ersten Mal betreten hat, sagt sie: „Es war warm, hell und sonnig."

Der Umzug sei ein „fürchterliches Durcheinander" gewesen, und die erste Nacht in der Wohnung habe sie auf einer Gästeliege im Wohnzimmer verbracht. Am liebsten wäre sie davongelaufen. Dann fing die Lustlosigkeit an. Sie hatte das Gefühl, am liebsten gar nichts tun zu wollen. Sie verstand das nicht und dachte: „Ich hab' eine so schöne Wohnung und ich fühl' mich so schlecht." Sie bemerkte, dass sie immer mehr zunahm. Ihr Leben bestand zusehends aus „Essen, trinken und schlafen". Sie fühlte sich ständig müde.

Als ich den Satz höre *„Ich bin so müde"*, ahne ich, dass dieser Satz dem Mann, der bei Luise angeklebt ist, gehört. Ich gehe mit seiner Seele in Kontakt und frage ihn, wo er ist, wenn er sich so müde fühlt. Er antwortet, dass er in einem weißen Raum ist und in einem Bett mit Gitterstäben liegt. Ich frage ihn, ob er da noch einen Körper hat. Er bejaht, sagt aber, dass er den Körper nicht spüren kann. Dieser liegt in dem Bett im Altenheim, aber Teile seiner Seele wandern ständig in seine alte Wohnung. Dort ist Luise. Er nimmt ihre Energie wahr und sagt: „Ich will auch etwas haben von Luises Energie. Sie ist eine so junge und lebendige Frau." Dann fügt er hinzu: „Ich setz' mich da fest." Schließlich stirbt er. Seine Seele geht in seine alte Wohnung. Luise ist im Wohnzimmer. Er denkt: „Ich will ganz sein" – und klebt bei Luise an.

Ich vermittle ihm, dass er nicht bei Luise bleiben kann und frage ihn, was er noch benötigt, um gehen zu können. Er will nochmals in der ganzen Wohnung umhergehen, sich von allen Räumen verabschieden und all die Energieteile von ihm, die sich noch dort befinden, einsammeln und mitnehmen. Er tut dies und erzählt von den Erinnerungen, die er mit der Wohnung verbindet. Er war mit seiner Frau glücklich dort. Als er alles gut erledigt hat, kann er sich in Frieden verabschieden.

Ich frage Luise, wie es ihr geht, und sie sagt, dass sie sich gleichzeitig erleichtert und einsam fühlt. Ich sage ihr, dass sie ihr System mit ihrer eigenen Energie füllen soll. Sie tut dies und fühlt sich lebendiger. Ich frage sie, was sich in ihrem Leben verändern könnte, nachdem sie die Fremdenergie losgeworden ist. Sie sagt, dass sie wieder hoffnungsvoll in die Zukunft blicken kann – das, was der alte Mann nicht mehr konnte –, und es wieder Lebensfreude und Unternehmungslust geben darf.

Bei dem Mann verhielt es sich so, dass sein Körper zwar gestorben war, aber nicht alle Teile von ihm mitgehen konnten. Erst nachdem wir ihm geholfen hatten, nochmals bewusst durch die Wohnung hindurchzugehen, in der er so viele glückliche Jahre seines Lebens mit seiner Frau verbracht hatte, alle Teile in der Wohnung einzusammeln und sich bewusst von ihr zu verabschieden, konnte er wirklich gehen.

Das Sterben dieses Mannes war „unvollständig" geblieben – er war nicht auf allen Ebenen, also auf der mentalen, der emotionalen, der körperlichen und der spirituellen Ebene, gestorben. Erst wenn ein Mensch aber auf all diesen Ebenen gestorben ist, kann seine Seele mit allen Ebenen ins Zwischenleben gehen und von dort aus ihre Entwicklung in neuen Inkarnationen fortsetzen. Solange ein Mensch nicht wirklich „M-E-S-S – tot" ist, kann seine seelische Entwicklung behindert oder blockiert sein.

So war es bei dem alten Mann. Sein Körper starb, sein Emotionalkörper aber blieb an die Wohnung gebunden. Er konnte seine Gefühle noch nicht von der Wohnung lösen, da er dort die glücklichste Zeit seines Lebens verbracht hatte. Seine Seele konnte bei Luise ankleben, weil es eine Resonanz zwischen beiden gab. Die Resonanz war in diesem Fall Einsamkeit, Alleinsein, Alkohol und Müdigkeit. Luise hatte schon bevor sie in die Wohnung zog unter Zuständen von Einsamkeit und Müdigkeit gelitten. Dies war der Eingang, den der Mann in Luises Energiesystem fand.

Auf Quantenebene betrachtet, finden wir hier eine Bestätigung dafür, dass es zu Synchronisierungen in Energiesystemen von Sender und Empfänger kommen kann, wenn eine ähnliche emotionale Schwingung in beiden Systemen herrscht. Die Synchronisierung ist die Voraussetzung für die Anklebung.

Es sieht so aus, als hätten wir analog zum körperlichen Immunsystem auf der Quantenebene auch ein seelisches Immunsystem, das ähnlich wie das körperliche und teilweise in Zusammenarbeit mit diesem funktioniert. Luises körperliches Immunsystem war durch überhöhten Alkoholkonsum bereits geschwächt, ihr seelisches Immunsystem durch Gefühle von Einsamkeit und Depression, und so fanden die „Wellen" aus dem Energiesystem des Mannes einen leichten Zugang. Diese Vorgänge geschahen auf einer vollkommen unbewussten Ebene beim Sterben des Mannes. Er wollte ihr ja nicht bewusst schaden, sein System war nur noch nicht auf allen Ebenen bereit, ins Zwischenleben zu gehen.

Wir können an diesem Beispiel gut sehen, wie Seelen, die sich in einem deprimierten oder alleingelassenen Zustand in Krankenhäusern oder Altersheimen befinden, nach dem Sterben an Orte gebunden bleiben können, an denen sie sich wohl gefühlt haben. Die Notwendigkeit liebevoller Begleitung, eines bewussten Abschiednehmens und einfühlsamer Sterbebegleitung für alte Menschen wird hier besonders deutlich. Wenn Menschen in Krankenhäusern und Altenheimen quasi „abgestellt" werden, können sie sich nicht wirklich gut von dem Leben, aus dem sie gehen, verabschieden. Sie brauchen Hilfe und Unterstützung von anderen Menschen, die ihnen einen würdevollen Abschied und den Übergang ins Zwischenleben ermöglicht.

8. Ausblick und Perspektiven

Als Leserinnen und Leser haben Sie sich in den vergangenen Kapiteln ein Bild über die enormen Möglichkeiten, welche die reinkarnationstherapeutische Arbeit mit sich bringt, verschaffen können. Das Wunderbare ist, dass sich diese Möglichkeiten mit ihrer Anwendung potenzieren. Das heißt, je öfter ein Mensch neue Gedanken denkt und neue Gefühle fühlt, umso mehr bildet sich im Gehirn ein neues neuronales Netzwerk, das den neuen Gedanken und Gefühlen entspricht. Wenn dies geschieht, dann erhöht sich unsere Fähigkeit, unsere Realität bewusst zu erschaffen, in großem Umfang.

Nur wenn wir uns gut und mit uns selbst und dem Universum verbunden fühlen, sind wir in der Lage, bewusst Realität zu erschaffen; denn es ist nicht das „kleine Ich", von dem aus wir die Realität erschaffen, sondern ein Zustand, in dem der Unterschied zwischen Subjekt und Objekt verschwindet. Diesen Zustand kann man durch Meditation und therapeutische Arbeit erreichen. Wenn wir die „Kunst des Beobachtens" wieder bewusst erlernen und jeden Tag durch Meditation, Kontemplation oder andere künstlerische oder spirituelle Tätigkeiten kultivieren, können wir wieder zum Schöpfer unserer Realität werden und einen Zustand von authentischer Freiheit und Glück erlangen.

Ich persönlich glaube, dass es gut ist, diesen Weg in kleinen und überschaubaren Schritten zu gehen. Dabei ist jeder Schritt ein Riesenschritt, jeder Millimeter in Wirklichkeit ein Kilometer. Ich bin der Ansicht, dass jeder Mensch, der auf seine Art und Weise und in seiner eigenen Geschwindigkeit diesen Weg geht, sehr viel für die Welt erreichen kann – denn im Grunde genommen ist die Welt in uns. Es gibt nichts außerhalb unseres Selbst – deshalb können wir auch nur unser Inneres verändern und nicht andere Menschen oder Umstände. Sie verändern sich von selbst, wenn wir uns verändern.

Dieser Weg ist magisch, faszinierend und zuweilen auch erschreckend – wir müssen so viel Altes loslassen und haben manchmal das Gefühl, den Spatz in der Hand losgelassen zu haben, ohne die Taube auf dem Dach überhaupt zu Gesicht bekommen zu haben – das erfordert Kraft, Mut und Vertrauen.

Ich werde des öfteren von Klienten gefragt, woran es liegt, dass sie manchmal genau dasjenige in ihrem Leben anziehen, an das sie immer wieder und mit intensiven Gefühlen denken, und warum manchmal genau das Gegenteil passiert. Ich denke, dass der Unterschied daran liegt, wie gut das Bewusstsein und das Unterbewusstsein übereinstimmen und zusammenarbeiten.

Meine Klientin Simone erzählte mir folgende Geschichte: „Vor einem guten Jahr sah ich in einer Privatwohnung, in der ich mich anlässlich eines Vortrages befand, ein Bild, das mich faszinierte. Es stellte Amor und Psyche dar – die Liebenden aus der Griechischen Mythologie mit ihrer wunderschönen Liebesgeschichte. Das Bild zeigt die Situation, in der der herbeigeflogene Gott Amor seine Geliebte Psyche, die gerade aus dem Schlaf erwacht ist, zärtlich berührt. Die Szene drückt für mich so viel Liebe aus, so viel männliche Zuwendung zu der geliebten Frau, Behutsamkeit, Zärtlichkeit und gleichzeitig so viel weibliche Hingabe und Vertrauen.

Ich fragte die Gastgeberin, eine Frau namens Martha, wo man es erwerben könne. Sie erzählte mir, dass sie es von ihrer Freundin Edda geschenkt bekommen habe, die im gleichen Haus wohnte. Ich kannte Edda ebenfalls, da sie eine Zeit lang für mich als Köchin gearbeitet hatte. Martha sagte mir, ich solle mich am besten an ein Museum wenden. Das tat ich auch – in den nächsten Tagen wandte ich mich an zwei oder drei Museen – und zu meiner Überraschung bekam ich abschlägige Antworten. Es hieß, man könne mir nicht helfen."

Simone fuhr dann fort: „Ich vergaß das Bild in den folgenden Monaten – es ließ mich jedoch nie vollständig los. Dann begann ich erneut im Internet zu recherchieren. Ich wandte mich wieder an ein Museum und erhielt erneut eine abschlägige Antwort. Der Tag, an dem dies passierte, war ein sehr guter Tag – ich fühlte mich an dem Tag so gut, dass mich weder der Email- noch der Telefonkontakt mit einem eher unfreundlichen Museumsmitarbeiter aus meiner Mitte katapultieren konnten. Ich blieb in meiner guten Stimmung, ließ die Sache abermals los und konzentrierte mich auf meine anliegenden Aktivitäten. Zwei Stunden später befand ich mich in der Innenstadt in einem Blumenladen. Ich wollte Blumen für einen Bekannten als Geburtstagsgeschenk kaufen.

Plötzlich sehe ich, wie neben mir Marthas Freundin Edda steht. Sie schaut mich überrascht an und sagt: „Wir beide haben uns ja Ewigkeiten nicht mehr gesehen", und hält mir einen Beutel mit Ingwer und Kräutern entgegen. Sie sagt: „Weißt Du, was das ist?" Ich antworte: „Ingwer und Kräuter." Sie sagt: „Ja, heute koche ich nämlich das Rezept, das ich von Dir gelernt habe." Dann fügt sie noch hinzu: „Heute früh habe ich an Dich gedacht." Ich bin überrascht und entgegne: „Ich habe heute früh auch an Dich gedacht, denn ich habe mich bemüht, das Bild „Amor und Psyche" zu finden." Edda schaut mich an und sagt zu mir: „Weißt Du was, ich habe das Bild in meiner Wohnung, die hier gleich um die Ecke ist. Wir gehen jetzt zu meiner Wohnung, Du nimmst das Bild mit und fotografierst es."

Weitere zwei Stunden später saß ich wieder in meinem Haus, das Bild vor mir und betrachtete es fasziniert. Das Objekt meines Bemühens war innerhalb weniger Stunden völlig mühelos in meine Hände gelangt. Ich war sehr glücklich darüber. Gleichzeitig fragte ich mich: „Wie kann es sein, dass es zum damaligen Zeitpunkt nicht machbar war, das Bild zu bekommen – und jetzt, ein gutes Jahr später – gleitet es ohne jegliche Anstrengung in meine Hände."

Das Erste, was ich mich fragte, war, welche Entwicklung ich selbst in diesem guten Jahr durchlaufen hatte. Es war ein sehr intensives

Jahr mit viel Entwicklung auf allen Ebenen gewesen. Ich wusste also, dass ich nicht mehr dieselbe war wie vor einem Jahr. Ich fragte mich, ob das Bild vielleicht zum damaligen Zeitpunkt nicht mit mir, oder besser gesagt ich mit dem Bild, in Übereinstimmung gestanden hatte – sozusagen nicht auf der gleichen Wellenlänge – und ich es deshalb erst jetzt bekommen habe. Das Zweite, was mir einfiel, war, dass ich an dem Tag, an dem ich das Bild bekam, sehr glücklich war." So weit Simones Geschichte.

Als ich ihr zuhörte, dachte ich, dass wir in einem Zustand des Glücklichseins wahrscheinlich viel empfangsbereiter sind für das, was wir wirklich wollen, als in einem Zustand von Unglück, Ablehnung oder Frustration. Ich glaube, dass die Hormon- und Neuropeptidlage in unserem Körper bei einem Zustand von Glück sehr viel anders ist als bei einem Zustand von Unglück. Ich glaube auch, dass das Gesetz zutrifft: „Gleiches zieht Gleiches an." Also Glück zieht noch mehr Glück an – und umgekehrt natürlich auch.

Der Aspekt des richtigen Zeitpunkts und der Übereinstimmung ist ein in meinen Augen äußerst wichtiger Aspekt, den man nicht vernachlässigen sollte. Ich glaube nicht, dass jeder zu jedem Zeitpunkt jedes beliebige Objekt seiner Begierde erhalten kann, sondern dass sich der Mensch erst einmal in einen solchen Zustand versetzen muss, um energetisch überhaupt mit dem Gewünschten kommunizieren zu können.

Als Reinkarnationstherapeutin weiß ich, wie wichtig es für Menschen ist, erst einmal den Ballast der Vergangenheit abzuwerfen und zu transformieren und *sich selbst und die eigene Energie zu spüren*, bevor wirkliche „Wunder" geschehen können. Es können solche geschehen – ich bin fest davon überzeugt – aber genau so sicher bin ich, dass das Wunder und der betreffende Mensch auf der gleichen Wellenlänge sein müssen.

Ich glaube, dass ein Mensch erst, wenn er wirklich weiß, wer er ist, wer er nicht ist und was seine authentischen Wünsche sind und was nicht, solche Wunder in seinem Leben geschehen lassen kann. Der ganze alte emotionale Ballast, all die unbeendeten Geschichten aus der Vergangenheit, sind wie eine schmutzige Glasscheibe, durch die die gewünschten Dinge nicht durchdringen können. Erst wenn die Scheibe sauber geputzt ist, kann dies geschehen. Dieses „Sauberputzen" kann ein Stück Arbeit sein – aber ich glaube, dass es sich in jedem Fall lohnt. Jedes Quentchen Fremdenergie, das ein Mensch loswird, und jedes Milligramm eigene Energie, das er zurückbekommt, erhöht die Wahrscheinlichkeit, dass er in seinem Leben das anzieht, was er sich wirklich wünscht.

Es ist meiner Erfahrung nach tatsächlich so, dass wir *unbewusst* die ganze Zeit unsere Realität erschaffen. Meist ist es dabei allerdings so, dass unsere bewussten und unsere unbewussten Wünsche nicht im Einklang stehen. Natürlich wünscht sich jeder Mensch Liebe, Gesundheit und Wohlstand. Warum sind dann aber so viele Menschen krank oder leben in Armut? Warum bekommen sie etwas völlig anderes als das, was sie sich bewusst wünschen? Ich glaube, dass das Unterbewusstsein machtvoller ist als das Bewusstsein und wir erst, wenn wir uns die unterbewussten Inhalte bewusst machen und transformieren, Harmonie und Einklang zwischen den beiden Ebenen erreichen können.

Wenn Menschen versuchen, auf der bewussten Ebene Dinge herbeizuwünschen, deren Anziehung durch die in ihrem Unterbewusstsein enthaltenen Inhalte sabotiert wird, hat dies immer so ein bisschen den Beigeschmack von Selbstbetrug und Manipulation. Wir versuchen, etwas zu bekommen, ohne vorher in unserem Inneren „aufgeräumt" zu haben. Es ist so, als würden wir eine eiternde Wunde einfach zudecken – die Wunde hört durch das Zudecken jedoch nicht auf zu eitern. Der erste Schritt ist also, den Eiter zu entfernen und die Wunde sauberzumachen, dann erst kann die Wunde heilen, und wir können mit heilenden Salben, Verbänden oder Massagen den Heilungsprozess unterstützen.

Durch die reinkarnationstherapeutische Arbeit, das „Entstauben" und „Aufräumen" des Unterbewusstseins und das Beenden der alten seelischen Verletzungen, können Bewusstsein und Unterbewusstsein in Einklang gebracht werden. Wenn das geschieht, dann geschieht gleichzeitig eine Harmonisierung im System des betreffenden Menschen. Er kann seine Kräfte bündeln, und seine Gedanken haben dann viel mehr Kraft, als wenn sein Unterbewusstsein gegen sein Bewusstsein arbeitet, weil sich in dem einen völlig andere Inhalte befinden als in dem anderen.

Es passiert im System des Menschen dann das, was Quantenphysiker „Synchronisierung" nennen – die Teile seiner Persönlichkeit synchronisieren sich und arbeiten zusammen, nicht mehr gegeneinander. Die Spaltungen, durch die viel Energie verlorengeht, heilen, und der Mensch fühlt sich wieder als Einheit.

Manchmal kommen Menschen zu mir in der Therapie, die schon viele Methoden ausprobiert haben und auch viel mit Meditation und Kontemplation arbeiten, aber trotzdem das Gefühl haben, dass es auf einer tieferen Ebene noch Verletzungen gibt, die sie mit Meditation und Kontemplation nicht bearbeiten können. Um an solche tiefen seelischen Wunden heranzukommen, bedarf es einer sehr tiefgehenden und aufdeckenden Methode, wie es die Holographische RT ist. Wenn diese Menschen dann die Traumatisierungen auf der tiefen Ebene bearbeiten, erreichen sie oft auch wieder mit der Meditation und Kontemplation mehr – sie gewinnen wieder einen neuen Zugang dazu. Ich denke, dass sich RT und alle anderen Heilungsmethoden sehr gut ergänzen. Jede Methode hat ihren richtigen Zeitpunkt und ihre Bedeutung im Heilungs- und Transformationsprozess eines Menschen.

Wenn wir gleichsam nur um die Wunden herum arbeiten, heilen wir nicht – wir reparieren. Es mag Linderung geben, aber wahrscheinlich nicht die tiefe Heilung, die wir uns wünschen. Auch kann es zu Symptomverschiebungen kommen, wenn wir die eigentliche seelische Wunde unberührt lassen, nur ankratzen oder nur um sie herum arbeiten, also auf der Symptom-Ebene ansetzen.

Ich denke, es ist wichtig, dass Menschen sich diese Zusammenhänge bewusst machen, denn sonst könnten sie anfangen zu glauben, dass das Prinzip der Anziehung bei allen anderen funktioniert, nur bei ihnen nicht. Aber so einfach ist es nicht. Wir haben stets die Verantwortung, uns in den entsprechenden Zustand zu versetzen. Wenn wir mit kindlicher Naivität Dinge herbeiwünschen, die nicht in energetischer Entsprechung zu uns stehen, werden wir sie nicht bekommen. Es geht also primär darum, sich in einen empfangsbereiten Zustand zu versetzen. Dazu gehört meiner Erfahrung nach bei traumatisierten Menschen, dass sie ihre traumatischen Erlebnisse therapeutisch bearbeiten. Vielleicht gibt es aber auch noch andere Wege der „Enttraumatisierung", die ich nicht oder noch nicht kenne.

Es ist mir jedoch ein Anliegen, die Versagensangst von Menschen zu nehmen, die glauben, dass sie einfach „dümmer" oder „ungeschickter" als andere sind. Das stimmt nicht! Dennoch hat aber ein aus Glück und gesundem Verlangen heraus ausgesprochener Wunsch viel mehr Kraft und Macht als ein Wunsch, der aus Angst und Schwäche heraus ausgesprochen worden ist. Ich finde, es gibt uns Anlass zur Hoffnung, wenn wir es so betrachten, denn dann haben wir wieder selbst die Macht, an uns zu arbeiten und uns auf den Weg zu machen. Damit sind wir beim ersten Huna-Prinzip angelangt, das besagt: „Wir sind die Schöpfer unserer eigenen Realität."

9. Literaturverzeichnis

Austermann, Alfred R. und B. (2006), Das Drama im Mutterleib, Berlin, Königsweg Verlag

Chamberlain, David (1988): Babies remember Birth. And Other Extraordinary Scientific Discoveries about the Mind and Personality of Your Newborn, Jeremy P. Tarcher, Enc., Los Angeles, deutsch: Woran Babys sich erinnern, München: Kösel (1990)

Chopich, Erika J., und Margaret Paul (1990): Healing your Aloneness. New York: Harper Collins, deutsch: Aussöhnung mit dem inneren Kind. Freiburg: Hermann Bauer (1993).

Chopra, Deepak: Vortrag über „Quantenbewusstsein", www.chopra.com

Dahlke, Ruediger (2000): Krankheit als Symbol. München: C. Bertelsmann.

Dahlke, Ruediger (1999): Krankheit als Sprache der Seele. München: Wilhelm Goldmann.

Davison/Neale (1996): Abnormal Psychology. New York: John Wiley & Sons, deutsch: Klinische Psychologie. Weinheim: Psychologie Verlags Union (1996).

Dethlefsen, Thorwald, und Ruediger Dahlke (1983): Krankheit als Weg. München: C. Bertelsmann.

Forward, Susan (1989): Toxic Parents: Overcoming Their Hurtful Legacy and Reclaiming Your Life. New York: Bantam Books, deutsch: Vergiftete Kindheit. München: Bertelsmann (1990).

Gershom, Yonassan (1992): Beyond the Ashes. Virginia Beach: ARE Press, deutsch: Kehren die Opfer des Holocaust wieder? Dornach (1997).

Herman, Judith Lewis (1993): Die Narben der Gewalt. München: Kindler.

Kreisman, Jerold J. und Straus, Hal (1989): I hate you – Don't leave me. Understanding The Borderline Personality, Los Angeles: Price Stern Sloan, deutsch: Ich hasse Dich, verlass' mich nicht. Die schwarzweiße Welt der Borderline-Persönlichkeit. München: Kösel (1992).

Lipton, Bruce: Biology of Beliefs. Mountain of Love / Elite Books, deutsch: Intelligente Zellen. Koha Verlag (2006)

McTaggart, Lynne (2007): The Intention Experiment. Using Your Thoughts to Change Your life and the World, deutsch: Intention. Kirchzarten: VAK Verlags GmbH (2007).

Miller, Alice (1981): Du sollst nicht merken. Frankfurt: Suhrkamp.

Netherton, Morris, und Nancy Shiffrin (1978): Past Lives Therapy. New York: William Morrow & Co., deutsch: Bericht vom Leben vor dem Leben. Frankfurt: Ullstein (1990).

Northrup, Christiane (1994): Women's bodies, women's wisdom, New York: Bantam Books, deutsch: Frauenkörper, Frauenweisheit. München: Zabert Sandmann (1994).

Oetinger, Manuela (2005): Beziehungen im Spiegel der Aura, Grafing: Aquamarin Verlag.

Rijnaarts, Josefine (1987): Dochters van Lot. Amsterdam: An Dekker, deutsch: Lots Töchter. Über den Vater-Tochter Inzest. Hildesheim: Claassen (1988).

Rinpoche, Sogyal (1994): The Tibetan Book of Living and Dying. New York: Harper Collins, deutsch: Das Tibetische Buch vom Leben und vom Sterben. Bern: Scherz (1996).

Roads, Michael (1998). Getting There. Random House. Deutsch: Der Junge ohne Schatten. München: Wilhelm Heyne (2006).

Weiss, Brian L. (2001): Liebe kennt keine Zeit. München: Ullstein Taschenbuch.

Woolger, Roger (1987): Other Lives, Other Selves. New York: Doubleday, deutsch: Die vielen Leben der Seele. München, 1992.

Über die Autorin

Ulrike Vinmann wurde 1962 in Krefeld geboren. Sie ist Diplompsychologin und Reinkarnationstherapeutin.

Sie hat sechs Jahre in Spanien gelebt und war zehn Jahre lang in ihrem ersten Beruf als Übersetzerin und Dolmetscherin in internationalen Unternehmen tätig. Sie studierte Psychologie an der Universität Erlangen-Nürnberg und ließ sich von Tineke Noordegraaf und Rob Bontenbal als Reinkarnationstherapeutin ausbilden. Im Mai 1998 hat sie ihre eigene psychotherapeutische Praxis eröffnet. In ihrer langjährigen Erfahrung als Therapeutin sowie mehreren Jahren Eigentherapie hat sie die Wirksamkeit dieser Therapieform bei anderen und bei sich selbst erforscht und erprobt. Sie ist verheiratet, hat einen erwachsenen Sohn und lebt und arbeitet in Nürnberg.

Sie möchte anderen Menschen helfen, ihre verborgenen Potenziale zu entdecken und ihre eigene Kraft und Kreativität zu entwickeln. Ihre Arbeitsschwerpunkte sind der Zusammenhang zwischen traumatischen Erlebnissen und der Entstehung chronischer Krankheiten, die Arbeit mit dem Inneren Kind, die Bearbeitung traumatischer Erfahrungen aus vergangenen Leben und aus diesem Leben sowie die Entwicklung der Seele. Sie gibt regelmäßig Seminare und Workshops zu diesen Themen.

Ausbildung in Reinkarnationstherapie (RT)

Ulrike Vinmann leitet Ausbildungsgruppen in RT. Diese Gruppen finden in Nürnberg statt. In der Ausbildung wird das holographische Modell der Reinkarnationstherapie vermittelt. Dieses Modell wurde von Tineke Noordegraaf und Rob Bontenbal entwickelt.

Es zeigt die Zusammenhänge zwischen den transpersönlichen, perinatalen und biographischen Lebensgebieten auf und macht sichtbar, wie Traumata sich wiederholen, wenn sie nicht aufgelöst werden.

Tineke und Rob haben herausgefunden, dass ihre Therapie am wirkungsvollsten ist, wenn die MES-Brücke angewandt wird. Sie besteht aus mentalen, emotionalen und somatischen Elementen. Wird eine solche Brücke konstruiert, kann man das ganze Hologramm von traumatischen Erfahrungen sichtbar machen. Man folgt diesen MES-Elementen dorthin, wo es die allererste Erfahrung gab, die dafür gesorgt hat, dass es noch Nachwirkungen gibt, die sich auf mentaler, emotionaler und somatischer Ebene im jetzigen Leben zeigen können.

Eine Bewusstwerdung der Traumata-Ketten durch die Reinkarnationstherapie löst den Automatismus der Muster auf und ermöglicht im gegenwärtigen Leben eine bewusste Wahl.

Es wird von den Teilnehmern erwartet, dass sie vor oder während der Ausbildung Eigenerfahrung in mindestens dreißig Rückführungen sammeln und ihre eigenen Themen bearbeiten, entweder bei der Ausbilderin oder einem anderen anerkannten Reinkarnationstherapeuten.

Jeder Block enthält einen Theorieteil, einen Übungs- und einen Selbsterfahrungsteil. Voraussetzung für die Teilnahme ist eigenverantwortliches Handeln sowie ein tiefes Interesse an der Entwicklung der Seele und der Aktivierung von Heilungspotenzial nach traumatischen Erlebnissen.

Kontakt
Praxis für Reinkarnationstherapie
Diplom-Psychologin Ulrike Vinmann
Kindinger Str. 15, 90453 Nürnberg
Tel. 0911 / 459 62 12
ulrike@reinkarnationstherapeutin.de
www.reinkarnationstherapeutin.de
Telefonische Sprechzeiten: Mo und Mi 14 h - 14.30 h

Ulrike Vinmann
Reinkarnationstherapie zur Heilung der Seele
Die Ursprünge psychischer Verletzungen erkennen und überwinden
Pbk., 288 Seiten
ISBN 3-89427-270-8
Ulrike Vinmann konnte in ihrer psychotherapeutischen Praxis über viele Jahre hinweg immer wieder Menschen helfen, indem sie ihnen Zugang zu den geistig-seelischen Hintergründen ihrer Beschwerden vermittelte. Sie gewann aufgrund dieser Erkenntnisse Einblicke in immer wiederkehrende Muster seelischer Verletzungen und wie diese geheilt werden können.
Ein Ratgeber, der einerseits aufzeigt, wie die Vergangenheit die Gegenwart prägt, und andererseits aus der Vergangenheit die Kraft schöpft, um die Gegenwart zu bewältigen.

Annie Besant
Gedankenkraft
Durch weises Denken sinnvoll leben
Geb., 200 Seiten
ISBN 3-89427-304-6
Wer seine Gedanken beherrscht, beherrscht sein Leben! Noch immer nutzt der Mensch sein geistiges Potenzial in einem viel zu geringem Umfang. In überaus erhellender Klarheit legt die Autorin die verborgenen Wirkweisen des Denkvermögens dar. So wird deutlich, wie die Gedanken den Alltag, das eigene Bewusstsein, die zwischenmenschlichen Beziehungen und letztlich alles Leben beeinflussen. Wer seine Gedanken zu kontrollieren und weise einzusetzen vermag, hält nicht nur den Schlüssel zum eigenen Lebensglück in den Händen, sondern leistet auch einen entscheidenden Beitrag zur Anhebung allen menschlichen Lebens.

Ian Stevenson
Reinkarnation in Europa
Erfahrungsberichte
Geb., 416 Seiten
ISBN 3-89427-300-3
Den Befürwortern des Reinkarnationsgedankens wird immer wieder vorgeworfen, die Beispiele von Wiedergeburt, wie sie von Forschern wie Stevenson und anderen dokumentiert wurden, spielten sich nur in Asien ab, wo sie sich einer ernsthaften Überprüfung entzögen und vom Umfeld, aufgrund religiöser Überzeugung, ohnehin gefördert würden. Diesem Argument entzieht das neue Werk von Stevenson den Boden. Er belegt in seiner meisterhaften Präzision die überzeugendsten Reinkarnationsfälle in Europa. Fälle, die von Engländern, Franzosen, Deutschen und anderen aufgezeichnet wurden, obwohl teilweise das Weltbild den Erfahrungen in keiner Weise entsprach und die betroffenen Menschen von ihren eigenen Erlebnissen zutiefst aufgewühlt wurden.

Peter Michel
Karma und Gnade
Über die Versöhnung von Gerechtigkeit und Liebe
Pbk., 160 Seiten
ISBN 3-89427-188-4
Ist die Karma-Lehre lieblos? Ist die Gnaden-Lehre ungerecht? Diese zwei großen Lebensfragen beschäftigen seit einigen Jahren immer mehr Menschen. Die vorliegende Arbeit von Peter Michel versucht, neben einer gründlichen Analyse der historischen und empirischen Fakten, eine Verbindung zwischen den nur scheinbar unvereinbaren Weltanschauungen herzustellen.